'Doc Tom'
Thomas Richards

DAWN DWEUD

Golygydd Cyffredinol: Brynley F. Roberts

Hen gwestiwn mewn beirniadaeth lenyddol yw mater annibyniaeth y gwaith a ddarllenir; ai creadigaeth unigryw yw cerdd neu ysgrif neu nofel, i'w dehongli o'r newydd gan bob darllenydd; neu i ba raddau mae'n gynnyrch awdur unigol ar adeg arbennig yn ei fywyd ac yn aelod o'r gymdeithas y mae'n byw ynddi? Yn y pen draw diau fod gweithiau llenyddol yn sefyll neu'n cwympo yn ôl yr hyn a gaiff darllenwyr unigol ohonynt, ond aelodau o'u cymdeithas ac o'u hoes yw'r darllenwyr hwythau, a'r gweithiau a brisir uchaf yw'r rheini y gellir ymateb iddynt a thynnu maeth ohonynt ymhob cenhedlaeth gyfnewidiol am fod yr oes yn clywed ei llais ynddynt. Ni all y darllenydd na'r awdur ymryddhau'n llwyr o amgylchiadau'r dydd.

Yn y gyfres hon o fywgraffiadau llenyddol yr hyn a geisir yw cyflwyno ymdriniaeth feirniadol o waith awdur nid yn unig o fewn fframwaith cronolegol ond gan ystyried yn arbennig ei bersonoliaeth, ei yrfa a hynt a helynt ei fywyd a'i ymateb i'r byd o'i gwmpas. Y bwriad, felly, yw dyfnhau dealltwriaeth y darllenydd o amgylchiadau creu gwaith llenyddol heb ymhonni fod hynny'n agos at ei esbonio'n llwyr.

Dyma'r bumed gyfrol yn y gyfres. Eraill sy'n cael eu paratoi ar hyn o bryd yw bywgraffiadau llenyddol o Daniel Owen, Talhaiarn ac Islwyn.

'Doc Tom'
Thomas Richards

gan

Geraint H. Jenkins

GWASG PRIFYSGOL CYMRU
CAERDYDD 1999

ISBN   0–7083–1551–8

Mae cofnod catalogio'r gyfrol hon ar gael gan y Llyfrgell Brydeinig.

Llun y clawr: Llyfrgell Genedlaethol Cymru
Cynllun clawr gan Chris Neale
Cysodwyd ac argraffwyd gan Wasg Dinefwr, Llandybïe

Cynnwys

Lluniau

Rhagair

Deuthum ar draws enw'r hanesydd Thomas Richards am y tro cyntaf pan oeddwn yn fyfyriwr israddedig yn Adran Hanes, Coleg Prifysgol Cymru, Abertawe, yng nghanol y 1960au. Fe'm cynghorwyd gan fy nhiwtor, Ieuan Gwynedd Jones, i fynd i'r afael (nid darllen, sylwer, a ddywedwyd) â chyfrolau Dr Thomas Richards ar hanes Piwritaniaeth gynnar yng Nghymru. Cefais hyd i gopi o *A History of the Puritan Movement in Wales, 1639 to 1653* mewn siop lyfrau ail-law, ond methais wneud na phen na chynffon ohono. Ond wrth i mi fwrw fy mhrentisiaeth fel myfyriwr ymchwil ac wedi hynny fel darlithydd prifysgol dechreuais gynhesu at weithiau Doc Tom ac ymddiddori fwyfwy yn y dyn ei hun. Ffrwyth y chwilfrydedd hwnnw yw'r gyfrol hon.

Yr wyf yn ddyledus i lu o gyfeillion caredig am eu cymorth wrth baratoi'r astudiaeth hon. Hoffwn ddiolch yn gynnes iawn i Nest a Gwilym Beynon Owen, merch a mab-yng-nghyfraith Thomas Richards, am rannu â mi lawer iawn o wybodaeth bersonol am Doc Tom, am bob rhwyddineb wrth ddethol deunydd printiedig yn eu meddiant ac am roi benthyg nifer o luniau. Y mae'n dda gennyf hefyd gydnabod eu lletygarwch hael. Wrth drafod bywyd a gwaith Doc Tom, ar ffurf gohebiaeth neu gyfweliad, cefais wybodaeth werthfawr a difyr iawn gan Mr T. M. Bassett, Dr Meredydd Evans, Dr R. Alun Evans, Mr Robin Gwyndaf, Mr Derwyn Jones, Dr David Jenkins, Mrs Myfanwy Jenkins, y Parchedig Huw Jones, Dr P. T. J. Morgan, Mr Ifor Owen, Mr B. G. Owens, Mr Dafydd R. Ap-Thomas, Mr T. S. P. Tuck, Mr John Roberts Williams a'r Parchedig Robin Williams. Y mae'n ofid mawr i mi fod pedwar cyfaill arall a gafodd y fraint o adnabod Doc Tom ac a fu'n gefn mawr i mi, sef yr Athro R. Tudur Jones, Mr Dyfnallt Morgan, y Fonesig Enid Parry a'r Athro Emeritws J. E. Caerwyn Williams, wedi marw cyn i mi gwblhau'r gyfrol hon. Byddai'n dda iawn gennyf pe gallwn gredu y byddai'r pedwar hyn yn falch o ffrwyth fy llafur.

Y mae arnaf ddyled fawr hefyd i Mr Tomos Roberts, archifydd Prifysgol Cymru Bangor, am fy nhywys at ffynonellau cyfoethog yn ymwneud â gyrfa Doc Tom a hefyd am sawl sgwrs fuddiol a difyr. Cefais gymorth gwerthfawr iawn gan Dr Auronwy James a Dr Gwenfair Parry wrth geisio hel achau Doc Tom yng nghofrestrau plwyf a chyfrifiadau oes Victoria, a manteisiais ar gwrteisi ac effeithlonrwydd staff y sefydliadau canlynol: Archifdy Ceredigion, Archifdy Meirionnydd, Cymdeithas Lyfrau Ceredigion, Llyfrgell Genedlaethol Cymru, Llyfrgell Palas Lambeth a Llyfrgell Sir Caerdydd. Diolchaf iddynt oll am eu cymwynasgarwch. Bu'r Athro D. J. Bowen, Mr B. G. Owens a Dr Brynley F. Roberts (golygydd y gyfres hon) mor garedig â darllen y deipysgrif gyfan â'u trylwyredd arferol, ac yr wyf yn ddiolchgar iawn iddynt am eu trafferth ac am eu sylwadau tra gwerthfawr.

Hoffwn ddiolch i Ms Siân Lynn Evans am brosesu'r gwaith mor gyflym a thaclus, i Mrs Aeres Bowen Davies am ei chymorth gweinyddol, ac i Ruth Dennis-Jones am lywio'r gyfrol mor ddeheuig drwy'r wasg. Ond i Ann, Gwenno, Angharad a Rhiannon y mae'r diolch pennaf am groesawu i'n haelwyd Gardi arall a oedd yn dotio ar hanes Piwritaniaid ac Anghydffurfwyr sych-dduwiol, yn mwynhau gêm bêl-droed gynhyrfus ac yn dynnwr coes digywilydd.

I gloi, ni allaf lai nag ailadrodd y gobaith a fynegwyd gan Mr Derwyn Jones a Mr Gwilym Beynon Owen ar ddiwedd y rhagair i'w cyfrol o ysgrifau Doc Tom, sef y bydd y canlynol 'yn dwyn ar gof i'r sawl a adnabu Dr Thomas Richards ei bersonoliaeth amryliw ac . . . yn fodd i'w gyflwyno i genhedlaeth newydd'.

Geraint H. Jenkins
Awst 1999

Byrfoddau

AC	Thomas Richards, *Atgofion Cardi* (Aberystwyth, 1960)
Arch. Camb.	*Archaeologia Cambrensis*
CCHChSF	*Cylchgrawn Cymdeithas Hanes a Chofnodion Sir Feirionnydd*
CHC	*Cylchgrawn Hanes Cymru*
JWBS	*Journal of the Welsh Bibliographical Society*
LlGC	Llyfrgell Genedlaethol Cymru
LlPCB	Llyfrgell Prifysgol Cymru, Bangor
RhAC	Thomas Richards, *Rhagor o Atgofion Cardi* (Aberystwyth, 1963)
RhS	Derwyn Jones a Gwilym B. Owen (goln.), *Rhwng y Silffoedd. Ysgrifau gan Dr. Thomas Richards* (Dinbych, 1978)
TCHBC	*Trafodion Cymdeithas Hanes Bedyddwyr Cymru*
TCHNM	*Trafodion Cymdeithas Hynafiaethwyr a Naturiaethwyr Môn*
TCHSG	*Trafodion Cymdeithas Hanes Sir Gaernarfon*
THSC	*Transactions of the Honourable Society of Cymmrodorion*
Y Bywg.	*Y Bywgraffiadur Cymreig hyd 1940* (Llundain, 1953)

1 ✂ 'Cardi o'r Groth'

'CARDI o'r groth sy'n diolch', meddai Doc Tom wrth dderbyn Bathodyn Anrhydeddus Gymdeithas y Cymmrodorion yn Neuadd Beveridge, Tŷ Senedd Prifysgol Llundain, ar 28 Mai 1958.[1] Fe'i cyflwynwyd iddo gan ei gyfaill mynwesol, yr Athro R. T. Jenkins, a nododd yntau yn ei anerchiad fod trigolion Ceredigion yn 'ddynion gwydn hirhoedlog' ac mai Doc Tom oedd yr hynafgwr ymhlith haneswyr enwog Cymru y pryd hwnnw. Ni ellir gwerthfawrogi nac ychwaith iawnddeall cymeriad a gyrfa Doc Tom heb bwysleisio ei serch at fro ei febyd. Cardi ydoedd o'i gorun i'w sawdl, ac er iddo dreulio llai na chwarter ei oes yn byw yng Ngheredigion daliodd i barablu tafodiaith gogledd y sir tan ei farwolaeth ym 1962. Ni ellid wrth amgenach disgrifiad o hanfod y Cardi na'r hyn a ysgrifennodd Doc Tom ei hun am Dafydd Morgan, un o gymeriadau mwyaf ffraeth a hoffus Taliesin:

> Nid oedd fodd amau ei Gardieiddiwch: y llafariaid agored; y siarad cyflym; y tro sydyn, slei, treiddgar, yng nghynffon ymadrodd; yn bennaf dim, ei deyrngarwch clòs, *clannish*, i'w gyd-Gardïod.[2]

Gwir oedd hyn oll hefyd am Doc Tom ei hun. Pan oedd yn llyfrgellydd Coleg Prifysgol Gogledd Cymru, Bangor, câi ymchwilwyr a oedd yn hanu o Geredigion groeso gwresocach o lawer na neb arall (yn enwedig Americaniaid) a thelynegai mor sentimental ynglŷn â rhinweddau bro ei febyd fel na allai ei gyfeillion, yn enwedig Thomas Parry, lai na thynnu ei goes yn ddidrugaredd. Yn ei gerdd 'Hiraeth' – 'Traethodl, ar ôl (braidd yn bell ar ôl) Dafydd ap Gwilym' – canodd Thomas Parry fel hyn:

> Paham yr wyli, Domos,
> Ddagrau heilltion, ddydd a nos? . . .

Daeth im hiraeth am Ddyfi
Na orffwys nes croesaf hi.
Mil gwell im na meddyglyn
Fydd rhodio llawr Geneu'r Glyn;
A thrysor mil mwy gwerthfawr
Nag aur Periw yw'r Sgubor Fawr.
Caf rodio'n rhydd yn Elerch,
Ac adnewyddu fy serch;
Cysgodi, ar lawog hin,
Ym mhorth hen Lan Cynfelin;
Mwynhau mawnogydd Mochno
Yn iach, heb nag ing na chno.
Gwibio a gaf, mal gwennol,
O Daliesin i Dre'r Ddôl;
Anghofio Bangor ddiflas
(Mwy melys yw'r Ynys Las) . . .

Credai Doc Tom fod plwyf Llangynfelyn yn rhagori ar bob un arall, ac yr oedd yn parchu, onid yn mawrygu, ei drigolion. Soniai hyd syrffed am eu doniau a'u dywediadau, ac ar fesur gwahanol y tro hwn ceir Parry yn dychanu'r duedd honno, ond yn ysgafn a direidus ei gyffyrddiad:

Ymhle ceir blawd yn llond y sach,
    A mulod bach a melin,
Ac ambell farch i ffarmwr mawr?
    I lawr yn Llangynfelin.

Rwy'n cofio eistedd yn y fen
    A'm pen dan ei phenelin,
A dyna pam y'm temtir i
    I foli Llangynfelin.

Yno mae tatws a chig moch
    Yn gwrido boch fy Elin;
Os yw ei chroen yn frych bob ha
    Ni falia Llangynfelin.

Na gwegi gwyllt y Gogledd gwyw
    Ymhell o glyw y felin,
Gwell fyddai treulio einioes gul
    Yn ful yn Llangynfelin.[3]

Ac eithrio ei gyfeillion pennaf ym Mangor, nid oedd wiw i neb arall ddweud yn fach am Geredigion. Ymhyfrydai Doc Tom yn fawr iddo gael ei eni yn yr un plwyf, sef Ceulan-a-Maesmor, â David Adams a Machno Humphreys – dau o feirdd y Goron – a John Ceulanydd Williams a J. J. Williams – dau o feirdd y Gadair. Arferai ddyfynnu molawd Siôn Morys i'r sir:

> yn rhagoriaeth ar bob tir
> gore yw sir G'redigion . . .[4]

Hyd yn oed yn ei henaint, byddai ei sgwrs yn aml am yr hen amser gynt – am hen gymeriadau'r ffermydd bychain, llên gwerin Cors Fochno, yr haul yn machlud yn belen o dân dros fae Ceredigion, a grym y traddodiad Ymneilltuol yng nghapeli'r fro.

Meddai Doc Tom ar eirfa helaeth a chyfoethog, a byddai'n pupro'i sgwrs a'i ddarlithiau â throadau bachog a ddysgasai ym mro ei febyd. Yr oedd yn barablwr llifeiriol a glynodd hyd ddiwedd ei oes wrth eirfa a thafodiaith gyfoethog gogledd Ceredigion. Cymaint oedd y pryfocio arno oherwydd ei ymlyniad wrth ei fro a'i dafodiaith yng nghynteddoedd academaidd Bangor fel y gwelodd yn dda i'w amddiffyn ei hun yn gyhoeddus yn y Rhagair i'w lyfr *Cymru a'r Uchel Gomisiwn 1633–1640* (1930). Nid oedd yn ymddiheuro dim, meddai yn y Rhagair, am ddefnyddio ac ymhyfrydu yn yr hen eiriau 'cydnerth' a 'chartrefol' a ddysgasai yn nyddiau ei febyd, er eu bod yn ddieithr i lawer o ddarllenwyr.[5] Yng nghorff y llyfr sonia am 'ddoctoriaid y gyfraith yn gwneud gwep ac owdwl ar ei gilydd', ac esbonnir yr ymadrodd yn *Geiriadur Prifysgol Cymru* fel a ganlyn: dan y gair *awdl* sonnir bod 'gneud 'i awdwl' (neu 'wdwl') a 'canu 'i wdwl' am grio neu wban plentyn i'w glywed ar lafar yng ngogledd Ceredigion. Rhaid, felly, mai ffurf ar 'awdwl' neu 'wdwl' oedd yr 'owdwl' a ddefnyddiai Doc Tom. Sylwai ei gyfoedion hefyd ar eiriau neu ymadroddion anghyffredin megis 'sefrol' a 'sitryn gwlyb swta' nas clywsant erioed o'r blaen yn dod o enau neb ond Doc Tom.

Yn ôl cyfrifiad 1891, yr oedd dros 70 y cant o boblogaeth y sir yn Gymry uniaith ac yr oedd y Gymraeg wedi dal ei thir yn rhyfeddol o dda ar hyd arfordir a mynydd-dir rhan ogleddol y sir. Dengys sawl astudiaeth fod llawer o gymeriadau diwylliedig a ffraeth yn byw yn y cylch a'u bod nid yn unig mor hyddysg yn eu Beiblau fel bod delweddau a throadau ymadrodd ysgrythurol yn rhan o'u sgwrs feunyddiol, ond eu bod hefyd yn medru dyfynnu darnau helaeth o waith Dafydd ap Gwilym.[6] Y mae'n amlwg fod cyfran dda o ffermwyr y cylch yn ymhyfrydu yn eu mamiaith. Pan ofynnodd y Comisiynwyr Tir ym 1895 i David Owen Edwards o Dal-y-bont, Glandyfi, a fedrai'r Saesneg, atebodd yn Gymraeg heb flewyn ar ei dafod: 'No, I am not am Englishman at all; I do not pretend to be one; I am more loyal to my language and to my country.'[7]

Ym mhlwyf Ceulan-a-Maesmor, lle y ganed Doc Tom, yr oedd 98.84 y cant o'r boblogaeth, sef 692 o bobl, yn siarad Cymraeg ym 1891 (sef blwyddyn y cyfrifiad cyntaf i gynnwys gwybodaeth am y Gymraeg) ac yr oedd y mwyafrif llethol ohonynt yn Gymry Cymraeg uniaith.[8] Ganed trwch y boblogaeth yn Nhal-y-bont, Llanfihangel Genau'r-glyn, Llangynfelyn a Llanbadarn Fawr. Dim ond 61 a aned y tu allan i'r sir ac o'r rheini dim ond 17 a hanai o'r tu allan i Gymru. Dim ond wyth person di-Gymraeg (1.16 y cant) a drigai yn y plwyf, ac un o'r rheini yn unig, sef Herbert Stokes (48 oed), perchennog mwynfeydd a brodor o swydd Down yn Iwerddon, a oedd mewn swydd gyfrifol. Dau was fferm, gweithiwr plwm, golchwraig gynorthwyol, prentis-wniadyddes, morwyn a gwraig weddw oedd y lleill. At ei gilydd, yr oedd y rhai a oedd yn dal swydd o bwys megis postfeistr, clerc i gyfreithiwr, peiriannydd, casglwr treth y tlodion, a phrifathro ysgol yn ddwyieithog, ond ni ellir amau na fyddai mwyafrif llethol y trigolion yn defnyddio'r Gymraeg o fore gwyn tan nos. Tasg gymharol hawdd oedd cymathu newydd-ddyfodiaid a pheri iddynt ddysgu'r Gymraeg, ac yr oedd Thomas H. Kemp, Sais o Norfolk a phrifathro Ysgol Frytanaidd Tal-y-bont, yn esiampl olau i eraill, fel yn wir yr oedd Charlotte Humphreys, gwraig o Truro yng Ngherynyw a fwriodd wreiddiau yn y plwyf, meistroli'r Gymraeg ac enwi ei phum plentyn yn Corwena, Ceridwen, Golyddan, Cordelia a Trahaiarn.

Ym mhlwyf Llangynfelyn, sef ail gartref Doc Tom, yr oedd mwy o Saesneg i'w glywed. Yr oedd 37 o bobl (5.47 y cant) allan o 676 yn ddi-Gymraeg a chyfran sylweddol o bobl ddwyieithog yn byw yno.[9] Er bod mwyafrif y bobl yn enedigol o Langynfelyn, Taliesin a Thre'r-ddôl, yr oedd 56 yn hanu o siroedd eraill yng Nghymru, a 24 yn bobl ddŵad o Loegr. Diau mai'r dylanwad Saesneg pennaf oedd Prysiaid Gogerddan: cyflogent yrrwr ceffylau, gwastrawd, golchwraig a garddwr di-Gymraeg, ac yr oedd y cogyddion, y gweision, a'r morynion eraill yn ddwyieithog. Ymhlith y rhai di-Gymraeg eraill yr oedd Evan Woosnam, fforman ar y rheilffordd, a'i wraig Julia, y naill o Landinam a'r llall o Ddiserth (Maesyfed), ac wedi magu tri phlentyn yn ddi-Gymraeg. Gwneuthurwr bwyleri wedi ymddeol oedd John

McIndoc, Sgotyn 54 oed o'r Alban, ac yr oedd ef, ei wraig a'u pum plentyn yn ddi-Gymraeg. O Lundain y daethai Eliza Brittan, ei merched Alice a Mabel, a'i chwaer Louisa Brittan, y pedair ohonynt yn Saeson uniaith. Ond nid oedd cyfanswm y rhai di-Gymraeg yn ddigon i beryglu Cymreictod y plwyf. Wedi'r cwbl, yr oedd 94.53 y cant yn siarad Cymraeg, a byddai'r mwyafrif mawr o'r ffermwyr a'r crefftwyr a'r gwasanaethyddion yn siarad Cymraeg yn unig yn eu bywyd pob dydd ac nid oeddynt dan unrhyw bwysau i feistroli'r Saesneg. Heb unrhyw amheuaeth, y Gymraeg oedd yn teyrnasu ym mro mebyd Doc Tom.

Ganed Doc Tom, mab cyntaf Isaac a Jane Richards, yn nhyddyn Maes-glas ym mhlwyf Ceulan-a-Maesmor ar 15 Mawrth 1878. Dim ond dau gae a oedd yn perthyn i'r tyddyn ac yr oedd y tir mor wlyb a chorsiog fel na allai ei dad gael dau ben llinyn ynghyd ar enillion y fferm fach. Pan nad oedd gwaith arall i'w gael, arferai gwŷr ieuainc adael yr ardal i chwilio am waith dros dro yng nghymoedd diwydiannol de Cymru, a dyna a wnaeth Isaac Richards. Bu raid iddo fudo i bwll glo Ynysfeio, Treorci, i ennill cyflog a ganiatâi iddo dalu'r rhent a magu teulu. Er y byddai'n dychwelyd adeg hau a chynhaeaf, byddai oddi cartref am gyfnodau hirion, gan adael i'w wraig fagu'r mab cyntaf. Rywbryd yn ystod y cyfnod ym Maes-glas ganed merch i Isaac a Jane, ond bu hi farw ar ôl cael ei llosgi'n ddamweiniol.[10] Ychydig iawn a ddywedwyd am y trychineb hwn wedi hynny, ond y mae'n rhaid ei fod wedi gadael craith ar y rhieni, yn enwedig os oedd Isaac ymhell oddi cartref pan ddigwyddodd y ddamwain.

Sir o ffermydd bychain oedd sir Aberteifi. Yr oedd mwyafrif llethol y ffermwyr yn denantiaid a oedd yn crafu bywoliaeth fain ac ansicr. Yr oedd 70 y cant ohonynt yn ffermio llai na 50 erw a dibynnent yn helaeth ar eu gwragedd a'u plant am gynhorthwy.[11] Ac yntau bellach yn magu teulu, ysai Isaac Richards am gael fferm fwy sylweddol, ac yr oedd yn galondid i'r teulu bach pan lwyddwyd i sicrhau tenantiaeth Ynystudur, fferm yr oedd hanner ei thir ym mhlwyf Llangynfelyn a'r hanner arall ym mhlwyf Ysgubor-y-coed. Fferm o tua thrigain erw ydoedd ac fe'i hamgylchynid â ffermydd a chanddynt enwau swynol fel Llwyn-gwyn, Cefngweiriog, Llwynwalter a Llety'r-nant. Y tu cefn i'r tŷ yr oedd bryniau moel a charegog gogledd y sir, o'i flaen yr oedd gwastatir corsiog Y Figin, ac yn y pellter, y tu hwnt i afon Dyfi, yr oedd bryniau sir Feirionnydd. John Hughes Griffiths oedd y landlord, pregethwr hael a dymunol gyda'r Wesleaid a chefnder i gychwynnydd Diwygiad 1859, sef Humphrey

1. Ffermdy Ynystudur. Tynnwyd y llun hwn ym 1963.
    (Llun: Nest a Gwilym Beynon Owen).

Jones, Tre'r-ddôl. Ond nid oedd ganddo ddigon o fodd i drwsio ffermdy Ynystudur a chan nad oedd gan Isaac Richards ychwaith ddim cyfalaf wrth gefn, dygnwch a dyfalbarhad oedd piau hi, ynghyd â ffydd ddi-ball yng ngallu'r Brenin Mawr i gynnal ei blant. Ond er bod gofid ffermwyr bach yn agos i'r wyneb a'u bywyd yn ymddangos yn llwm a diflas, yr oedd llawenydd hefyd yng nghanol y dogni a'r tristwch. Yn ogystal â'r blas a geid ar foddion gras, yr oedd rhialtwch y ffair, dyddiau gŵyl ac ambell briodas yn achlysuron i'w trysori a'u hirgofio mewn oes pan nad oedd sôn am radio na theledu. Ni feddyliai'r trigolion ddim am gerdded tair milltir neu fwy i dŷ cymydog i rannu sgwrs ddiddan a thynnu coes. A chan ei fod yn gerddwr mawr, daeth Doc Tom yn gyfarwydd iawn ag adar, anifeiliaid, ymlusgiaid a blodau gwyllt mynydd-dir ei fro a Chors Fochno.

Broliai Jane, mam Doc Tom, ei bod yn hanu o gyff Fflemiaid de Penfro a'i bod, o ganlyniad, gufydd yn uwch ei statws na gwerin Ceredigion. Ond y gwir yw mai un o ddisgynyddion y Cernywiaid – a hynny drwy briodas yn unig – ydoedd. Daethai teulu'r Masoniaid i ganolbarth Ceredigion yn gynnar yn y bedwaredd ganrif ar bymtheg, ac un o'r rhai mwyaf nodedig yn eu plith yn ardal Ystumtuen oedd Edward Mason (1814–75), Penbrynmoelddu, Cwmbrwyno, gweithiwr plwm a ffermwr addfwyn, gwylaidd a defosiynol a fagodd ddeg o blant (pedwar mab a chwe merch) ac a fu'n gefn mawr i'r achos Wesleaidd yn Horeb, Goginan.[12] Merch o blwyf Llanbadarn Fawr oedd ei wraig Ann (1814–99) ac, ar wahân i fagu tyaid o blant, ei gofid pennaf oedd gweld ei gŵr yn gorfod ymladd am ei anadl o ganlyniad i'w brofiad yng ngweithfeydd plwm yr ardal. Ganed eu trydedd ferch, Jane, ym 1842 ac ymhen chwarter canrif cyfarfu ag Isaac Richards pan cedd yn was fferm i'r Parchedig Dafydd Jenkins, gweinidog y Bedyddwyr yn Jesreel, Goginan. Fe'u priodwyd ar 11 Mawrth 1870 yng nghapel y Wesleaid yn Ystumtuen. Cyn pen dim yr oedd Jane wedi cofleidio ffydd ei gŵr, gan sicrhau mai Bedyddwyr bellach fyddai rhiaint eu plant. Er mai un ddistaw ac encilgar ydoedd, yr oedd Jane Richards yn gymeriad cryf ac yr oedd yn barod bob amser i sefyll dros ei chred. Codai am bump bob bore i baratoi ar gyfer diwrnod o waith ar y fferm, gan gynorthwyo'i gŵr heb achwyn dim.

Er bod gan Doc Tom feddwl uchel o'i fam, plentyn ei dad ydoedd yn y bôn. Yr oedd ei gefndir a'i dras yn bwysig iawn iddo ac ni wadodd erioed ei fod yn fab i ddyddynnwr gwerinaidd a diaddysg. Yn wir, bu'r hen gymdogaeth Gymraeg ei hiaith a phrin ei breintiau yn gynhaliaeth ac yn gysur iddo ar hyd ei oes. Ganed Isaac Richards yn nhyddyn y Nanty ym mhlwyf Ceulan-a-Maesmor, ar y ffordd o Dal-y-bont i Bont-goch, ym 1840. Töwr oedd ei dad ef, sef Thomas (1791–1874), er mai fel 'labrwr ymddeoledig' y disgrifid ef yn ei flynyddoedd olaf. Yr oedd yn ddall erbyn ei farw yn 83 oed. Brodor o blwyf Llanbadarn Fawr oedd ei wraig Jane (1801–81?), a magasant ddau fachgen.[13] 'Stocyn o ddyn byr gwibddu' oedd Thomas,[14] y mab hynaf a anwyd ym 1840 ond a laddwyd mewn damwain yn un o lofeydd y Maerdy yn y Rhondda Fach. Hwn oedd yr ail drychineb i ddigwydd yn hanes teulu Richards. Gŵr dwys a difrifol oedd Isaac Richards. Capel, cartref a gwaith: dyna oedd ei fywyd, ac ystyrid ef yn weithiwr egnïol a gwydn. Arferai weddïo wrth fwydo'r anifeiliaid, wrth ddilyn yr aradr, ac wrth nithio barlys. Ychydig iawn o ysgol a gawsai. Ac eithrio'r Beibl a *Seren Gomer*, ni ddarllenai fawr ddim ar ôl lludded ei waith beunyddiol, ond yr oedd yn adnabod y natur ddynol yn dda ac yn bur hyddysg hefyd yn hanes a thraddodiadau'r fro.

Ceryddir y Cardi yn aml am ei gybydd-dod honedig, ond y gwir yw fod pobl yn yr oes honno yn gorfod byw yn gynnil am fod eu hamgylchiadau mor galed. Pa ryfedd fod cynifer ohonynt yn gorfod ffarwelio â'r sir? Ym 1891 yr oedd poblogaeth y sir dros wyth mil yn

llai nag ydoedd ddeng mlynedd cyn hynny, ac un fil ar ddeg yn llai
na'r hyn ydoedd ym 1871. Er nad oedd y teulu Richards mor dlawd â
llygoden eglwys, ni pheidiai'r caledwaith ar eu tir caregog a chorsiog.
Gorfu iddynt fodloni ar fywoliaeth fain iawn, yn enwedig yn ystod
dirwasgiad amaethyddol truenus yr wythdegau. Prin iawn oedd y
cysuron – prynid ambell sachaid o lo i gynhesu'r aelwyd a cheid
llond plât o gig eidion ar ddydd Nadolig – a dioddef yn dawel a
diachwyn oedd y drefn. Syml iawn oedd yr ymborth – uwd, llymru,
llaeth enwyn, stwmp a llaeth, cawl a chig moch – a phan restrodd
Bob Owen 'hoff bethau' Doc Tom lawer blwyddyn wedi hynny, bu'n
wiw ganddo gynnwys 'Yfed llaeth enwyn wedi suro, fesur y
chwartiau'.[15] Gan nad oedd gwas na morwyn ganddynt, dibynnid ar
gynhorthwy Doc Tom amser y cynhaeaf ac amser dyrnu, a disgwylid
iddo weithiau odro'r gwartheg pan fyddai ei rieni'n mynychu'r oedfa
yn Nhal-y-bont ar brynhawn Sul. Un pur afrosgo ydoedd â'i ddwylo,
sut bynnag, ac y mae'n siŵr fod ei dad wedi sylweddoli'n bur gynnar
nad oedd deunydd ffermwr na chrefftwr yn ei fab hynaf. Flynydd-
oedd yn ddiweddarach, ac yntau'n parhau'n ddi-glem wrth geisio
cyflawni hyd yn oed orchwyl syml, arferai ymbil yn aml am gymorth
ei gymydog, y cyn-brifathro G. R. M. Lloyd: 'Help, frawd, mae'r peth
a peth yn gwrthod gweithio.'[16] Ond gan fod cynorthwyo rhieni yn
annatod glwm wrth y ffordd o fyw yn oes Victoria, ni allai Doc Tom
lai nag estyn help llaw. Hebryngai ei dad i ffeiriau a marchnadoedd:
un tro aethpwyd i ffair Aberystwyth i werthu pedair heffer a chael
cynnig punt yr un amdanynt gan ŵr crintach o Dregaron, er bod yr
heffrod yn werth pedair gwaith hynny. Câi fynd yn aml â basgedaid o
fenyn ac wyau i'w gwerthu yn Aberdyfi, gan ddychwelyd ar fferi'r
Ynys-las yng nghwch John Bell.[17]

Yr oedd Isaac Richards – a llawer ffermwr tebyg iddo – yn byw
mewn ofn y byddai ei landlord yn gwerthu'r fferm i estroniaid ac y
byddai'r rheini yn eu gosod ar y clwt. Yr oedd y cof am 'orthrymedig-
ion' etholiad 1868 yn parhau'n gignoeth yn y sir a byddai peth dicter
yn brigo i'r wyneb o bryd i'w gilydd yn erbyn prif deuluoedd
bonheddig gogledd Ceredigion, sef Powelliaid Nanteos a Phrysiaid
Gogerddan. Nid anghofiodd David Jenkins, tenant Cerrigcyranau,
Taliesin, am y creulondeb a ddioddefodd ei dad-cu a'i dad ar law
teulu Lisburne, Trawsgoed, pan luchiwyd hwy allan o'u fferm ym
mhlwyf Gwnnws. Wrth roi tystiolaeth gerbron y Comisiwn Tir ym
1891–3, galwodd David Owen Edwards, tenant Tal-y-bont, Glan-
dyfi, ar y comisiynwyr i ddwys ymglywed â chwynion ffermwyr

gorthrymedig y sir,[18] ac yn ystod yr un cyfnod yr oedd Dr Evan Pan Jones o Landysul, golygydd y misolyn *Cwrs y Byd*, yn ymgyrchu'n daer o blaid adfer y tir i'r bobl ac yn rhoi cyhoeddusrwydd helaeth i syniadau R. J. Derfel am 'Gymdeithasiaeth'.[19] Un o gaseion pennaf David Owen Edwards oedd Syr Pryse Pryse, meistr tir Gogerddan, clobyn o ddyn a oedd yn pwyso 20 stôn ac yn berchen ar 33 mil o erwau yng ngogledd y sir. Ar brydiau byddai Pryse yn peri i denantiaid, gweision a deiliaid clawdd a pherth grynu yn eu hesgidiau. Honnodd Edwards fod Pryse wedi ceisio trawsfeddiannu can erw o dir comin ym mhlwyf Llanfihangel Genau'r-glyn ym 1893, ond bod y werin-bobl wedi ei ymlid ef a'i asiant i ffwrdd. Aeth hefyd yn ei flaen i honni bod Pryse wedi lladrata miloedd o erwau o dir cytir dros y blynyddoedd ac nad oedd ball ar ei chwant am dir. 'A ydyw cam megis hwn yn llai yn achos landlord nag unrhyw un arall', gofynnai Edwards, 'neu a ydyw'r hen gerdd yn wir –

> Ni chaniateir pe bae
> I ddwyn yr wydd oddiar y cae,
> Ond caniateir yn rhwydd
> I ddwyn y cae oddiar yr wydd.'[20]

Cythruddwyd Pryse i'r byw gan y cyhuddiad hwn, ond yr oedd tystion eraill, megis y Parchedig George Bancroft, yn mynnu bod landlordiaid y sir yn ymddwyn fel Shylock a bod tenantiaid yn arswydo rhagddynt hwy a'u hasiaint.

Er bod yr hen ysbryd ffiwdal yn parhau'n rym yn y tir ym mherson Syr Pryse Pryse, ymddengys fod Isaac Richards yn cyddynnu'n dda â theulu Gogerddan. Yr oedd yn ollyngdod iddo pan ymfudodd ei landlord, John Hughes Griffiths, i Cincinnati a gwerthu i'r Prysiaid ar droad y ganrif. Er bod gorfod talu rhent o £30 y flwyddyn i'w landlord newydd yn faich trwm i'w gario, teimlai bellach fod ganddo fwy o sicrwydd i'r dyfodol.[21] Rhoes ganiatâd i Prysc Pryse, mab y plas ac asiant yr ystad, arwain ei gŵn hela swnllyd drwy gaeau pori Ynystudur a phan oedd yn grwt clywodd Doc Tom lawer gwaith gorn hela cotiau cochion Gogerddan yn canu a helgwn a meirch y Prysiaid yn ymlid llwynogod ar draws gwlad. Er i Pryse alw Isaac Richards yn 'ddiawl coch' am bleidleisio o blaid y Rhyddfrydwyr, yr oedd yn asiant tra charcus ac effeithlon.[22] Adwaenai ei denantiaid yn dda a gwnâi ymgais i ddeall eu harferion a'u defodau. Yr oedd gan Doc Tom feddwl uchel ohono ac â thristwch y clywodd am ei farwolaeth annhymig ar ôl cael ei gnoi gan lwynog yn ystod wythnos gyntaf 1900. Fel hyn y disgrifiwyd machlud oes etifedd Gogerddan ganddo yn *Atgofion Cardi*: 'Snap ffyrnig gan y llwynog, *blood-poison*, marw. Gellir yn ddibetrus ddweud i'r marw hwnnw fod yn golled fawr i ogledd y sir. Yr oedd yn ŵr mawr o waed, mae'n wir, gyda defnyddiau dyn mwy ynddo.'[23] Fe'i claddwyd, yng ngŵydd cannoedd o denantiaid a chyfeillion, ym mynwent Eglwys St Ioan, Penrhyn-coch. Parhaodd parch Doc Tom at hen deuluoedd bonheddig Cymru, fel y dengys ei ysgrifau diddorol ar deuluoedd Baron Hill, Madryn, Nannau, Penrhos a'r Penrhyn, a phan aeth ati, fel Llyfrgellydd Coleg Bangor yn y 1930au, i ddwyn perswâd ar berchenogion yr hen blasau i drosglwyddo eu llawysgrifau a'u memrynau prin i'r Llyfrgell dangosodd gydymdeimlad a chyfrwystra wrth drin a thrafod pwysigion fel Syr Richard Bulkeley, Syr George David Llewellyn Tapps-Jervis-Meyrick (gan nodi'r ddwy *hyphen* yn ddeddfol!) a'r Uwchgapten Wordsworth.

Dibynnai ffermwyr, tyddynwyr a thlodion yr ardal yn drwm ar fawnogydd Cors Fochno: yn y gors helaeth hon, a oedd yn ymestyn o'r Borth i afon Llyfnant ar ffin ogleddol y sir, torrent fawn a'i godi'n dasau i'w sychu cyn ei werthu'n lleol, ond gan sicrhau hefyd fod ganddynt ddigon o danwydd ar gyfer y gaeaf. Yno hefyd y byddent yn casglu brwyn croyw at wneud canhwyllau. Drwy holi hynafiaid y fro (a thrwy ddarllen llyfrau hanes yn ddiweddarach) daeth Doc Tom i sylweddoli pwysigrwydd 'Y Figin', fel y gelwid Cors Fochno yn lleol (dim ond Saeson dŵad a'i galwai'n 'Borth Bog'). Dysgodd fod y sôn cynharaf am y Gors i'w ganfod yng ngherdd 'Anrheg Urien' yn Llyfr Coch Hergest ac yn un o gerddi'r 'Hoianau' a briodolir i Fyrddin yn Llyfr Du Caerfyrddin. Sonia un hen ddarogan hefyd am Owain Lawgoch, y mab darogan, 'a'i baladr rhuddgoch' yn dod i 'fwrw'r Saeson fel moch/Yng Nghors Fochno'.[24] Gan fod cynifer o oedolion a phlant y fro yn dioddef o'r cryd, sef cryndod blin a ddioddefid gan y rheini a laddai fawn ar Y Figin, gwyddai Doc Tom am yr 'Hen Wrach' esgyrnog a dieflig a drigai yn y gors ac y tybid bod ganddi'r gallu i achosi'r cryd a llawer anhwylder arall.[25]

Cyn iddo briodi ac, yn wir, am gyfnod wedi hynny, bu Isaac Richards yn ennill ei fywoliaeth yn y diwydiant plwm. Gwaith eithriadol o beryglus ac afiach ydoedd, a dywedid bod mwynwr yn hen ŵr erbyn iddo gyrraedd ei hanner cant oed. Ond erbyn geni Doc Tom yr oedd ei dad wedi cefnu ar y mwynfeydd ac wedi hen gynefino â thrin y tir. Da o beth oedd hynny oherwydd yr oedd 'oes aur' cloddio am blwm yng ngweithfeydd Esgair-hir, Esgair-fraith, Ystumtuen a Goginan wedi darfod. Ym 1850 honnwyd yn y *Mining Journal* na fu gweith-feydd plwm y sir erioed mor llewyrchus, ac erbyn 1871 yr oedd 2,052 o weithwyr (1,823 o ddynion a 229 o ferched) yn ennill bywoliaeth yn y diwydiant. Ond syrthiodd pris plwm yn gyflym o 1877 ymlaen a chaewyd y gweithfeydd fesul un, gan achosi cyni enbyd i deuluoedd ac, yn sgil hynny, ddiboblogi sylweddol. Dim ond 550 o weithwyr a gyflogid yng ngweithfeydd plwm y sir ym 1901.[26]

Cafwyd trai cyffelyb yn hanes hetwyr yr ardal. Gostyngodd cyfan-swm gwneuthurwyr hetiau ffelt yn y sir o 124 ym 1841 i 22 ym 1871, ac yn Llangynfelyn – plwyf a oedd yn enwog ledled Cymru am ei hetwyr – o 51 i 5.[27] Pan oedd y diwydiant ar ei anterth, defnyddiai hetwyr y tanwydd cyfleus ac o ansawdd da a geid ym mawnogydd Cors Fochno i gadw hylif yn ddigon poeth i'w galluogi i ffurfio hetiau ffelt mewn pedyll. At ei gilydd, pobl dra annosbarthus a diotgar oedd yr hetwyr hyn, a dywedid ar lafar gwlad bod eu hymddygiad sarhaus wedi peri i'r dwygiwr Methodistaidd, Daniel Rowland, garlamu ar ei farch drwy Dre'r-ddôl gan weiddi'n groch: 'Beth ydych chwi yn ei wneud yn y fan hyn, blant y diawl?'[28] Serch hynny, yr oedd y diwydiant yn gymorth i lawer teulu gadw corff ac enaid ynghyd. Ond pan ddisodlwyd yr het ffelt gan yr het silc ffasiynol o'r 1860au ymlaen, bu dirywiad enbyd yn y galw, a gorfodwyd llawer o hetwyr medrus i ymadael â'r fro er mwyn chwilio am waith. Yng Nghyfrifiad 1891, dim ond un hetiwr a restrir, sef William Thomas, 73 oed, brodor o Ysgubor-y-coed a fu farw ym 1897. Ef oedd yr olaf o hetwyr Llangynfelyn.

Yn ogystal â hanes y gweithwyr plwm a'r hetwyr, ymddiddorai Doc Tom yn fawr hefyd yn yr hanesion a oedd yn gysylltiedig â Bedd Taliesin, henebyn yn dyddio o'r Oes Efydd sydd rhwng dyffrynnoedd Cletwr a Cheulan gerllaw'r ffordd arw a throellog o Ben-sarn-ddu i Gae'r Arglwyddes a Moel y Llyn. Ymddengys mai Samuel Rush Meyrick a gofnododd yr hen ofergoel y byddai'r sawl a gysgai ym meddrod y bardd yn deffro'n fardd neu'n ffŵl. Pan ddaeth Deon Henffordd i weld y carn – ar adeg pan oedd nifer o'r cerrig mawrion wedi eu symud – llithrodd, gan syrthio'n bendramwnwgl i mewn i'r bedd![29] Mwy hysbys i bobl y fro oedd yr hen chwedlau am 'Gwely Taliesin', ac o'i ddyddiau ysgol ymlaen trwythid Doc Tom yn hanes darganfod baban gan Elffin, mab Gwyddno Garanhir, mewn corwgl yng Nghored Gwyddno ar yr arfordir rhwng Aberdyfi ac Aber-ystwyth. Fe'i galwyd 'Taliesin' a bu'n byw ym mhlasty Gwyddno hyd

nes y boddwyd Cantre'r Gwaelod. Dihangodd i fyw dan y Graig
Fawr lle y bu farw, ac fe'i claddwyd yn y man a elwir yn Fedd
Taliesin.[30] Wedi iddo fwrw ei brentisiaeth fel hanesydd, ymwrthod â
chwedlau di-sail fel hyn a wnaeth Doc Tom, ond gwyddai nad yn
ysgafn y gosodid hwy o'r neilltu gan werin-bobl y cylch.

Bu dylanwad crefydd ar feddylfryd Doc Tom yn anhraethol bwysig.
Gŵr duwiolfrydig a chadarn ei argyhoeddiadau oedd ei dad, a
gwnaeth hynny argraff ddofn ar ei fab. Cerddai'r tad dair milltir
gron bob bore Sul bron yn ddi-ffael o'i gartref i'r Tabernacl, capel y
Bedyddwyr yn Nhal-y-bont. Gwnâi hynny'n ddeddfol hefyd pan
gynhelid cyfarfodydd blynyddol yr eglwys a phan ddeuai 'pregethwyr
mawr' i gynnal oedfaon. Yn y prynhawn, mynychai gapel Rehoboth,
capel y Methodistiaid Calfinaidd yn Nhaliesin, a mentrai'n aml
gyda'r hwyr i wrando ar bregethwr Wesle yn Soar, Tre'r-ddôl.
Chwedl Doc Tom: 'Tair oedfa, tri enwad. Bedyddiwr caeth, caeth,
gwrandawr tra rhyddfrydig.'[31] Mwynhâi Doc Tom gwmni'r saint
yng nghapeli'r fro a chyfoethogwyd ei fywyd ysbrydol gan genadwri
rhai o bregethwyr gorau'r sir. Sylwai yn arbennig ar nodweddion
corfforol yn ogystal ag arddull traddodi rhai o hoelion wyth yr
enwadau, yn eu plith Evan Keri Evans, Elfed a Thomas Levi. Ofnai
mai traddodwr sych i'w ryfeddu oedd Hugh Roberts, y Graig, 'a'r
geiriau'n syrthio o'i enau fel talpiau o ia', ac yr oedd dwy nodwedd
amlwg yn perthyn i ymarweddiad a phregeth un o'i ffefrynnau – Dr
Dafydd Rees, Bron-nant – sef ei berwig rhyfedd a'i arfer o ddefnyddio
'Os' ac 'Ond' yn ddau ben i'w bregeth. Er bod Thomas John Edwards,
brodor o blwyf Ysgubor-y-coed, yn glamp o bregethwr, ei draed
brain anferthol a hoeliai sylw Doc Tom, ynghyd â'i ddawn ryfeddol i
farchogaeth ceffyl.[32]

Er bod cryn dlodi yn yr ardal, yr oedd 212 o aelodau ar lyfrau
Eglwys y Tabernacl, Tal-y-bont, ym 1875 a'r rheini'n fwy na bodlon i
gynorthwyo'r achos trwy gyfrannu, fel y gwnâi Isaac a Jane Richards
hwythau, swllt y flwyddyn.[33] Er y deuai'r angerdd a'r cyffro teim-
ladol a gysylltid â Diwygiad 1859 i'r wyneb yn achlysurol, rhoddid y
pwyslais pennaf ar bregethu effeithlon, gweddïo taer a magu rhin-
weddau da megis moesgarwch, difrifoldeb, cynildeb, cymedroldeb a
dirwest. Sylwai Doc Tom yn arbennig ar hynodion blaenoriaid yr
eglwys. Afraid dweud mai ei dad oedd ei ffefryn ac ni pheidiai â
rhyfeddu at ei huodledd a'i danbeidrwydd pan fyddai ar ei liniau yn y
sêt fawr. Pesimist rhonc oedd John Williams, y pen blaenor, ac ni
welai ddim ond dinistr a gwae o'i flaen. Gwrthbwynt effeithiol iddo

ef oedd James Hughes, optimist direidus a godai galonnau'r ifainc
â'i genadwri obeithiol. Yr oedd meistrolaeth James James ar yr
Ysgrythurau yn rhyfeddod i Doc Tom ac ni allai neb ei drechu mewn
dadl athrawiaethol, er bod Richard James, ysgrifennydd swil ac
encilgar yr eglwys, lawn mor hyddysg ag yntau yn ei Feibl ac yn
hanes ei enwad. Gellir cyfrif ysgrif Doc Tom ar 'Hen Flaenoriaid
Tal-y-bont', sy'n trafod y cyfnod 1885–99 ac a gyhoeddwyd ym 1924
pan oedd yn byw ym Maesteg, ymhlith ei gynnyrch llenyddol
gorau.³⁴ Yng ngeiriau R. Tudur Jones: 'Mae'r darlun o'r pump yn
waith meistr ac yn mynegi parch dwfn . . . at gymdeithas a wyddai
lawer o chwerthin ac ysmaldod ond a oedd, trwy'r cwbl, yn ffurfio
"neuadd fawr rhwng cyfyng furiau".'³⁵ Uwchlaw popeth bron,
wrth ddwyn i gof yr hen ddyddiau hyn, cofiai Doc Tom – yn
annodweddiadol o sentimental – am weddïau ymbilgar yr hen saint
defosiynol ar nawnddydd haf ac yn nhrymder gaeaf. 'Â dysg ymhell,
a golud byd', meddai, 'ond nid cyn belled â saeth-weddïau saint y
capel bach.'³⁶

Yr oedd Doc Tom hefyd yn bur ddyledus i'w athrawon Ysgol Sul
am blannu ynddo stôr o adnodau ysgrythurol a gwybodaeth feiblaidd.
Un o'r anrhydeddau prin a ddaeth i'w ran pan oedd yn blentyn oedd
cael ei ethol yn gynrychiolydd swyddogol Ysgol Sul Methodistiaid
Calfinaidd Ynystudur yng Nghyfarfod Ysgolion Sul Gogledd Ceredig-
ion yn Nhal-y-bont lle y darllenodd bapur a ddisgrifiwyd gan un a
oedd yno fel un 'ardderchog, ond rhy hir o lawer'.³⁷ Ymddengys nad
oedd Doc Tom yn cyfrif meithdra yn bechod hyd yn oed y pryd
hwnnw! Nid oedd ychwaith yn rhy swil i roi cynnig ar ambell
gystadleuaeth. Ym mis Medi 1897 hysbyswyd yn Y Winllan, cylch-
grawn misol y Wesleaid i bobl ifainc, fanylion am gystadleuaeth i
ddathlu Jiwbilî Diemwnt y Frenhines Victoria. Yn abwyd i'r sawl a
luniai ysgrif lwyddiannus ar 'Cynnydd Breintiau Plant Cymru yn
ystod Teyrnasiad Victoria' yr oedd gwobr o lyfr gwerth pum swllt.
Doc Tom oedd yr unig ymgeisydd. Brithir ei ysgrif â chymalau ac is-
gymalau ansoddeiriol a chyfeiriadau ffuantus braidd at Shakespeare,
Bacon ac Addison (a hyd yn oed Eben Fardd), ond y mae'n werth
nodi ei fod yn cydnabod yn hael fod breintiau addysg ymhlith
'penconglfeini bywyd' a bod yr elfen gystadleuol yn dra phwysig:
'Cystadleuaeth yw un o weision ffyddlonaf diwylliant meddyliol ac
un o'i chanlyniadau uniongyrchol yw datblygu yr adnoddau a daden-
huddo talent guddiedig, cyffroi athrylith gysglyd, a braenaru anialwch
y meddwl mawr dynol.'³⁸ Nid moli'r gyfundrefn gystadleuol ym myd

y farchnad a wnâi'r ymgeisydd pedair ar bymtheg oed hwn, ond bendithio'r ffaith ei fod wedi ei fagu mewn ardal a roddai barch i dreftadaeth ysbrydol a diwylliannol y genedl ac a roes gyfle iddo ef, drwy ddygn ymdrech, i ddringo'r ysgol ac i fynegi'r doniau diamheuol a oedd ynddo.

Gadawodd y fagwraeth grefyddol hon yn y capel a'r ysgol Sul ei hôl yn drwm arno. Dengys ei lyfrau a'i erthyglau wybodaeth feiblaidd eithriadol o fanwl. Er enghraifft, mewn ysgrif faith ar 'Declarasiwn 1687', a gyhoeddwyd ym 1924, honnodd fod y Brenin Iago II yn cyfuno 'ystyfnigrwydd mul gyda byrbwylltra anifeiliaid rhochiog Gadara', mai 'Philistiad Seisnig' oedd yr Esgob Lawrence Womack, ac mai'r lle gorau i'r Piwritan Rowland Dawkins o Gilfrwch fyddai 'ym mhurdan Laodicea'.[39] Yn y cyfnod hwnnw, wrth gwrs, yr oedd cynulleidfaoedd yn ddigon hyddysg yn yr Ysgrythur i ddeall ei ergydion i'r dim.

Llawn cyn bwysiced â'r dylanwadau hyn oedd yr addysg gynnar a gawsai. Ef oedd yr aelod cyntaf o'i deulu i ddysgu siarad Saesneg yn rhugl, a'r drefn addysg a oedd yn gyfrifol am hynny. Pan ddaeth Deddf Addysg Forster i rym ym 1870 codwyd lliaws o ysgolion dyddiol a'u gosod dan reolaeth Bwrdd Ysgol yr etholid ei aelodau bob tair blynedd gan y trethdalwyr. Ategai'r ddeddf y farn draddodiadol mai rhanbarth o Loegr oedd Cymru ac na ddylid ar unrhyw gyfrif annog defnyddio'r Gymraeg. Nid oedd gan athrawon ffydd yng ngwerth a dyfodol y Gymraeg, a disgwylid iddynt weithredu cyfundrefn gaeth a diddychymyg yn seiliedig ar 'Saesneg, sums a sbelian'. Telid grantiau blynyddol yn ôl y pen i ysgolion a gâi adroddiad ffafriol gan un o Arolygwyr Ei Mawrhydi, ond disgwylid i rieni hefyd dalu cyfran bob wythnos at dreuliau'r ysgol. O 1880 ymlaen yr oedd yn rheidrwydd ar blant i fynychu ysgol ac yr oedd ffermwyr fel Isaac Richards yn awyddus i'w meibion ddringo ysgol addysg er mwyn eu harbed rhag dyfodol a oedd ynghlwm wrth garthu beudy neu gloddio am lo. Er ei fod ef a'i wraig yn Gymry Cymraeg uniaith, diau y gwyddai y profai ei fab ragfarnau lu yn erbyn y Gymraeg yn yr ysgol ac y plennid ynddo'r syniad na ddeuai unrhyw olud bydol na swydd o bwys oni ddysgai Saesneg yn drwyadl. Nid tan 1907 y daeth gorchymyn gan Bwyllgor Addysg Ceredigion mai drwy'r Gymraeg yn unig y dylid dysgu disgyblion yn ystod eu dwy flynedd gyntaf yn yr ysgol.

Ar un olwg, y mae'n drueni na fu modd i deulu Doc Tom aros ym mhlwyf Ceulan-a-Maesmor oherwydd byddai hynny wedi rhoi cyfle iddo i gael addysg eithriadol o dda wrth draed Thomas H. Kemp, prifathro Ysgol Frytanaidd Tal-y-bont, Sais o King's Lynn, Norfolk, fel y crybwyllwyd eisoes, a briododd Gymraes o'r enw Elizabeth ac a fagodd chwe phlentyn – Thomas, Charles, Gertrude, Albert, Rose ac Idris – yn ddwyieithog, a dod ei hun, chwedl Doc Tom, yn 'Gymro reiol'.[40] Pan ymunodd Doc Tom â'r ysgol ar 23 Ebrill 1884, ac yntau'n chwech oed, yr oedd y gair eisoes ar led fod safon yr addysg yn rhagorol ond, gwaetha'r modd, dim ond chwarter blwyddyn o addysg a gafodd. Gan fod ei dad yn y cyfamser wedi derbyn tenantiaeth Ynystudur, bu'n rhaid ymadael ar 20 Hydref, ac ymuno ar 2 Rhagfyr â'r meibion a'r merched i ffermwyr, mwynwyr, gweision fferm, crefftwyr a siopwyr a fynychai Ysgol Taliesin, neu'r Llangynfelyn Board School, fel y'i gelwid y pryd hwnnw. Codwyd yr ysgol ym 1876 ac yr oedd ynddi le i 263 o blant.[41] Prifathro Ysgol Llangynfelyn rhwng 1876 a 1889 oedd Samuel Prosser, brodor o Grucywel, ac fe'i cynorthwyid gan dri disgybl-athro ac un athrawes wnïo.

Er i Doc Tom gyfaddef ei fod yn falch o weld ei gefn ym 1889, nid oedd Samuel Prosser heb ei rinweddau o flaen dosbarth. Mewn oes pan oedd y maes llafur yn gyfyng a chryn dipyn o ddysgu ar dafodleferydd yn ddisgwyliedig, ceisiai Prosser ar brydiau apelio at ddychymyg ei ddisgyblion. Er enghraifft, un diwrnod rhoes wers (gan ddefnyddio model) ar sut a phaham y byddai folcano yn ffrwydro a sut a phaham y digwyddai diffyg ar y lleuad. Dro arall, pan welod Eidalwr yn cario mwnci yn mynd heibio i'r ysgol fe'i galwodd i mewn a rhoi gwers gyfareddol i'r holl blant ar nodweddion y mwnci. Pan fu Margaret Morris, Tan-yr-allt, farw yn 108 oed ar 20 Ionawr 1885 gorchmynnwyd i'r plant arwain yr orymdaith angladdol. Cyn hynny, rhoes Prosser wers hanes bwysig iddynt. Nododd fod yr hen wraig wedi ei geni ym mlwyddyn Datganiad Annibyniaeth America, bod Williams Pantycelyn yn dal yn fyw y pryd hwnnw, a'i bod wedi dysgu llawer iawn o'i emynau (ac, yn wir, ei bod yn medru adrodd ar ei chof ddeg pennod o'r Beibl), ei bod yn ddeugain namyn un pan ymladdwyd Brwydr Waterloo, a'i bod wedi goroesi tri brenin.[42] Anodd peidio â chredu na wnaeth y wers hon, ynghyd â'r angladd a'i dilynodd, greu yn y llanc saith oed ymwybyddiaeth o gwrs hanes. Yn Saesneg, wrth gwrs, y traddodid y gwersi hyn a llwyddai Prosser i greu awyrgylch anghymreig iawn yn y dosbarth ac i drwytho'r disgyblion yn ysbryd ymerodrol yr oes. Pan alwodd ei gyfaill, y Parchedig Edward Davies, Bwlch-llan, heibio yn ystod haf 1885 sylwodd nad oedd acen Gymreig i'w chlywed ar leferydd y plant a fu'n adrodd ger ei fron.[43] Nid yw'n rhyfedd, felly, fod adroddiadau Arolygwyr Ei Mawrhydi yn gyson ganmoliaethus. Ar y llaw arall, gŵr digon piwis ac anghynnes oedd Prosser ac yr oedd yn gosbwr creulon. Fe'i câi hi'n anodd sicrhau presenoldeb llawn a chyson yn yr ysgol. Weithiau, byddai tywydd garw yn rhwystro plant y wlad rhag mynychu, a byddai'r pâs, difftheria, y frech goch ac afiechydon eraill hefyd yn eu llorio ym misoedd y gaeaf. Llai derbyniol, o leiaf yng ngolwg Prosser, oedd yr arfer o golli ysgol er mwyn lladd gwair, codi tatws, torri mawn, hel madarch, casglu mwyar duon a hela llwynogod. Tynnai marchnad Aberystwyth blant o'r ysgol bob dydd Llun, a bylchog iawn fyddai'r rhengoedd pan gynhelid cyfarfodydd pregethu neu gymanfaoedd canu yn y cylch. Byddai'r plant mwyaf anystywallt yn tarfu ar addysg eu cyd-ddisgyblion ac, mewn anobaith, ym mis Tachwedd 1883 anfonodd Prosser lythyr dwyieithog at rieni'r triwantiaid yn eu rhybuddio ynghylch 'the evil consequences of irregularity'.[44] Pan droes y rheini'n glustfyddar i'w apêl, penderfynodd ddefnyddio'r gansen yn amlach ac yn llymach. Nid peth anghyffredin o gwbl oedd gweinyddu cosb gorfforol yn ystod oes Victoria. Ar yr aelwyd ac yn yr ysgol dyfynnid yn aml yr adnod o Lyfr y Diarhebion XIII, 24: 'Yr hwn a arbedo y wialen, sydd yn casáu ei fab: ond yr hwn â'i câr ef, a'i cerydda mewn amser.' Credid mai pechaduriaid balch ac anufudd oedd plant ifainc a'i bod yn ddyletswydd ar riaint ac athrawon i'w curo er mwyn gorchfygu'r llygredigaeth a lechai yn eu calonnau. Yn garn i hyn, dyfynnid adnodau a oedd yn darlunio Duw fel cosbwr dychrynllyd. Onid oedd Natur hefyd, meddai rhai addysgwyr, megis Duw ei Hun, yn hanfodol greulon?[45] Rhoddai hyn rwydd hynt i ffrewyllwyr sadistaidd megis Robyn y Sowldiwr, yr hen filwr cloff a herciai o gwmpas y dosbarth yn y nofel *Rhys Lewis* gan Daniel Owen (1885) 'gan ffonio pawb yn greulon a diwahaniaeth'. Ceir darlun cyffelyb yn *Tom Brown's Schooldays* gan Thomas Hughes (1857), ac mewn llawer ysgol llysenwid athrawon yn 'gleiswyr penolau'.

Gan fod rhan o gyflog y prifathro yn seiliedig ar lwyddiant y plant yn yr arholiad blynyddol, byddai Samuel Prosser yn estyn am y gansen yn aml pan oedd yr *examination* ar y gorwel: 'crychai ei aeliau', meddai Doc Tom, 'a siawns fawr na roddid y wialen ar gefnau pobl wan yn y *dictation* (gwelais chwech a'u hwynebau at y wal yn ei chael hi yr un pryd).'[46] Ategir hyn yng nghofnodion Llyfrau Lòg Ysgol Llangynfelyn: '5 March 1889. Punished David J. Evans for idleness and insolence (one slap on the hand and two across the shoulders).' Ond y mae'n amlwg na fyddai Prosser yn cofnodi pob cosb yn y llyfrau hynny. Eisoes, ar 2 Mawrth 1886, daethai Richard Jenkins, Henhafod, â chŵyn gerbron y Bwrdd Ysgol: honnai fod y prifathro wedi curo Susanah, ei ferch ddeng mlwydd oed, ddwywaith â'i wialen. Ceryddwyd Prosser yn hallt, ond ymhen llai na blwyddyn mynegwyd cwyn gyffelyb gan Edward Lloyd. Wedi cryn drafod cecrus, penderfynwyd mai curo'r plant ar eu dwylo yn unig a gâi'r prifathro 'and not to use his hands upon any part of the children's bodies'.[47] Gan fod y cwynion hyn yn ymwneud â merched ifainc, nid annichon fod Prosser wedi ymddwyn yn dra anweddus. Beth bynnag, yr oedd cymaint o ddrwgdeimlad yn ei erbyn fel y galwyd cyfarfod arbennig o'r Bwrdd Ysgol ar 18 Mehefin 1889 i drafod ei ddyfodol. Fe'i rhegwyd yn gyhoeddus gan y cadeirydd a phleidleisiwyd, â mwyafrif o un, o blaid ei ddiswyddo. Ac er bod Doc Tom yn cydnabod bod Prosser yn ysgolfeistr da, gwyddai hefyd fod llawer plentyn wedi cael cam ganddo.

Un sioncach ei gam wrth gerdded i'r ysgol 'mewn côt lwydaidd ddigon a'r llodrau wedi eu diwygio dro ar ôl tro'[48] oedd Doc Tom wedi iddo sylweddoli bod olynydd Samuel Prosser yn brifathro ysbrydoledig. Er nad ef oedd dewis cyntaf y Bwrdd Ysgol, yr oedd

2. Disgyblion Ysgol Llangynfelyn ym 1891. Saif Thomas Richards
ar y dde yn y rhes gefn. (Llun: Llyfrgell Genedlaethol Cymru).

Richard Rhydderch, gŵr ifanc 26 oed o Nant-y-glo, sir Fynwy, a benodwyd yn brifathro ar 18 Gorffennaf 1889, yn dra gwahanol o ran natur a dull i Prosser. Yr oedd y plant yn ei hoffi yn ogystal â'i barchu, a chan mai clipsen ysgafn yn unig a gâi plant drwg ganddo nid oedd ar reini ychwaith hiraeth am Prosser. Er ei fod yn gofidio bod llawer o'r plant yn dal i gyfrif â'u bysedd a bod eu Saesneg yn parhau'n glapiog, llwyddodd Rhydderch i godi safonau yn ystod y cwta ddwy flynedd y bu yno. Er mawr ofid i Doc Tom, fe'i denwyd i swydd amgenach yn Aber-carn ym mis Awst 1891. Brodor o Aber-ystwyth, James James, oedd ei olynydd, athro Ysgol Fwrdd Craswall yn swydd Henffordd, gŵr swil ac encilgar o ran natur ond un tra chydwybodol ac unplyg yn ei waith. Yr oedd gan Doc Tom y 'parch puraf' ato ac y mae'n amlwg fod James wedi ei gymryd dan ei adain. Eisoes ym mis Ebrill 1891, yr oedd Isaac Richards wedi llwyddo i berswadio'r Bwrdd Ysgol i ddyrchafu ei fab yn *monitor*, gyda'r addewid o swydd disgybl-athro cyflogedig ymhen blwyddyn.[49] Gan fod dau blentyn arall ar yr aelwyd yn Ynystudur – Edward Llewelyn, a aned ar 20 Ionawr 1884 a Sophia Elizabeth, a aned ar 17 Chwefror 1889 – yr oedd gwir angen ceiniog ychwanegol. Rhaid bod Richard Rhydderch a James James wedi pleidio achos Doc Tom oherwydd gwyddent fod ynddo addewid mawr. Erbyn yr hydref gallai James gofnodi yn Llyfr Lòg yr ysgol: 'Thos. Richards has improved very much in his power to teach the 1st Standard.' Aeth y sôn am ei allu gerbron dosbarth ar led, gan beri i Isaac Richards anfon cais pellach at y Bwrdd Ysgol yn eu cymell i dalu cyflog i'w fab am ei wasanaeth.[50] Yr oedd rhai aelodau pur ystyfnig a chalongaled yn perthyn i Fwrdd Ysgol Llangynfelyn a gwyddai'r teulu Richards yn dda am y '*vendetta* Italaidd' a fodolai rhwng Thomas Thomas, Neuaddyrynys, a Richard Jenkins, Henhafod, ond ni allent wrthod cais mor rhesymol, ac o ganlyniad pennwyd cyflog o £5 y flwyddyn iddo.

O hynny ymlaen, âi gyrfa Doc Tom o nerth i nerth. Er na chawsai unrhyw hyfforddiant penodol ar gyfer y swydd, fe'i penodwyd yn ddisgybl-athro ar 12 Ebrill 1893 ar gyflog o £6 y flwyddyn (i'w dalu'n chwarterol). Er nad oedd brin flwyddyn yn hŷn na'r disgyblion hynaf yn Standard VI, nid oedd yn ddiffygiol mewn hyder. Yn ôl cofnodion yr ysgol, rhoddai wersi derbyniol iawn ar 'Black Lead Pencil' ac 'Iron Manufacture', heb sôn am gynnal breichiau ei brifathro drwy bwysleisio'r 'tair R', ynghyd â'r *dictation*, yr *analysis* a'r *parsing* a oedd yn rhan annatod o'r maes llafur. Er y gellir tybio iddo gael llai o lwyddiant yn dysgu'r plant i ganu'n swynol, hawd credu bod y foeswrs biwritanaidd a geid mewn caneuon fel 'Stand fast for Truth', 'Work Away' ac 'Improve the Passing Hours' at ei ddant. A thybed nad ei ddylanwad ef a barodd i James James ganiatáu i'r plant ddechrau dysgu caneuon Cymraeg fel 'Rhyfelgyrch Cadben Morgan', 'I Wisgo Aur Goron' ac 'Yr Eneth Ddall'. Er mwyn rhoi min ychwanegol i'w wersi, caniataodd y Bwrdd Ysgol iddo fynychu dosbarthiadau disgybl-athro yn Aberystwyth bob Sadwrn a thelid ei holl gostau teithio ac offer. Nodwyd ei gynnydd gan Arolygwyr Ei Mawrhydi: 'T. Richards has passed well' (1894) a 'T. Richards passed an excellent examination' (1895).[51] Yn aml, disgwylid iddo ofalu am ddau ddosbarth o fewn un ystafell, gan gystadlu am sylw'r plant yn erbyn yr holl ddosbarthiadau eraill. Ar brydiau, pan ballai ei amynedd (a chyfaddefai ei fod yn perthyn i deulu a oedd yn 'tanio fel matsen'), rhoddai glusten i ambell walch anufudd neu swnllyd, a chael pryd o dafod wedi hynny gan riant cynddeiriog.

Disgyblwr gwael oedd James James a châi gerydd cyson gan aelodau'r Bwrdd Ysgol am fethu â gwastrodi ei ddisgyblion. Penyd i'r prifathro oedd gorfod mynd gerbron y Bwrdd i adrodd hanes yr hyn a gyflawnid gan ei staff a'i blant, ac ym 1896 fe'i hysbyswyd y collai ei swydd onid enillai'r ysgol grant lawn yn sgil yr arholiad blynyddol. Nid gormodiaith yw dweud y treulid rhan helaeth o bob blwyddyn yn paratoi ar gyfer ymweliad Arolygwyr Ei Mawrhydi. Am fisoedd cyn y 'Diwrnod 'Sbector' byddai ofn ac arswyd yn teyrnasu yn yr ysgol: y prifathro yn arswydo rhag ofn na cheid y grant yn llawn (£96 yn achos Ysgol Llangynfelyn) a'r plant yn ofni ennyn llid y prifathro a'r arolygwyr drwy fethu ateb yn gywir. Byddai'r staff a'r plant wrthi fel lladd nadredd am wythnosau, onid fisoedd, ymlaen llaw yn paratoi ar gyfer y diwrnod mawr. Gorfodid y plant i gofio cruglwyth o ffeithiau mawr a mân, i feistroli *parsing* ac *analysis* yn Saesneg, i fedru adrodd eu tablau ar dafodleferydd, ac i ganu'n swynol. Gofelid bod yr ysgol wedi ei sgwrio'n lân, a bod blawd llif ffres wedi ei daenu ar hyd y lloriau, bod lluniau ar y muriau a phob potel inc yn llawn. Siersid rhieni i sicrhau y byddai eu plant yn gwisgo eu dillad a'u hesgidiau gorau ar y diwrnod mawr, a gorau oll pe bai eu hwynebau yn sgleinio.

Er i Doc Tom ddweud yn *Atgofion Cardi* mai ar ddiwrnod ei ben blwydd yn ddeunaw oed y cynhaliwyd yr Arolwg Blynyddol mwyaf tyngedfennol, y gwir yw mai ar 19 Mawrth 1896 y daeth William Williams MA, Prif Arolygydd Ysgolion Ei Mawrhydi drwy Gymru gyfan, i fwrw ei linyn mesur dros athrawon a disgyblion Ysgol Llangynfelyn.[52] Ei ddau gynorthwyydd oedd T. H. Johnson, Sais o Lanymynech, a Thomas Darlington, ieithydd, clasurwr, awdur *Iaith a Chenedlaetholdeb* (1891) a *Welsh Nationality and its Critics* (1895) ac ymgeisydd aflwyddiannus am brifathrawiaeth Coleg Prifysgol Cymru, Aberystwyth, ym 1891.

Bu cryn achwyn ynglŷn â diffyg Cymreictod Darlington pan benodwyd ef yn Arolygwr yn sir Aberteifi ym 1896, ond addawodd ddysgu'r Gymraeg cyn pen dwy flynedd a glynodd wrth ei air. Bwrw ei brentisiaeth yr oedd Darlington y pryd hwnnw a'i unig gyfraniad cyhoeddus ar y diwrnod oedd gorchymyn y prifathro i ysgrifennu darn o ryddiaith Gymraeg ar y bwrdd du er mwyn i'r plant ei drosi i'r Saesneg. Bu Johnson, sut bynnag, yn fwy gweithredol. Sibrydodd yng nghlust Doc Tom, gan amneidio at luniau o flodau a osodwyd ar y muriau: 'Do you know the Latin names of those flowers?' 'No, Sir,' oedd yr ateb. 'I know a man who does,' meddai Johnson gan gilwenu'n fyfiol. Pan ddechreuodd y plant ganu'r hen ffefryn 'Merrily the Cuckoo in the Vale', chwarddodd Johnson a Darlington yn aflywodraethus, gan beri i James James weiddi'n biwis: 'Gentlemen are they singing so badly you must laugh at them?' Tynnwyd y gwynt o hwyliau'r ddau Sais a phan gyhoeddwyd Adroddiad yr Arolygwyr nodwyd bod canu'r plant wedi bod yn 'decidedly good'. Yn wir, canmolwyd y rhan fwyaf o waith yr ysgol a chafwyd y grant yn llawn. Yng nghwmni'r ddau ddisgyblathro arall, bu'n rhaid i Doc Tom fynd gerbron y Prif Arolygwr i ddarllen, adrodd a chanu, a cheir y cofnod canlynol amdano: 'passed well . . . but . . . should attend to knowledge of School Method'. Ymddengys fod Doc Tom wedi darllen ac adrodd yn gymeradwy iawn, ond cyn iddo gyrraedd y trydydd bar o'i gân torrodd William Williams ar ei draws, gan ddweud 'That will do, That will do.' Nid Williams fyddai'r olaf i gollfarnu canu ansoniarus Doc Tom. Y mae'n gwbl amlwg, serch hynny, fod gan yr arolygwyr feddwl uchel ohono, a chafodd bob anogaeth i sefyll Ysgoloriaeth y *Queen's* (fel mae'n digwydd, dan oruchwyliaeth Thomas Darlington yng Ngholeg Aberystwyth, ym mis Rhagfyr 1896) a fyddai'n caniatáu iddo fynd yn ei flaen i goleg. Ar 1 Ebrill 1897 derbyniwyd llythyr gan y Swyddfa Addysg yn hysbysu'r ysgol fod Doc Tom wedi llwyddo'n eithriadol: yr oedd ei enw ymhlith y dethol rai yn y dosbarth cyntaf. Erbyn hynny, ef oedd cannwyll llygad James James a llwyddwyd i berswadio hyd yn oed aelodau cybyddlyd y Bwrdd Ysgol i drefnu tysteb i'r prentisathro disglair i gydnabod ei wasanaeth a'i gamp.[53]

Gallai fod wedi mynd yn syth i goleg hyfforddi, ond gan fod yr esgid yn gwasgu o hyd yn Ynystudur, a phum aelod o'r teulu i'w bwydo, penderfynodd ymgeisio am swydd wag yn Ysgol Fwrdd Heol Alexandra, Aberystwyth. Yr oedd yr ysgol yn falch o gael gŵr ifanc mor ddisglair a chychwynnodd ar ei waith fel athro cynorthwyol ar 26 Ebrill 1897. David John Saer oedd y prifathro, gŵr bonheddig mwyn a fyddai ymhen amser yn cyhoeddi astudiaethau arloesol ar ddwyieithrwydd. Ac yntau'n ymgroesi rhag defnyddio'r gansen i gosbi plant, bu'n rhaid i'w ddirprwy, John Henry Williams, wastrodi'r 'bechgynnos *tough*',[54] chwedl Doc Tom, a hanai o ardal Trefechan, Tan-y-cae a Thespian Street. Diau mai ar ei anogaeth ef yr estynnai Doc Tom yn bur aml am y wialen wrth geisio cynnal trefn yn y dosbarth, ac ar 23 Chwefror 1898 bu raid i Saer ei geryddu'n llym: 'Received a complaint this morning about T. Richards Ex. P. T. that he had punished Jac Thomas in his class rather severely. Warned Mr. Richards against repeating the offence.'[55] Eto i gyd, yr oedd amgenach trefn ar yr ysgol nag yr oedd yn Llangynfelyn ac yr oedd y plant at ei gilydd yn mynychu'n fwy rheolaidd. Yn wir, rhoddwyd medal arbennig i fachgen o'r enw Isaac J. Rowlands ym mis Tachwedd 1898 am fynychu'r ysgol yn ddi-feth dros gyfnod o bum mlynedd. Anodd dweud faint o flas a gâi'r disgyblion ar wersi ar bynciau fel 'A Pair of Bellows', 'Flexible and Elastic Substances' a 'Cloud and Rain', nac ychwaith faint o bleser a gâi Doc Tom yn eu dysgu i adrodd 'The Lost Lamb' ac 'Yr Asyn Anfoddog', ac i ganu 'If I were a Sunbeam' a 'Hurrah Gwawriodd y Dydd'. Ond gellir bod yn bur sicr ei fod yn saernïo (a defnyddio un o'i hoff eiriau) ei wersi yn ofalus ac yn ennyn parchedig ofn y plant drwy gyfuno llymder a hiwmor wrth drafod eu gwendidau. 'This school is steadily advancing in efficiency,' meddai Arolygwr Ei Mawrhydi ym 1899, ac nid bychan fu cyfraniad Doc Tom i'r dasg o ysgogi a meithrin talentau plant y dref.[56] Enillodd glod uchel gan arholwyr ac arolygwyr fel ei gilydd, yn enwedig am ei ddoniau fel hanesydd. Ei unig wendid, yn ôl L. J. Roberts, Arolygwr Ei Mawrhydi o Aberaeron, oedd ei fod yn ymserchu gormod mewn ansoddeiriau ac yn chwannog i gynnwys 'gryn chwech ambell waith i ddisgrifio rhyw hen gadfridog hynod'.[57] Er gwaethaf y rhybudd cynnar hwn, teg dweud bod Doc Tom wedi ildio lawer gwaith i'r temtasiwn hwnnw drwy gydol ei yrfa.

Dymuniad Doc Tom oedd ennill lle yn Adran Hyfforddi Coleg Prifysgol Cymru, Aberystwyth, a hawdd deall paham yr oedd wedi rhoi ei fryd ar fynychu'r 'Coleg ger y Lli'. Yn un peth, byddai wrth law i gynorthwyo ei rieni a oedd yn ei chael hi'n anodd ar brydiau i gadw'r blaidd o'r drws. Ond pwysicach na hynny oedd y ffaith ei fod wedi ymserchu yn nhref Aberystwyth. Yn oes Victoria cyfrifid Aberystwyth yn frenhines trefi glan môr gorllewin Cymru. Hi oedd 'Biarritz Cymru', meddai ei hedmygwyr pennaf, ac yr oedd gwestai moethus fel y Belle Vue, y Queen's a'r Waterloo, heb sôn am yr amrywiaeth o gyngherddau, dramâu a sioeau comedi wythnosol, yn cynnig 'ambell demtasiwn, llu o atyniadau' i 'hogyn o'r wlad'. Byddai cryn firi a rhialtwch yn y ffair Galangaeaf, a chondemnio croch ar 'bechodau' o'r fath yn eglwysi gorlawn y Tabernacl, Bethel a Seilo. Yn Aberystwyth y gwelodd Doc Tom am y tro cyntaf rai o fawrion y genedl – O. M. Edwards, Thomas Charles Edwards, Pedr Hir ac R. T. Jenkins. Er pan oedd yn grwt, yr oedd yn gyfarwydd â'r dref, a seriwyd ar ei gof un digwyddiad o bwys cenedlaethol. Ar 26 Mehefin 1896 caniatawyd i blant Ysgol Llangynfelyn deithio i Aberystwyth i ymuno â'r miloedd a ddaethai ynghyd i ddathlu sefydlu tywysog Cymru yn ganghellor cyntaf Prifysgol Cymru.[58] Yr oedd yn ddiwrnod o haul crasboeth a'r dref dan ei sang. Taniwyd salíwt brenhinol gan longau yn y bae pan gyrhaeddodd y trên brenhinol a chroesawyd tywysog a thywysoges Cymru â bonllefau byddarol. Ond yr hyn a roes y wefr fwyaf i Doc Tom oedd gweld un o'i arwyr pennaf, William Ewart Gladstone, 'Grand Old Man' y Blaid Ryddfrydol a'r gŵr a fuasai, cyn iddo ymddeol i Benarlâg ym 1896, yn brif weinidog bedair gwaith. Ac yntau'n 87 oed, nid rhyfedd i'r dorf ei groesawu'n afieithus: 'ystormydd o *cheers,*' meddai Doc Tom, 'hen ŵr a'i ben yn gyrniog foel, ar wahân i ryw gudynnau main o wallt ar ei war a raflai dros ei goler mawr'.[59] Hwn oedd y tro cyntaf hefyd i Doc Tom weld O. M. Edwards; adnabu ei wyneb oddi wrth y llun a ymddangosai ar glawr y *Cymru* 'Coch'. Rhyfeddai at rwysg yr orymdaith, afiaith y dorf ac 'ar agweddau digrif y natur ddynol' y diwrnod bythgofiadwy hwnnw. Dywedwyd gan lawer na welwyd achlysur cyffelyb erioed o'r blaen gan drigolion y dref, ac, yn ôl yr Arglwydd Rendel, bu'n gyfrwng i ddwyn Cymru 'i'w hetifeddiaeth lawn ac i fri o fewn yr ymerodraeth a'r byd'.[60] Llonnwyd O. M. Edwards i'r fath raddau gan y 'diwrnod perffaith' fel y mentrodd awgrymu y dylid mabwysiadu'r chweched ar hugain o Fehefin yn ŵyl genedlaethol.

Yr oedd gweithgarwch academaidd a chymdeithasol 'Y Coleg ger y Lli' hefyd yn atyniad i Doc Tom. Gwyddai'n dda am aberth a menter ei sylfaenwyr ac am eu hawydd i sicrhau y byddai sefydliad a godwyd ar geiniogau prin y werin yn ennill lle anrhydeddus yn serchiadau'r bobl fel 'prifysgol y werin'.

Yr oedd ei rieni ef ei hun wedi aberthu tipyn er mwyn ei alluogi i fentro i fyd addysg uwch, a thra oedd yn athro cynorthwyol yn Ysgol Heol Alexandra manteisiai ar bob cyfle i fynychu darlithoedd, dadleuon, cyngherddau, *soirées* a dramâu a gynhelid yn yr 'hen honglad bruddglwyfus' (chwedl R. T. Jenkins) ar lan y môr.[61] Yr oedd ysgolheigion o fri eithriadol ar y staff y pryd hwnnw: Charles Harold Herford, yr athro llenyddiaeth Saesneg a wnaeth argraff annileadwy ar yr R. T. Jenkins ifanc, a Dr Herman Ethé, cawr o ysgolhaig a oedd wedi ei drwytho mewn Eidaleg, Sbaeneg, Hebraeg, Arabeg, Iaith Syria a Sanscrit. Yno hefyd yr oedd Edward Edwards (Teddy Eddy), brawd O. M. Edwards a'r athro hanes a fyddai, ymhen ychydig flynyddoedd, yn bwrw ei linyn mesur fel arholwr allanol dros rai o bapurau arholiad Doc Tom. Câi flas ar ddiddanion y myfyrwyr, yn gymaint felly fel na ddychwelai bob penwythnos i Ynystudur.

Eto i gyd, ni allai Doc Tom lai na rhyfeddu at y rheolau caeth a phlentynnaidd a oedd yn llethu bywyd cymdeithasol y myfyrwyr. Ni châi mab a merch fawr ddim cyfle i gymysgu'n rhydd, a dim ond o fewn muriau'r coleg y gellid sgwrsio. 'Maen nhw'n galw hwn yn Goleg cymysg', meddai'r Rhingyll Wakeling, proctor y coleg a gŵr a ddisgwyliai i bob myfyriwr ufuddhau'n ddigwestiwn i reolau Senedd y Coleg, 'ond, myn diawl, os dalian nhw chi'n cymysgu!'[62] Bu stŵr rhyfeddol yn y dref ym mis Tachwedd 1898 yn sgil y gosb lem a roddwyd ar W. St. Bodfan Griffith am feiddio cynnal sgwrs â myfyrwraig o'r enw Miss Gibbon drwy ffenestr agored Neuadd Alexandra, lle'r oedd y pennaeth, Miss E. A. Carpenter, yn cadw llygad barcud ar ei merched. Gan na châi'r ddwy ryw ymgyfeillachu'n gyhoeddus yn y dyddiau piwritanaidd hynny, penderfynodd Senedd y Coleg – ar ôl trafod y mater am 33 awr! – alltudio Griffith am dymor cyfan a diarddel y ferch o'r Neuadd.

'A College Scandal' oedd y pennawd bras yn y rhifyn o'r *Aber-ystwyth Observer* a gyhoeddwyd ar 3 Tachwedd, a chystwywyd aelodau o Senedd y Coleg, ynghyd â'r Prifathro T. Francis Roberts, am ddwyn anfri ar y coleg a'r dref drwy gosbi'r ddau 'bechadur' mor anhrugarog nes suro'r berthynas rhwng staff a myfyrwyr.[63] Dywed-wyd pethau miniog iawn am Miss Carpenter, a oedd yn ymgorfforiad o gywirdeb a disgyblaeth biwritanaidd: 'in the sight of Miss Carpenter, billing and cooing is, seemingly, one of the unpardonable sins'. Cydiodd prif newyddiaduron Lloegr yn y stori a chyn pen dim yr oedd penawdau megis 'A Modern Juliet'. An Aberystwyth Romance', 'Sweetgirl Graduate's Romance' a 'Varsity Love Idyll' i'w darllen ledled Prydain. 'Dier, dier,' meddai 'Celt Llundain', 'mor ffôl mae pawb wedi ymddwyn uwchben ychydig o helynt garwriaethol.' Ar ddydd Iau, 10 Tachwedd, gorymdeithiodd y myfyrwyr gwryw drwy'r dref yn canu 'The Dead March from Saul' ac emynau prudd megis 'Bydd myrdd o ryfeddodau'. Drannoeth cyflwynodd y myfyrwyr gloc goreuredig, cas ysgrifennu, daliwr sigâr a blwch sigârs i W. St. Bodfan Griffith, cyn ei hebrwng, ar ffurf gorymdaith angladdol, drwy'r dref i'r orsaf. Gwisgai'r myfyrwyr ynau duon dros eu pennau a chanent emynau lleddf. Rhaid bod Doc Tom, ac yntau yn yr ysgol ger yr orsaf, wedi clywed y fanllef fyddarol o gymeradwyaeth i Griffith pan ymadawodd ar y trên i'w alltudiaeth. Flynyddoedd lawer wedi hynny, pan oedd Doc Tom yn llyfrgellydd Coleg Bangor, galwodd heibio i dŷ St. Bodfan Griffith ym Mangor, lle'r oedd yn brifathro Ysgol Friars. Ni soniwyd dim am helynt 1898, ond wrth ffarwelio â'i gilydd digwyddodd Doc Tom weld cloc goreuredig ar y silff ben tân. '"Dyma'r cloc," meddwn. "Dyna'r cloc," meddai yntau.'[64]

Yr oedd gan Doc Tom reswm da arall dros fwrw'r Sul yn nhref Aberystwyth: fe'i llwyr gipiwyd gan hud a lledrith y bêl gron. Nid oedd ef ei hun yn fabolgampwr o fath yn y byd. Yr oedd yn rhy heglog ac afrosgo i ddisgleirio ar y maes chwarae a siomedig o ffwrdd-â-hi oedd y gemau a welsai cyn hynny rhwng Taliesin a Thal-y-bont.[65] Agoriad llygad i lencyn gwladaidd, felly, oedd darllen cynnwys yr *Athletic News* – prif gylchgrawn chwaraeon yr oes – ar brynhawn Gwener ar ôl i D. J. Saer ddal y trên am dri er mwyn cyrraedd rhyw bwyllgor neu'i gilydd yn ne Cymru. Pwysicach fyth oedd y profiad gwefreiddiol o wylio pêl-droedwyr medrus a chydnerth tref Aberystwyth yn tynnu torch â thimau profiadol o weddill Cymru ac o Loegr, yn eu plith Walsall, Glossop, Druids a'r Drenewydd. Yr oedd gan Aberystwyth dîm eithriadol o gryf yn y nawdegau, gan gynnwys chwaraewyr rhyngwladol fel John Rea a Grenville Morris. Yn ei anterth, sef ym 1900, llwyddodd y clwb i ennill coron driphlyg drwy gipio Cwpan Tywyn, Cwpan De Cymru a Chwpan Cymru.[66] Ar ddiwedd Hydref 1897 perswadiwyd Doc Tom gan fyfyriwr a oedd yn cyd-letya ag ef yn y dref i'w hebrwng i Gae'r Ficerdy i wylio gôl-geidwad rhyfeddol o'r enw Leigh Richmond Roose, mab i weinidog Presbyteraidd o'r Holt, ger Wrecsam, a myfyriwr yn y coleg er Ionawr 1895, yn chwarae yn erbyn pêl-droedwyr proffesiynol Glossop North End yn nhrydedd rownd Cwpan Cymdeithas Bêl-droed Lloegr. Er nad oedd Roose (fe'i gelwid yn 'Mond' gan y myfyrwyr a 'Dic' gan bobl y dref) fawr hŷn na Doc Tom, yr oedd eisoes yn ffigur chwedlonol yn y dref oherwydd ei ddoniau digymar rhwng y pyst. Cawr o ddyn allblyg a ffraeth oedd Roose, a llanwai'r gôl i'r ymylon. Gallai gicio, ac weithiau daflu, peli lledr trymion ymhell dros y llinell hanner ac ar brydiau rhedai, a'r bêl wrth ei draed, ymhell o'i gôl, gan synnu a chynddeiriogi ei amddiffynwyr ei hun. Byddai hefyd yn gwefreiddio gwylwyr cegrwth drwy blymio ar yr eiliad olaf un er mwyn arbed ergyd o hirbell. Yn aml iawn, ymddangosai mai dim ond ef a ddaliai'r llif yn ôl. Hyrddiai ei gorff at draed blaenwyr ac nid oedd dim yn well ganddo na chleisio wyneb ymosodwyr eofn â'i ddyrnau. Câi flas anghyffredin ar y gornestau gwresog a ffyrnig rhwng myfyrwyr Aberystwyth a Bangor a gynhelid ddyfnder gaeaf yng nghanol y mwd ar Gae'r Ficerdy. Rhuthrai aelodau'r ddau dîm fel gwallgofiaid ar ôl y bêl, gan daclo, baglu a llorio'i gilydd yng nghanol y tir corsiog a lleidiog.

Ar y Sadwrn byddai Roose yn gwisgo lliwiau tîm y dref ac ar ôl gadael y coleg aeth yn ei flaen i chwarae dros Everton, Sunderland ac Aston Villa, ac ennill pedwar cap ar hugain dros Gymru.[67] Deuai torfeydd sylweddol i wylio ei sgiliau acrobatig, ei ddulliau anuniongred a'i wrhydri, a byddai Roose yn ymhyfrydu bob amser yn eu cymeradwyaeth. Fe'i hystyriai ei hun yn brif gymeriad mewn drama ar bob maes pêl-droed.[68] Rhyfeddai Doc Tom at gampau gwyrthiol Roose y prynhawn hwnnw yn erbyn pêl-droedwyr proffesiynol a phrofiadol Glossop North End, ac mewn ysgrif a luniwyd ganddo flynyddoedd lawer wedi hynny, llwyddodd, drwy gyfuno dawn y sylwebydd, arddull ysgrythurol a chrefft y rhethregwr, i ail-greu'r foment dyngedfennol pan arbedodd Roose gic o'r smotyn:

wele un o'r cefnwyr yn cyflawni trosedd anfaddeuol yn y cylch cyfrin, chwibanu cras gan y canolwr, a'i fys yn pwyntio at un o'r llecynnau mwyaf profedigaethus ym mhurdan y bywyd hwn, y *penalty spot*. Sawyr trwm marwolaeth ar y llecyn tyngedfennus: oni chlywsoch dorf o filoedd yn sydyn fyned yn dawel fud, oni welsoch y chwaraewyr hwythau yn sefyll mewn hanner cylch fel pe ar lan bedd? . . . Pawb yn dal ei anadl. Y mae'n hen gred gen' i fod Roose yn tyfu i'w lawn daldra fel dyn ym mhurdan argyfyngus y *penalty*, gan sychu ymaith y clai oedd o gwmpas ei draed, a golchi ymaith y sorod a ddaeth i'w garitor gyda'r aur . . . Nid ocs amser iddo'n awr i gofio gwersi deddf cyfartaledd a thablau cyfrin tynged a thebygolrwydd a lwythwyd mor drwm yn erbyn y ceidwad: y cosbwr yn sefyll ddeuddeg llath oddi wrtho, dim ond hynny; gwagle o bedair troedfedd ar hugain i'w hamddiffyn, gymaint â hynny. Cleddyf Arthur yn erbyn y dwrn moel. Ar hynny, wele'r arwydd, a'r bêl yn mynd fel bollt oddi wrth droed y cosbwr ymosodwr, ac ar eithaf cau yr un amrantiad, chwyldro, clonc, a'r bêl yn disgyn yng ngrug ac eithin y Buarth . . .[69]

Petaent yn medru'r Gymraeg, hawdd credu y byddai sylwebyddion llengar fel John Arlott a Neville Cardus wedi gwerthfawrogi darn mor flodeuog. Beth bynnag am hynny, diolch i'r arbediad gwefreiddiol hwn, aeth bechgyn Aberystwyth yn eu blaen i gipio'r fuddugoliaeth, a threuliodd Doc Tom y rhan fwyaf o'r penwythnos yn canu clodydd y dihafal Roose. O hynny ymlaen dechreuodd ymddiddori yn nhactegau byd y bêl gron, gan bwyso a mesur rhinweddau a diffygion chwaraewyr yn union fel y byddai, ymhen amser, yn dadelfennu cymeriad a nodweddion Piwritaniaid Cymru yn yr ail ganrif ar bymtheg.

Yn ogystal â'r maes chwarae, yr oedd bywiogrwydd gwleidyddol Aberystwyth yn apelio'n fawr at Doc Tom. Gartref, yn Ynystudur, y tri i'w parchu (o leiaf yn achos ei dad) oedd y Frenhines Victoria, William Ewart Gladstone a Pryse Pryse, Gogerddan. Ond yr oedd yr oes yn newid. Yn ôl y radical penboeth o Landysul, Dr Evan Pan Jones, yr oedd cyfnod y 'plygu glin o flaen pob perchen eidion wedi dirwyn i ben',[70] ac yr oedd rhethreg ei gerddi, ynghyd â'u cynnwys ymosodol, yn cryfhau'r achos yn erbyn landlordiaid gormesol a gwrth-Gymreig. Magwyd Doc Tom mewn cyfnod pan oedd to disglair ac egnïol o Ryddfrydwyr Ymneilltuol, yn cynnwys Tom Ellis, Lloyd George, Ellis Jones Griffith a William Llewelyn Williams, yn arwyr ymhlith gwerin gwlad, ac ar dudalennau *Cymru* o 1891 ymlaen yr oedd O. M. Edwards yn creu myth gafaelgar a hir ei barhad ynglŷn â deffroad y werin, sef y ffermwyr a'r tyddynwyr a'r chwarel-wyr a ymffrostiai yn eu diwylliant brodorol ac a bleidiai egwyddor-ion Rhyddfrydiaeth. Er bod elfen gref o ramantiaeth yn rhan o'r egnïon hyn, ni ellir amau nad oedd awydd cynyddol am weld trefn wleidyddol amgenach a thecach. Yn sgil pasio Deddfau Diwygio ac Ailddosbarthu (1884–5) chwyddwyd cyfanswm etholwyr y sir o 5,026 ym 1883 i 12,308 ym 1886, sef cynnydd o *c*.150 y cant. O ganlyniad, yr oedd mwy o drafod ar bynciau megis daliadaeth tir, y degwm, dirwest, datgysylltiad a Chymru Fydd wrth y ffald ac yng ngweithdy'r crydd nag erioed o'r blaen, a châi ymgeiswyr seneddol wrandawiad pur stormus ar brydiau gan Ryddfrydwyr Gladstonaidd Llangynfelyn a Thal-y-bont.

Pan enillwyd y sedd sirol ym 1885 gan David Davies, y Chwig a'r diwydiannwr a'r dyngarwr o Landinam, bu Doc Tom, fel llawer o ddisgyblion Ysgol Llangynfelyn, yn bloeddio nerth esgyrn ei ben, 'David Davies for ever, Vaughan Davies yn y gwter', ond buan yr oerodd teimladau o blaid Davies pan ddarganfuwyd ei fod yn elyn anghymodlon i bolisi Gladstone ar bwnc Iwerddon. Digiwyd Gladstoniaid y sir ac, ym 1886, rhwydwyd Rhyddfrydwr uniongred o'r enw William Bowen Rowlands i'w herio am y sedd. Er nad oedd gan Rowlands fawr ddim Cymraeg ac er ei fod yn Eglwyswr rhonc, llwyddodd i ennill yr etholiad o drwch blewyn. Pwdodd David Davies ac ni roes yr un ddimai goch wedi hynny at goffrau'r coleg.[71]

Ymhen tair blynedd yr oedd gweithgarwch diwyd mudiad Cymru Fydd wedi dechrau dwyn ffrwyth. Yn etholiadau Cyngor Sir Aberteifi ym 1889 gwanhawyd grym yr hen dirfeddianwyr yn ddifrifol pan etholwyd 37 Rhyddfrydwr, 10 Ceidwadwr ac un ymgeisydd Annibynnol. 'Gwaith caled fu deffro y sir hon', meddai gohebydd yn *Cwrs y Byd*, 'mae Rhagluniaeth wedi bod yn galw arni yn ddibaid er ys deng mlynedd ar hugain, ond rhyw rwbio ei llygaid, a gorwedd drachefn y byddai hi ar ol pob ysgydwad.'[72] Am amryfal resymau na ellir mo'u trafod yma, chwalwyd breuddwydion selogion mudiad Cymru Fydd yng nghanol y 1890au, ond erbyn 1895 yr oedd Doc Tom, ac yntau'n ddwy ar bymtheg oed, yn darllen *Y Genedl Gymreig* yn rheolaidd ac yn mynychu'r hustyngau a gynhelid yn Nhaliesin a Thal-y-bont yn ystod etholiad o flwyddyn honno. Yn sgil ymddiswyddiad Bowen Rowlands, penderfynodd Vaughan Davies, y Tori o Dan-y-bwlch a drechwyd ym 1885, newid ei liwiau ar ôl priodi gweddw gyfoethog o Abertawe a oedd yn pleidio achos y Rhydd-frydwyr. Un garw ei dafod oedd Davies a chan ei fod yn heliwr llwynogod nwydwyllt ac yn fawr ci ddirmyg at Ymneilltuaeth a Chymreictod, nid pawb a oedd yn fodlon ymddiried ynddo. Ond gan ei fod mor hyddysg ym mhwnc y tir, yn gwybod yn dda am broblemau ffermwyr y sir ac mor daer ei addewidion drostynt, cipiodd y sedd a'i chadw hyd nes ei ddyrchafu'n Arglwydd Ystwyth ym 1921.

Wedi iddo gael ei draed dano fel athro yn Ysgol Heol Alexandra, ymddiddorai Doc Tom fwyfwy yng ngwleidyddiaeth y dydd, yn lleol a chenedlaethol. Porthid ei farn a'i ragfarn gan syniadau diflewyn-ar-dafod John Gibson, golygydd y *Cambrian News* a'r gŵr y dywedwyd bod pob person cyhoeddus yn sir Aberteifi a sir Feirionnydd yn arswydo rhag cael ei drochi yn ei bot inc.[73] Yr oedd min eithriadol hefyd ar golofn olygyddol yr *Aberystwyth Observer*, fel y profwyd yn ystod helynt W. St. Bodfan Griffith a Miss Gibbon ym 1898. Yn Aberystwyth, dan olygyddiaeth John Hugh Edwards, y cyhoeddid *Young Wales,* dan aden Cymru Fydd, rhwng 1895 a 1904. Ond er bod cryn sôn yn y nawdegau am 'ysbryd y deffroad cenedlaethol' a 'chodi'r hen wlad yn ei hôl', hybu'r ddelwedd o 'Wales in British Politics' a wnâi Rhyddfrydiaeth Gymreig, a gwasanaethu syniadau a pholisïau ymerodrol Prydain rhagor na Chymru a wnâi sefydliadau addysgol, gan gynnwys Prifysgol Cymru. Dyna oedd nodyn llywodraethol araith a glywsai Doc Tom gan Syr William Harcourt, cynganghellor y trysorlys, yn y coleg ar 26 Hydref 1898. Daethai Harcourt yno i agor adeilad newydd yn y coleg a chaewyd holl siopau ac ysgolion y dref yn y prynhawn er mwyn i bawb gael gwylio'r orymdaith drwy'r dref. Rhaid bod Doc Tom, ac yntau wedi ei fagu mewn tyddyn, yn anad neb wedi cymeradwyo Harcourt pan ddywedodd 'education is the luxury of the rich, but it is the necessary of the poor', ond o fewn cyd-destun Prydeinig ac ymerodrol y traddodwyd cenadwri'r Sais.[74]

Mewn ysgrif goffa i Doc Tom, soniodd R. T. Jenkins am yr anawsterau y bu'n rhaid iddo eu hwynebu wrth geisio gwneud ei farc. Mab i dyddynnwr distadl ydoedd ac ni chafodd gymaint â diwrnod o hyfforddiant mewn ysgol ganol. *'Dringo,* hir a dygn' fu ei hanes cynnar er mwyn cyrraedd Prifysgol Cymru.[75] Ar 30 Mehefin 1899 daeth cyfle iddo i ailsefyll arholiad y *Queen's.* Er iddo lwyddo, y tro hwn – er dirfawr siom iddo – fe'i gosodwyd yn yr ail ddosbarth. Ei ddymuniad oedd ennill lle yn Adran Hyfforddi Coleg Prifysgol, Aberystwyth, fel y gallai aros o fewn cyrraedd i'w rieni ac mewn tref yr ymserchodd gymaint ynddi. Ond bu ymateb clercod y coleg i'w gais mor chwit-chwat fel yr anfonodd Doc Tom frysneges at Goleg Prifysgol Gogledd Cymru, Bangor, yn ymorol am le erbyn yr hydref. Fe'i derbyniwyd yn llawen. Yn ei eiriau ef ei hun: 'euthum allan i'r byd mawr ym 1899, byth i ddychwelyd mwy ond ar ysbeidiau byrion'.[76]

2 ⚮ 'That loquacious fellow from somewhere in South Wales'

'Hip! hip! hooray! Bravo! Bravissimo! Sss-boom dra! Sss-boo dra! Bravo! Bravissimo!'[1] Lleisiau croch ac aflafar 'Macnamara's Band' oedd y peth cyntaf a glywodd Doc Tom pan gyrhaeddodd orsaf dinas Bangor ddechrau mis Hydref 1899. Fel llawer o'i gyd-lasfyfyrwyr, yr oedd yn benderfynol o wireddu ei freuddwyd o ennill gradd dda ym 'Mhrifysgol y Werin', o ddangos ei dalent, ac o'i fwynhau ei hun. O ran maint ei phoblogaeth, sef oddeutu 11,000, yr oedd dinas Bangor yn ail i Wrecsam fel canolfan fwyaf poblog a ffyniannus gogledd Cymru,[2] ac yn ôl arweinlyfr Evan Williams nid oedd ei hafal am olygfeydd, mannau i ymdrochi a thorheulo, a llwybrau cerdded.[3] 'Lle ardderchog i fyw ynddo ydyw Bangor', meddai R. Silyn Roberts, un o gyfoedion Doc Tom, mewn llythyr at ei gariad Mary,[4] a dengys y llu hysbysebion a gyhoeddid yng nghylchgronau'r myfyrwyr fod modd prynu sigarennau a sigars yn Littler, Cuba House, bwyd rhad yng Nghaffi'r Queen's Head, dillad crand yn siop David Williams 'Merchant Tailor & Ladies' Costumier', llyfrau yn siop Thornton & Son, ac (i'r bregus eu hiechyd) olewiau penfras gan Meshach Roberts & Co. Ar ôl cyrraedd, hebryngwyd Doc Tom gan fyfyrwyr hŷn y coleg i'w lety yn nhŷ Mrs H. Burgess, Bron-y-graig, Plas-llwyd, ac yno, am goron yr wythnos, y treuliodd ei flwyddyn gyntaf yn rhannu pedair ystafell â dau o'i gyfoedion, George Edgar Hughes a John Richard Jones.[5]

Yn ôl golygydd y *North Wales Observer and Express*, 'Athens Cymru' oedd Bangor, 'the city of light and learning'.[6] Er bod pethau cyffelyb wedi eu dweud am Aberystwyth tua'r un adeg, ni ellir gwadu nad oedd gan Fangor ddarpariaethau helaeth ar gyfer myfyrwyr. Agorwyd y Coleg Normal ym 1862, unwyd colegau diwinyddol (Annibynwyr) Y Bala a Bangor ym 1886, ac ym 1892 symudwyd Coleg y Bedyddwyr o Langollen i Fangor. Ond y prif atyniad i fyfyrwyr oedd Coleg Prifysgol Gogledd Cymru, yr agorwyd ei ddrysau am y tro cyntaf ar 18 Hydref 1884.[7] Y Penrhyn Arms, hen westy a godwyd yn y ddeunawfed ganrif, oedd cartref cyntaf y coleg a thelid rhent o £200 y flwyddyn i'r Arglwydd Penrhyn am y fraint o gael defnyddio adeilad a ddisgrifiwyd gan Tom Ellis fel 'superannuated hotel'.[8] Dim ond 58 o fyfyrwyr a ymrestrodd yn y tymor cyntaf ond yn sgil sefydlu ysgolion canol ledled Cymru o 1889 ymlaen a sefydlu Prifysgol Cymru ym 1893 buan y cynyddodd y niferoedd. Eto i gyd, o'i chymharu â'r anghenfil sy'n bodoli ar ddiwedd yr ugeinfed ganrif, bychan iawn oedd maint y brifysgol genedlaethol yn nyddiau machlud oes Victoria. Yn ystod blwyddyn gyntaf Doc Tom, ymrestrodd 305 o fyfyrwyr yng Ngholeg Bangor,[9] a phan ddaeth y ffotograffydd enwog John Wickens o Stiwdios Retina, Bangor, i dynnu llun y myfyrwyr a'r staff gyda'i gilydd ym 1901 yr oedd yn bosibl iddo gynnwys pawb mewn un ffrâm. Ymffrostiai J. E. Lloyd yn y ffaith fod Bangor yn hawlio'r cyfan o ogledd Cymru 'yn blwyf i ni'.[10] Ym 1899–1900 daeth yn agos i ddwy ran o dair o'r myfyrwyr o ogledd Cymru (yn enwedig siroedd Môn a Chaernarfon), 34 o dde Cymru, 66 o Loegr, un o'r Alban, un o Iwerddon, un o Ffrainc, un o'r Almaen ac un o Wlad Groeg.[11] Cystal nodi yn y fan hon mai tri Chardi yn unig a ymunodd â Choleg Bangor yn hydref 1899, a bu raid i Doc Tom ddygymod yn bur fuan â'r 'moliant diball i acen Môn a thafodiaith Gwynedd' yng nghynteddau'r coleg a chael ei warthnodi'n gyhoeddus gan yr Athro John Alfred Green fel 'that loquacious fellow from somewhere in South Wales'.[12] Yr oedd 84 y cant o'r myfyrwyr dros ugain oed (un ar hugain oedd Doc Tom) a llawer ohonynt yng nghanol eu dauddegau. Y rhain oedd plant y siopwyr a'r masnachwyr, y ffermwyr a'r chwarelwyr, y gweinidogion a'r athrawon a oedd wedi ymdrechu mor daer i sefydlu a chynnal 'Prifysgol y Werin'. Criw brith oeddynt, fel y sylwodd William Roberts, Pen-y-groes, ar 6 Hydref 1899: 'Here are all sorts and conditions of men and women among the students this year, the variety being decidedly great, ranging from the six-footer in stockings to the five-foot-two in high heels, from the wan, pallid face of the conscientious student to the buxom expressionless mug of the well-fed toff.'[13] Ac yntau dros ddwy lath o daldra, yn sobor o wledig ei wisg a'i ymarweddiad, a'i dafodiaith yn dra lliwgar a gwahanol, rhaid bod Doc Tom wedi ennyn sylw staff a myfyrwyr o'r cychwyn cyntaf.

Er mis Hydref 1894 buasai gan y coleg adran 'hyfforddi dyddiol' i feibion a merched er mwyn cyflenwi'r angen cynyddol am athrawon ar gyfer yr ysgolion canol newydd a sefydlid o 1889 ymlaen.[14] Ym 1899 yr oedd Doc Tom ymhlith tua chant o 'Queen's Scholars' a oedd yn cael eu hyfforddi i fod yn athrawon dan lygad barcud yr Athro John Alfred Green, gŵr 'dreng a brathog' a thra dirmygus o'r Cymry Cymraeg gwladaidd a thrwsgl yn ei ddosbarth.[15] Mynychai ddarlith-iau mewn saith pwnc – Lladin, Saesneg, Cymraeg, hanes, athroniaeth, addysg, a mathemateg bur – ac ym mhob dosbarth disgwylid iddo nodi'n fanwl-gywir bob perl a ddeuai o enau ei athrawon. Traddodai'r darlithwyr yn bwyllog er mwyn caniatáu amser i'r myfyrwyr nodi pob ffaith. Gan fod yr athronydd, yr Athro James Gibson ('Gibby') yn 'rhyw fyr-besychu ar ganol brawddeg',[16] tasg gymharol hawdd oedd cofnodi pob gair a lefarai, ac er bod yr Athro John Morris-Jones yn traddodi'n bur ddieneiniad yr oedd ei 'ddolef hudol' (chwedl Crwys) a'i ddull o lafarganu yn caniatáu i fyfyrwyr ddeall clec y gynghanedd a'i chofnodi'n gywir. Gyrrid miloedd o ffeithiau i lawr corn gwddf y myfyrwyr a disgwylid iddynt eu hailgynhyrchu mewn arholiad. Gwae'r sawl a wfftiai at gynghorion buddiol athro: melltithiai William Lewis Jones, pennaeth Adran y Saesneg, fyfyrwyr y Normal am beidio â nodi pob llyfr o'r rhestr hirfaith o lyfrau gosod a argymhellai ar ddechrau'r tymor.[17] Yn ei lythyrau, cwynai R. Silyn Roberts yn aml am '*grind* yr *exam*' a'r 'crammio' cyson a ddisgwylid,[18] ac ni cheisiodd Doc Tom gelu ei ddirmyg at gyfundrefn mor gibddall pan luniodd *Atgofion Cardi* yn nyddiau ei henaint.

Nid oedd neb yn fwy deddfol ynglŷn â dysgu ffeithiau ar y cof ac ar dafodleferydd ar gyfer arholiad na phennaeth surbwch y coleg, Harry Rudolf Reichel. Synnwyd pawb pan benodwyd yr eglwyswr hwn o dras Wyddelig uchelwrol, na fu erioed ar gyfyl Cymru ac na wyddai affliw o ddim am iaith a diwylliant y Cymry Cymraeg, yn brifathro'r coleg ym 1884. Wrth reswm, perchid ei ddysg ddiamheuol – onid oedd wedi ennill graddau dosbarth cyntaf yn y clasuron, mathemateg a hanes, ac yn gymrawd o Goleg yr Holl Eneidiau – ond yr oedd llawer o'r farn ei fod wedi ei benodi ar draul ysgolhaig llawn mor ddisglair, sef Syr Henry Jones, Cymro Cymraeg a ddringodd o fainc gweithdy crydd yn Llangernyw i gadair athroniaeth yng Ngholeg Bangor ac wedi hynny ym Mhrifysgol Glasgow. Honnai rhai o'i elynion mai nod Reichel oedd sefydlu Balliol o'r drydedd radd ym Mangor, a thrwy benodi Saeson o gyffelyb fryd enynnodd ddicter T. Gwynn Jones: 'dyn nad oes iddo enw y tu allan i'w dipyn Coleg ei hun, ac wedi ei ddewis i'w swydd ar draul gyrru Henry Jones o Gymru!'[19] Gŵr pell, llym ac oeraidd oedd Reichel ac er ei fod yn ddarlithydd rhagorol arswydai myfyrwyr rhagddo am ei fod megis darn o farmor. 'He is very cold and stiff to me', meddai William Roberts wrth Silyn, 'the affection is reciprocated.'[20] Pan ddaeth cant o fyfyrwyr ynghyd yn eu lifrai melynfrown i ffurfio corff o Wirfoddolwyr ym 1899, proffwydodd Roberts y byddai Reichel yn mynnu bod yn gapten arnynt – 'his mere presence will freeze & damp all enthusiasm'.[21] Disgyblwr llym oedd Reichel a gwysiwyd Doc Tom lawer gwaith i ymddangos ger ei fron i esbonio paham yr oedd ei Ladin mor sigledig, paham ei fod yn absennol o rai dosbarthiadau, a phaham y dygodd anfri ar ei swydd fel llywydd yr Ystafell Gyffredin drwy arwain criw stwrllyd o fyfyrwyr i Neuadd y Brifysgol i serenadu'r merched. Ond yr hyn a'i clwyfodd fwyaf oedd y 'fflach o ddirmyg' a welsai yn llygaid Reichel pan wisgodd 'Norfolk jacket' ar achlysur un o'r brecwastau marwol a drefnai'r prifathro a'i wraig yn eu cartref.[22] Penyd gwaeth nag uffern dragwyddol i bob myfyriwr oedd gorfod mynychu'r brecwastau hyn. Dioddefid seibiau hir o dawelwch ac ni allai'r myfyrwyr crynedig lai na chredu bod y prifathro yn nodi sut yr oeddynt yn cydio mewn cyllell a fforc ac yn ymateb i'w gwestiynau swrth ac astrus am y byd a'r betws. Sychgi dywedwst ydoedd, yng ngolwg y myfyrwyr, a châi gryn drafferth i gofio enwau hyd yn oed y mwyaf adnabyddus yn eu plith. Dair blynedd ar ôl gadael y coleg, digwyddodd Doc Tom gwrdd â Reichel yn New Brighton a chael ei gyflwyno i ryw swyddog fel 'Richard Richards'.[23]

Ni allai Doc Tom ychwaith ddioddef snobyddiaeth rhai o'r darlithwyr Rhydychenaidd a ddenid i Fangor gan Reichel. Fe'i câi hi'n anodd boddio 'clust gatholig fursennaidd' yr Athro Green, ac yr oedd gan Edward V. Arnold, yr athro Lladin, ddawn ddihafal i greu 'awyrgylch farwol'.[24] Disgyblwr llym oedd Arnold, a fferrai'r myfyrwyr yn eu seddau pan gerddai i mewn i'r ddarlithfa. Credai y dylai hyd yn oed fyfyrwyr gwerinol cefn gwlad Cymru ynganu geiriau Lladin fel y gwneid yn nyddiau'r Rhufeiniaid, a châi hwyl sgornllyd ar gorn rhai o'i ddisgyblion gwannaf. Pan ofynnodd Arnold ryw dro i Doc Tom egluro amser rhyw ferf neu'i gilydd a chael yr ateb hurt 'pluperfect present', mawr oedd ei ddirmyg.[25] Un arall a fwynhâi edliw i Gymry gwladaidd eu twpdra oedd Thomas Loveday, Sais rhonc a oedd yn gynorthwyydd i'r Athro Gibson: 'Read Aristotle, Plato, and all the Greek philosophers' oedd ei gyngor ef iddynt, ac ni cheisiai guddio ei ragfarn yn erbyn iaith a thraddodiadau 'the lower strata of the College'.[26] Pa ryfedd fod y Cymry

Cymraeg wedi methu'n deg â chynhesu at y giwed ffroenuchel, lwyd ac oeraidd a oedd yn cynnal breichiau'r prifathro.

Eto i gyd, yr oedd ym Mangor y pryd hwnnw o leiaf ddau Gymro Cymraeg, y naill a'r llall yn ysgolheigion cydnabyddedig, a lwyddai i ennyn parch y myfyrwyr. John Morris-Jones, pennaeth Adran y Gymraeg, a J. E. Lloyd, pennaeth yr Adran Hanes, oedd y ddeuddyn hyn. Penodwyd John Morris-Jones i'r gadair Gymraeg ym 1895 ac fe'i llanwodd yn anrhydeddus hyd ei farwolaeth ym 1929. Gŵr ifanc 35 mlwydd oed ydoedd pan eisteddai Doc Tom wrth ei draed ym 1899 ac nid oedd yn cael ei gyfrif y pryd hwnnw yn arwr cenedl. Nid tan 1918 y dyrchafwyd ef yn farchog ac wedi hynny y mabwysiadodd y cysylltnod rhwng y Morris a'r Jones. Yn y dyfodol hefyd yr oedd ei lyfrau mawr ar ramadeg a cherdd dafod. Ond hyd yn oed ar droad y ganrif gwyddai ei fyfyrwyr yn dda am ei ddoniau fel bardd a beirniad llenyddol. Dotiai'r merched at ei harddwch: o ran lliw ei groen yr oedd yn debyg i un o'r Indiaid Cochion ac yr oedd ei wallt yn ddu fel y frân. Syrthiai cudynnau o'i wallt dros ei dalcen, gan guddio ei lygad de, llygad yr oedd yn ddall ynddo ers ei blentyndod.[27] Ac yntau'n marchogaeth beic o'i gartref ym Môn, yn amlach na pheidio cyrhaeddai'r ddarlithfa â'i wynt yn ei ddwrn a'i bapurau ar chwâl. Yn ei gefn fe'i gelwid yn 'John Mor' neu 'John Moi', ond gan ei fod yn ymddangos mor urddasol a phellennig ni feiddiai'r myfyrwyr fod yn hy arno.[28] O bryd i'w gilydd, caent gip ar y wedd fwy dynol a diddan ar ei gymeriad, yn enwedig pan adroddai ambell stori ddifyr am hen gymeriadau trwstan o Fôn. Âi rhai o'r merched a oedd yn ei addoli i berlewyg wrth ddarllen y cerddi serch a gyhoeddai yn achlysurol yng nghylchgrawn y myfyrwyr. Hawdd dychmygu effaith lesmeiriol y pennill canlynol arnynt:

> Dy felus wefus liwus lân,
> A'th ddannedd mân a'm gwnaeth yn syn,
> Lluniaidd dal a gên fach gron,
> Gwddf a bron fel alarch gwyn.[29]

Gwyddom hefyd erbyn heddiw fod John Morris-Jones wedi llunio cnwd o lythyrau serchus at ei ddarpar-wraig, Mary Hughes o Siglan, Llanfair Pwllgwyngyll, gan gyfeirio ati fel 'fy nghariad a fy mrenines' a 'fy anwylyd dlos', a mynegi ei ddymuniad am 'gael un melus gusan/ Ar eich gwefus liwus lân'.[30] Mwy na thebyg fod y dynion yn ei ddosbarth, yn enwedig y rheini a oedd yn drwm dan ddylanwad

syniadau Cymru Fydd, yn fwy cyfarwydd â'r awdl 'Cymru Fu:
Cymru Fydd', a gyfansoddwyd ym 1892 ac a oedd yn flaenffrwyth
dadeni barddol troad y ganrif, a'i gyfieithiad campus i'r Gymraeg o
benillion y bardd Omar Khayyám.

Gwedd arall – a chwbl wahanol – ar ei gymeriad oedd ei barod-
rwydd i ddweud ei farn yn ddiflewyn-ar-dafod. Gallai fod yn eithriadol
o siarp a diamynedd wrth fyfyrwyr anghyfrifol neu ddi-glem. Pan
fyddai mewn hwyliau drwg, gallai fferru dosbarth swnllyd â chwpled
miniog megis:

A fo doeth, efô a dau,
Annoeth ni reol enau![31]

Yn ôl Doc Tom a Lewis Valentine, nid oedd yn ddarlithydd ysbryd-
oledig. Undonog oedd ei lais, ac eithrio pan fyddai'n lladd ar
ysgolheigion 'amatur' fel J. Gwenogvryn Evans neu'n collfarnu ffug-
dderwyddiaeth Iolo Morganwg a William Owen-Pughe. 'What on
earth is the matter with you?', meddai Gwenogvryn Evans ar ôl
derbyn llythyr clwyfus am safon ei ysgolheictod, 'is your liver bad, or
what ails you? Have you lost all sense of humour?'[32] Ar y gorau,
ychydig iawn o synnwyr digrifwch a feddai John Morris-Jones, a
diflannai cymaint ag a feddai pan geisiai ysgolheigion nychu ei
fwriad i ddyrchafu purdeb iaith a diwygio'r orgraff Gymraeg. Eisoes,
ym 1896, tynasai nyth cacwn am ei ben drwy gyhoeddi cyfres o
erthyglau miniog yn y cylchgrawn *Cymru* yn ymosod ar ffug ddefodau
a rhodres wag Gorsedd Beirdd Ynys Prydain, gan gythruddo'r
Archdderwydd Hwfa Môn ac eisteddfodwyr selog fel ei gilydd. Ar
lwyfan yr Eisteddfod Genedlaethol hefyd traethai'n awdurdodol a di-
ofn, gan dynnu sylw at feiau iaith a mynegiant clogyrnaidd beirdd a
llenorion. Rhaid cofio mai megis yn ei babandod yr oedd Prifysgol
Cymru ar ddiwedd y 1890au ac yr oedd John Morris-Jones ymhlith y
rhai cyntaf o ysgolheigion Cymru i geisio sicrhau bod astudiaethau
Cymraeg yn cael parch dyledus ym myd dysg.

O ran llên a gramadeg, ceidwadwr ydoedd yn y bôn, er dirfawr
ofid i Doc Tom. Penyd iddo ef oedd gorfod eistedd am awr gyfan yn
gwrando arno'n adrodd detholion hirfaith o waith y cywyddwyr
gorau a darnau meithion amdanynt allan o lyfr Robert Williams,
Enwogion Cymru: A Biographical Dictionary of Eminent Welshmen
(1852). Câi'r athro well hwyl arni yn nosbarthiadau'r myfyrwyr
anrhydedd nid yn unig am eu bod yn ymateb yn well ond hefyd am
fod ganddo gyfle i drafod yn ddyfnach waith y cywyddwyr, ynghyd â

rhyddiaith Ellis Wynne ac eraill, ac i'w tywys i ganol cyfrinion Llyfr Du Caerfyrddin, Llyfr Gwyn Rhydderch a Llyfr Coch Hergest.[33] Pan fyddai'n adrodd cywyddau Dafydd ap Gwilym neu Goronwy Owen, 'llyfai ei wefusau'n llythrennol ar ôl gorffen adrodd' fel petai'n ceisio diogelu blas y cerddi.[34] Yn achlysurol iawn hefyd, brigai ei wladgarwch i'r wyneb.

Yn un o'i lythyrau ceir gan Silyn ddisgrifiad eithriadol o fyw o Morris-Jones yn adrodd hanes marwolaeth Llywelyn ap Gruffudd gerbron myfyrwyr, a'i wyneb 'mor wyned a'r galchen a chwys mawr ar ei dalcen, ei lais, a'i law yn crynnu, a phawb yn y class wedi mynd i deimlo yn o debyg iddo'. Bu'n lladd ar farbareiddiwch y Sais, a chyfaddefodd wrth Silyn ar ddiwedd y ddarlith ei fod yn casáu â chas perffaith 'these brainless savages strutting about in every fine place of Wales, as if to celebrate the meanness of their ancestors'.[35]

Ond eithriadau prin at ei gilydd oedd emosiynoldeb o'r math hwn yn nosbarthiadau John Morris-Jones. Y norm, chwedl Doc Tom, oedd 'ysgolheictod cywir, gwyddonol, *severe*'.[36] Dwrdiai'n hallt fyfyrwyr a syrthiai'n brin o'r safonau uchel a osodai ef, ac yn ei gofrestr arferai nodi wrth ymyl marciau'r gweiniaid y llythrennau 'w[eak]' a 'v[ery] w[eak]'.[37] Gwnâi ddefnydd mynych o eiriau fel 'spurious', 'barbarous', 'inelegant forms' a 'debased dialects' wrth gywiro gwallau'r myfyrwyr. Nid braint nac anrhydedd i Doc Tom fu gorfod eistedd wrth draed athro prifysgol a ddibrisiai ei allu i lunio brawddegau hirion ac ynddynt lawer o ansoddeiriau blodeuog ac a ddilornai ar goedd ei dafodiaith. 'Nid oedd fawr londid calon i Sioni na Chardi na Shirgar mewn aml un o'i ddarlithiau – tebyg iawn oeddynt i seiadau gramadeg ar gyfer etholedigion o'r *North*.'[38] Yr oedd llawer o wirionedd yn hyn. Sir Fôn oedd popeth i John Morris-Jones a thybiai mai gan y Monwysion y clywid y Gymraeg perffeithiaf. 'Rhaid i ti ddŵad i Lanuwchllyn i ddysgu Cymraeg,' meddai O. M. Edwards wrtho ryw dro. 'O'r gorau,' atebodd Morris-Jones, 'I bwy?'[39]

Er bod y gŵr disglair, cymhleth hwn yn rhoi'r fath bris ar Gymraeg graenus a chain, darlithiai yn yr iaith fain. Saesneg oedd iaith holl waith academaidd a gweinyddol Prifysgol Cymru y pryd hwnnw, gan gynnwys adrannau'r Gymraeg. Yn Saesneg, wrth gwrs, yr addysgwyd John Morris-Jones yn ysgol Coleg Crist, Aberhonddu, ac yng Ngholeg Iesu, Rhydychen, ac, fel llawer o'i gyfoedion, credai mai Saesneg oedd yr iaith briodol i'w defnyddio yn y ddarlithfa gan ei bod wedi disodli Lladin fel iaith dysg. Ym 1890 cyhoeddasai *A Dozen Hints to Welsh Boys on the Pronunciation of English*, cyfrol a oedd yn cynnwys brawddeg fel 'It pained him to be unable to gainsay the statement that the sale of pale ale remained the same,' i'w hymarfer ar lafar.[40] Felly, yn Saesneg y dysgai ei fyfyrwyr sut a phryd i ddyblu'r *n* yn Gymraeg a sut i sillafu geiriau'r iaith yn gywir ac yn gall. Sail ar gyfer cyfieithiad oedd llenyddiaeth yn ei ddosbarthiadau ac ni roddid unrhyw le i waith creadigol o fath yn y byd. Disgwylid i fyfyrwyr drosi llinellau yn ddifyfyr i'r iaith fain ('Translêt Miss Robaits'!) ac i ymgodymu mewn arholiadau â chwestiynau megis 'What plural terminations cause affection of the vowel? Give examples' a 'Show how the three forms of the article are used.' Tan ar ôl y Rhyfel Mawr bu'n wiw gan yr ysgolhaig Cymraeg mawr hwn amddiffyn y 'gaer ieithegol, Saesneg ei chyfrwng, wrth-feirniadaeth lenyddol', chwedl R. M. Jones.[41] Hyd y gwyddys, ni chododd Doc Tom na'i gyfoedion eu llais yn erbyn y drefn hon. Ni raid synnu wrth hynny oherwydd Saesneg fu cyfrwng eu haddysg erioed ac nid oedd unrhyw argoel y byddai Prifysgol Cymru, er ei sefydlu gan geiniogau prin gwerin-bobl Cymraeg eu hiaith, yn darparu unrhyw gyrsiau trwy gyfrwng y Gymraeg i fyfyrwyr a ddymunai hynny. O gofio mai tafodiaith y Cardi a oedd ar wefus Doc Tom a'i fod (am resymau dilys ac annilys) wedi colli deuddeg o ddarlithiau John Morris-Jones yn ystod sesiwn 1899–1900, hawdd deall paham yr oedd ymhlith y gweiniaid. Enillodd 40 marc yn arholiad yr hydref, 50 yn y gwanwyn, a 'satisfactory' yn yr arholiad terfynol.[42] Afraid dweud na welodd John Morris-Jones ddeunydd ysgolhaig ynddo ac yr oedd Doc Tom yn fwy na balch o ysgwyd llwch y ddarlithfa Gymraeg oddi ar ei esgidiau ar ddiwedd y flwyddyn.

Cafodd ail gawr Bangor, sef yr Athro John Edward Lloyd, ddylanwad llawer mwy cadarnhaol a pharhaol ar Doc Tom. Ym 1899 yr oedd J. E. Lloyd dair blynedd yn hŷn na John Morris-Jones a newydd ei ddyrchafu'n athro hanes, swydd y bu ynddi tan iddo ymddeol ym 1930. Mab i ddilledydd o Lerpwl ydoedd ac er mai ei uchelgais cyntaf oedd bod yn weinidog gyda'r Annibynwyr, wedi iddo astudio hanes yng Ngholeg Prifysgol Cymru, Aberystwyth, a Choleg Lincoln, Rhydychen, fe'i penodwyd yn ddarlithydd yn y Gymraeg a hanes yn Aberystwyth. Ym 1892 fe'i penodwyd yn gofrestrydd Coleg Bangor a hefyd yn ddarlithydd yn hanes Cymru, ond ni thraddododd yr un ddarlith tan 1895 pan enillodd hanes Cymru ei le fel pwnc cydnabyddedig yn yr Adran Hanes. Yn ystod y cyfnod hwnnw arferai Lloyd honni, rhwng difrif a chwarae, ei fod yn 'ddarlithydd yn y bore, yn gofrestrydd yn y prynhawn ac yn chwilotwr fin nos'.[43] Gan ein bod mor gyfarwydd â synied am Lloyd fel 'hen ddewin Bangor' a'r mwyaf o haneswyr Cymru, y mae'n bwysig cofio nad oedd mor adnabyddus ar droad y ganrif ag yr oedd O. M. Edwards, golygydd y cylchgronau *Cymru* a *Wales* ac awdur y gyfrol ddylanwadol *Wales* (1901). Cyn cyrraedd Bangor, ni wyddai Doc Tom ddim amdano, ac er bod llafur cawraidd Lloyd ar y gweill ni chyhoeddwyd ei ddwy gyfrol orchestol *A History of Wales to the Edwardian Conquest* tan 1911. Fel yn achos John Morris-Jones, digon tenau oedd cyfanswm ei gyhoeddiadau yn y 1890au, a'i brif gyfraniad oedd cyhoeddi tair cyfrol fechan ar hanes Cymru i blant yn cynnig darlun syml a swynol o hanes Cymru rhwng cyfnod Cunedda a 'chwymp alaethus y Llyw Olaf'[44] a hefyd oddeutu 110 o ysgrifau ar Gymry enwog rhwng y chweched ganrif a'r bedwaredd ganrif ar bymtheg ar gyfer y *Dictionary of National Biography*.[45]

Ymrestrodd 90 o fyfyrwyr yn nosbarth blwyddyn gyntaf Lloyd yn Hydref 1899. Yn eu plith yr oedd Doc Tom. Er dirfawr siom, canfu mai darlithydd tra anysbrydoledig oedd Lloyd: traethai'n undonog, gan gladdu ei ben yn ddwfn yn ei nodiadau helaeth. Gŵr cytbwys, urddasol, cyfrifol ei farn ydoedd, na fyddai byth yn mentro barn ryfygus nac yn collfarnu haneswyr eraill ar goedd. Gair cwbl estron i Lloyd oedd 'afiaith' ac ni chyffrowyd ei fyfyrwyr erioed i guro dwylo na thopiau'r desgiau mewn cymeradwyaeth ar ddiwedd darlith. Yng ngeiriau Doc Tom:

> pob gair yn ei le, dim gair yn ormod, dim ystumio ffeithiau i blesio rhagfarn, rhyw aeddfedrwydd addfwyn boneddigaidd yn sglein ar y cwbl wrth osod carictor yn ei le, wrth sadio cyfnod yn ei union orweddiad. Ie: gwastadrwydd syber llyfn, heb ymgais at retoreg, dim yn galw am guro dwylo ar y diwedd.[46]

Llefarai'n dawel a diffwdan, ac yr oedd rhyw drefn a chymesuredd rhyfeddol yn perthyn i bob darlith. Mewn Saesneg eithriadol o goeth y traddodai Lloyd ac yr oedd hynny'n cryfhau'r argraff o syberwyd a oedd, hyd yn oed yn y dyddiau cynnar hynny, yn rhan annatod ohono. Ni allai R. T. Jenkins (a oedd ei hun yn draddodwr urddasol a maldodus yn yr iaith fain) lai na gwenu pan glywodd ef Lloyd yn dweud, yn ystod darlith gyhoeddus ar 'Gerallt Gymro' ym 1899, 'Henry dismounted from his steed', lle y byddai meidrolion cyffredin wedi dweud 'Henry got off his horse.'[47]

Doc Tom oedd y myfyriwr cyntaf i astudio hanes fel pwnc

anrhydedd ym Mangor ac yn y drydedd flwyddyn fe'i cafodd ei hun yn ddosbarth o un wrth draed Lloyd. Er i Lloyd gymryd diddordeb tadol ynddo, rhyw berthynas hyd braich ydoedd ac, yn wir, yr oedd pellter go fawr rhwng yr athro hanes a phob un o'i fyfyrwyr. Â pharchedig ofn y soniai Doc Tom amdano bob amser ac, fel y nododd R. T. Jenkins, yr oedd yn ŵr '"Olympaidd" a phell' i'r sawl nad oedd yn perthyn iddo neu yn ei adnabod yn dda.[48] Yr oedd gan Lloyd duedd anffodus i godi arswyd ar ddieithriaid ac i rewi sgwrs trwy greu 'awyrgylch farwol o gwrteisi oer'.[49] Am flwyddyn gron bu raid i Doc Tom lunio traethawd wythnosol a'i adrodd gerbron yr athro. Buan y sylweddolodd nad oedd gan 'lusernwr y canrifoedd coll' fawr o amynedd â'i droadau ymadrodd slic a'i ansoddeiriau lluosog, ac fe'i gwahoddwyd droeon i ail-lunio ei lith. Ni fyddai Lloyd byth yn ymfflamychu nac yn ceryddu'n gas, er bod arddull unigryw Doc Tom yn flinder iddo. Bwriasai ef ei brentisiaeth fel hanesydd yng Ngholeg Lincoln lle'r oedd disgwyl iddo ddarllen a meistroli cyfrolau sylweddol Milman, Neander, Ranke ac eraill ar gyfrif llyfnder eu rhyddiaith yn ogystal â'r ddysg a geid ynddynt. Yr oedd anian y gwyddonydd yn Lloyd yn ei ddull o drin a thrafod ffynonellau a thybiai fod cyfrifoldeb ar bob hanesydd i ysgrifennu'n eglur a choeth. Bu hon yn brentisiaeth galed i Gardi ifanc na fu erioed ar gyfyl ysgol ganol ac na chawsai unrhyw hyfforddiant yn y grefft o lenydda nac unrhyw ymarfer cyson mewn dethol ffeithiau a thrin geiriau yn fanwl-gywir. Yn ôl ei gyfaddefiad ei hun, 'go ryw boenus oedd gweled y blodau yn ffiwgro a'r maentumio ffansi yn gwelwi o flaen ffeithiau syml'.[50]

Ar y llaw arall, mantais fawr i Doc Tom oedd cael gwrando ar flaenffrwyth *A History of Wales* mewn dosbarth o un. Heb y deunydd hwnnw byddai wedi gorfod dibynnu ar weithiau anwastad a mympwyol fel *Hanes y Brytaniaid a'r Cymry* (1872–4) gan Gweirydd ap Rhys ac *A History of Wales* (1869) gan Jane Williams (Ysgafell). Anogid ef hefyd gan Lloyd i ddarllen *Celtic Britain* (1882) gan John Rhŷs, *A History of the Welsh Church to the Dissolution of the Monasteries* (1895) gan E. J. Newell, a *Gerald the Welshman* (1899) gan Henry Owen. Disgwylid iddo ymdrwytho yn hanes Lloegr drwy ddarllen cyfrolau meistraidd William Stubbs, John Richard Green, Thomas Macaulay, Leopold von Ranke, Thomas Frederick Tout a Samuel Rawson Gardiner, ac i bori hefyd mewn cofiannau i Gwilym y Concwerwr, Cardinal Wolsey, Oliver Cromwell a Syr Robert Walpole, tasg a oedd yn bleser pur i rywun a chanddo ddiddordeb ysol mewn pobl. Ei bwnc arbennig oedd y Dadeni Dysg yn Ewrop a disgwylid iddo ddarllen yn y gwreiddiol *Il Principe* Machiavelli, detholion o waith Erasmus, *Mémoires de Philippe de Commynes*, ac *Utopia* Syr Thomas More yn Lladin, ymhlith testunau eraill. I ryw raddau, yn enwedig yn achos ffynonellau yn yr iaith Eidaleg, *charade* oedd y wers oherwydd byddai'r ddau yn esgus bod yn rhugl:

> nid wyf yn credu y gwyddai'r Athro Eidaleg lawer gwell na minnau, a sylwais y deuai â dau lyfr gydag ef, argraffiad Burd o'r *Il Principe*, a rhyw lyfr llai ei faint, wrth ei ochr, gan ei gadw'n gil-agored o'i flaen. Un diwrnod llwyddais i gael cip ar hwn, a beth ydoedd ond cyfieithiad N. H. Thomson o weithiau Machiavelli. Os *crib* i'r Athro, *crib* i'r disgybl, ond nid yr un a'r unrhyw grib; y canlyniad oedd dadleuon bychain dysgedig rhyngom ar ergyd ymadroddion y *Prince*, ef yn dibynnu ar Thomson (heb gydnabod hynny), a minnau (heb yngan gair am y ffynnon) yn dyfynnu'n goeglyd o gyfieithiad Henry Morley.[51]

Anodd peidio â chredu na wyddai Lloyd hefyd mai *pas de deux* oedd y cyfan. Er gwaethaf hyn, yr oedd gan Doc Tom barch aruthrol at ei Gamaliel a thybiai, yn gam neu'n gymwys, fod mwy o ddysg a dychymyg gan Lloyd nag a oedd gan John Morris-Jones.

Er mwyn hogi min ar ei feddwl a hefyd brofi i Lloyd ei fod am ehangu ei ddiddordebau, byddai Doc Tom yn mynychu'r darlithiau cyhoeddus achlysurol a gynhelid yn y coleg. Cafodd flas arbennig

3.   Coleg Prifysgol Gogledd Cymru, Bangor, fel yr oedd ar ddechrau'r ugeinfed ganrif. (Llun: Prifysgol Cymru, Bangor).

ar ddarlithiau'r Athro F. York Powell ('The Study of History in Universities'), yr Athro W. Boyd Dawkins ('The Place of a University in the History of Wales') ac yn enwedig lith ogleisiol Bernard Bosanquet, 'Some Reflections on the Idea of Decadence'.[52] At hynny, magodd ddigon o hyder i gystadlu am Wobr Goffa Gladstone, gwobr a ariannwyd gan Bwyllgor Cofeb Rhyddfrydol W. E. Gladstone ac a gynigid yn y mwyafrif o golegau'r deyrnas o 1901 ymlaen. Y dasg i fyfyrwyr Bangor oedd llunio traethawd erbyn diwedd yr hydref ar 'The place of Machiavelli in the history of political theory'. Y ddau feirniad oedd yr Athro J. E. Lloyd a'r Athro James Gibson, a'r wobr oedd £5. Treuliodd Doc Tom ran helaeth o haf 1901 yn chwysu uwchben y traethawd yn Ynystudur, ac er i Gibson yn ddiweddarach edliw iddo'r ffaith na welwyd fawr ddim athroniaeth wleidyddol yn ei druth, llwyddodd i gipio'r wobr. Yr oedd hon yn dipyn o bluen yn ei het ac yn cryfhau ei awydd i ennill gradd yn y dosbarth cyntaf.[53] Ar ddiwedd ei flwyddyn olaf, fodd bynnag, i'r ail ddosbarth y syrthiodd ei enw. Bu hyn yn gryn ergyd iddo ac ni leddfwyd dim ar ei siom pan ddywedodd Lloyd wrtho: 'A First Class man has no need to explain himself.'[54] Nid anghofiodd byth y geiriau hynny ac ymdynghedodd ar unwaith i wneud iawn am ei siom ac i brofi ei haeddiant i'w hen athro. Purion nodi hefyd fod Lloyd wedi cadw pob llythyr o longyfarchiad a anfonwyd ato ef pan enillodd radd anrhydedd yn y dosbarth cyntaf yn Rhydychen.[55]

Y mae'n anodd deall paham y credai Doc Tom fod ganddo obaith ennill gradd yn y dosbarth cyntaf oherwydd, fel y dywedodd Lloyd wrtho yn blwmp ac yn blaen, myfyrwyr pur wanllyd oedd y cnwd a raddiodd yn haf 1903. Dim ond un ymgeisydd – Sarah Annie Parry – a gipiodd radd yn y dosbarth cyntaf (yn Saesneg) – 'and that', meddai Lloyd, 'with considerable hesitation'.[56] Ni allai Doc Tom lai na gwybod bod sawl un o'i athrawon (yn enwedig Lloyd) wedi mynegi amheuon, onid dirmyg, ynglŷn â'i arddull, ond daliai i gredu mai ei wendid mewn Lladin ac ieithoedd tramor a'i lloriodd. Ceisiodd Lloyd ei gysuro drwy ddweud mai arholwr allanol tra llym oedd yr Athro T. F. Tout, ond mewn llythyr a luniwyd gan Lloyd ar 2 Gorffennaf 1903 y ceir y dystiolaeth fwyaf damniol am berfformiad Doc Tom yn ei bapurau terfynol. Y mae'n amlwg fod yr arholwyr wedi ei chael hi'n enbyd o anodd dilyn trywydd meddwl yr ymgeisydd yng nghanol y troadau ymadrodd blodeuog a'r ansoddeiriau di-rif. Nid ei afael fregus ar Ladin a fu'n llestair iddo yn gymaint â'i arddull dwmpathog a'i fynych grwydradau:

The specially weak paper was the general one, which, as I told you some time ago, is usually treated as of great importance in the determination of a man's class. On the other hand your Welsh history work was regarded as very good and Professor Edwards [Yr Athro Edward Edwards, 'Teddy Eddy'] spoke of your second Welsh paper (Honours V) as the best *single* paper in the whole examination. Had the others been as good, you would have got your first. Of course, your translations were weak, but I don't think this did you as much harm as the style of a good deal of your work. The wandering from the point and the bringing in knowledge which was not wanted. The neglect of the little bit of advice I gave about going off at a tangent had, I am afraid, a serious effect on your fortunes. It was recognized that you often put things very well, but at other times your phrasing was so outlandish as to be, in the result, mere nonsense.[57]

Aeth y sylwadau hyn, a oedd mor nodweddiadol o Lloyd o ran eu miniogrwydd (a'u caredigrwydd) fel saeth i galon Doc Tom ac er na chredai ei fod wedi cael cam yr oedd yn ofidus-ymwybodol ei fod wedi tangyflawni yn yr arholiadau.

Ymddengys fod un rheswm pwysig arall paham na lwyddodd i wireddu ei freuddwyd o ennill gradd anrhydedd yn y dosbarth cyntaf. Er iddo ymroi i'w waith academaidd yn ddyfal yn ystod ei flwyddyn olaf, dros gyfnod o bedair blynedd achubodd ar bob cyfle i fwynhau bywyd cymdeithasol a'r amryfal weithgarwch anacademaidd a fywiocâi fywyd y myfyrwyr. O'r cychwyn cyntaf ymdaflodd i firi a rhialtwch bywyd colegol, gan ddal sawl swydd allweddol, yn eu plith llywydd Cymdeithas y 'Lit and Deb', llywydd Ystafell Gyffredin y Dynion, aelod o Bwyllgor y Cymric, cyd-olygydd cylchgrawn y myfyrwyr ac ysgrifennydd y clwb pêl-droed. Buasai wedi eilio'n galonnog yr hyn a ddywedwyd gan ohebydd anhysbys yng nghylchgrawn y myfyrwyr ym mis Mehefin 1902: 'We do not come to College to win our degrees and cram ourselves with bookish learning alone. We come here to be moulded into true men and women . . . to equip ourselves for the battle of life.'[58] Peth hawdd i fyfyriwr oedd cael ei lygad-dynnu gan y digwyddiadau cymdeithasol lluosog o'i gwmpas a gwyddom fod rhai ohonynt wedi afradu eu hamser yn llwyr. Aberthodd Gwili ei gwrs ym Mangor er mwyn cyfansoddi cerddi ac ennill gwobrau a chadeir-iau,[59] a daeth yr enw Matthew Robert Hughes yn rhan o chwedlon-iaeth Prifysgol Cymru oherwydd iddo lwyddo (ganrif cyn y clwy modwleiddio) i ddilyn cyrsiau (yn aflwyddiannus) ym mhob un o'r tri choleg a bod yn gapten ar eu timau pêl-droed.[60] Byddai Doc Tom yn

colli darlithiau yn aml er mwyn gwylio gemau pêl-droed a chriced.
Fe'i taflwyd allan o ddosbarth *Elementary Logic* yr Athro Gibson am
chwarae triwant ac fe'i llusgwyd droeon gerbron yr oeraidd Reichel i
roi cyfrif am ei ddiffyg ymroddiad.[61] Rhaid bod hyn oll yn y pen
draw wedi amharu rhywfaint ar ei waith academaidd. Y mae'n wir
iddo wneud ei orau glas yn nosbarthiadau J. E. Lloyd, ond yr oedd
ynddo duedd i bwdu pan gâi gerydd gan rai a'i casâi. Ychydig iawn o
waith paratoi a wnâi ar gyfer dosbarthiadau Lladin yr Athro Arnold,
nid yn unig oherwydd fod darlithiau hwnnw yn ymgorfforiad o
'sychder pen ucha' Gilboa' ond hefyd am ei fod wedi ei fychanu â'i
dafod deifiol yng ngŵydd ei gyd-fyfyrwyr.[62]

Er bod Doc Tom yn darlunio'i ddyddiau coleg fel rhai eithriadol o
heulog a difyr, y mae'n rhaid bod tipyn o lwydni ac undonedd ym
mywyd beunyddiol pob myfyriwr. I bob pwrpas, y coleg a'r ddinas
oedd terfynau eu byd am 33 wythnos o'r flwyddyn, a gallai bywyd
ymddangos yn bur glawstroffobig mewn tŵr ifori a *digs* digysur.
Rhaid cofio mai nod trefn ddisgyblaethol biwritanaidd a chaethiwus
y coleg oedd lladd pleser. Yn ôl y rheolau a gofnodid yn fanwl yn y
Calendr blynyddol, disgwylid i fyfyrwyr ymddwyn yn weddus a
distaw ar dir y coleg, i wisgo cap a gŵn du, i beidio â loetran ar y
grisiau neu yn y cynteddau, i beidio ag ysmygu (ac eithrio yn yr
ystafell a neilltuwyd i'r pwrpas hwnnw), ac i fynychu darlithoedd yn
rheolaidd a phrydlon (byddai'r darlithwyr mwyaf deddfol yn cadw
cofrestr).[63] Ni châi aelodau o'r ddwy ryw sgwrsio â'i gilydd ar y stryd
na threfnu oed nac ymweld â chartrefi ei gilydd. 'No visiting, no
walking,' meddai'r Prifathro Reichel yn swrth,[64] a phe digwyddai
weld myfyriwr ar y stryd heb ei gap a'i ŵn nodai ei enw a'i rif a'i
orfodi i dalu dirwy o chwe cheiniog i'r bwrsar. Fel hyn y disgrifiwyd y
drefn cyn y Rhyfel Mawr gan Lewis Valentine:

> Cyn y rhyfel, caeth a phlentynnaidd oedd rheolau'r coleg. Rhaid oedd
> gwisgo'r gŵn du digrif a'r helm betryal galed daselog am ein pennau,
> a'r Prifathro (Syr Harry Reichel) yn bwhwman ar hyd y coridorau yn
> bwrw ei guchiau ar y di-ŵn, yn gofyn ei enw a'i orchymyn i alw yn
> swyddfa'r coleg, ac yn ein disgwyl yno yr oedd y Capten Richard
> Williams (Dici Sicspens), y gŵr a roddodd ran oer ei galon 'i Sais a'r
> O.T.C.', chwedl R. Williams Parry. Heb ganiatâd arbennig ni cheid
> hebrwng merch o'r coleg i de yng nghaffi Roberts i rannu cyfrinach
> 'rhwng dau ar y byrddau bach', a charn-bechod oedd dwyn perswâd
> ar ferch o'r coleg 'i gydrodio ar hyd llwybrau'r wlad ar brynhawn
> hirddydd haf'.[65]

Gwgid ar y ddiod gadarn a gwae'r sawl a feddwai ar nos Sadwrn.
Daeth gyrfa golegol Francis Colin Henry, Sais diog a diotwr anaele, i
ben yn bur sydyn wedi iddo gydio mewn cloch enfawr a'i chanu'n
ddi-baid y tu allan i Neuadd y Brifysgol ac ar hyd Ffordd y Coleg yn
ystod oriau mân y bore ac yntau dan ddylanwad cwrw.[66] Byddai
aelodau o'r staff, ynghyd â wardeniaid, yn dilyn esiampl y prifathro
drwy grwydro coridorau'r coleg a strydoedd y ddinas ac oedi mewn
cilfachau tywyll er mwyn dal myfyrwyr a oedd yn fflyrtio neu'n cadw
reiat. Ni chaniateid i unrhyw fyfyriwr glwydo mewn llety anghof-
restredig nac i fentro allan o'i lety wedi deg y nos.

Fel y gwelsom eisoes yn achos myfyrwyr Aberystwyth, cyndyn
iawn oedd myfyrwyr i ufuddhau'n ddeddfol i'r rheolau plentynnaidd
hyn ac o bryd i'w gilydd ffrwydrent mewn dicter cyfiawn yn erbyn
annhegwch y drefn. Ym 1901 – dair blynedd ar ôl yr helynt enwog yn
Aberystwyth – aeth myfyrwyr Bangor ar streic am wythnos gron.
Cythruddwyd y myfyrwyr gan benderfyniad Senedd y Coleg i gosbi
dau bâr o fyfyrwyr am fod yng nghwmni ei gilydd wedi deg o'r gloch
ar ôl noson lawen lewyrchus. Anfonwyd y ddau fab adref am weddill
tymor y Grawys a chaethiwyd y ddwy ferch i'w llety o bump o'r
gloch ymlaen bob nos. Aeth pethau o ddrwg i waeth pan hysbyswyd
aelodau'r Senedd fod dau fyfyriwr wedi eu gweld law yn llaw ym
mhlwyf Llansadwrn yn Ynys Môn. Diarddelwyd y ddau ar unwaith.
Yr oedd Doc Tom ymhlith y myfyrwyr a ddaethai ynghyd i ffarwelio
â'r ferch yng ngorsaf Bangor ac a ddaliodd ar y cyfle i wawdio yn
gyhoeddus neb llai na John Morris-Jones a ddigwyddodd gyrraedd ar
yr un trên o Lanfair Pwllgwyngyll.[67] Gwysiwyd ef a phum arweinydd
arall i ymddangos gerbron y Senedd i bleidio achos y myfyrwyr a
gosbwyd:

> Gwelaf y Senedd y foment hon: Bryan yn hanner cysgu, Arnold yn
> eistedd i fyny'n syth bin fel pe na bai rhamant erioed wedi cyffwrdd
> ag ef (a phawb yn yr ystafell yn gwybod yn wahanol), a Lloyd fel
> *registrar* a'i bin ysgrifennu yn ei law, gan edrych yn dosturiol arnom,
> yn enwedig arnaf fi. Yn y bore wele'r post yn dod ag ateb y Senedd,
> nad oedd dim trugaredd, a bod y safonau annaearol i ddal ymlaen.[68]

Gan fod aelodau'r Senedd mor benstiff, nid oedd dim amdani ond
ymlwybro'n benisel yn ôl i'r darlithiau. Ni cheryddwyd Doc Tom gan
J. E. Lloyd, ond fe'i gwnaed yn gwbl eglur iddo mai synnwyr cyffredin
a orfu. Aeth hanes y streic ar led, a gwelodd *Punch* yn dda i dynnu
blewyn o drwyn piwritaniaid anhyblyg Coleg Bangor:

> . . . Crime it is,
> According to the sacred laws of Bangor,
> Where none may court a maid, nay, not so much
> As change a word with her, unless the twain
> Be formally betrothed . . .[69]

Yn answyddogol, wrth gwrs, parhau i gyfarfod mewn llecynnau diarffordd a wnâi myfyrwyr. Ger sticil ar ffordd Glasinfryn y cydiai Doc Tom yn llaw ei gariad Mary Roberts ac y mae llythyrau William Roberts ac R. Silyn Roberts yn llawn cyfeiriadau at lygadu merched tlws mewn darlithfa neu lyfrgell neu ar ystlys cae pêl-droed, ac at gyfnewid cardiau ffolant yn y dirgel.[70] Ond yr oedd hyd yn oed y mwyaf mentrus yn ofni dialedd y Senedd: 'My perambulations with Winnie Stythe,' meddai William Roberts, 'are getting promulgated and I shall have to cease soon for fear it gets to the ears of the Senate.'[71] Dyheu o hirbell yn unig a wnâi myfyrwyr pan fyddai hen hud y cnawd yn eu corddi, ac ufuddhau i orchmynion cyffelyb i hwnnw a roddwyd i fyfyrwyr Coleg Bala-Bangor gan y Prifathro E. Heber Evans: 'Treat the girls as you would the Stars – at a distance.'[72]

Gan fod cyn lleied â thri chant o fyfyrwyr (a'u deuparth yn ddynion) yn y coleg, yr oedd pawb yn adnabod ei gilydd a'r pwysau arnynt i ymdaflu'n egnïol a brwdfrydig i fywyd cymdeithasol y coleg yn eithriadol o drwm. O 1884 ymlaen sefydlwyd amlder o glybiau a chymdeithasau – yn eu plith rai drama, gwyddoniaeth, hanes a llên, dadlau cyhoeddus, y Cymric, athletau, hoci, nofio, rhwyfo, criced, tennis a phêl-droed – a rhoddid cryn gyhoeddusrwydd i'w gweithgarwch yn y cylchgrawn a oedd yn dwyn y teitl mwyaf diddychymyg, sef The University College of North Wales Magazine. Ailfedyddiwyd y cylchgrawn hwn yn Mascot ym 1913 ac ar ôl 1928 fe'i gelwid yn Omnibus; fel yr awgryma'r enwau hyn, ychydig iawn o Gymraeg a welid rhwng ei gloriau. Yn ystod cyfnod Doc Tom ym Mangor, dim ond ambell delyneg swynol gan John Morris-Jones ac R. Silyn Roberts a geid ynddo, er bod mwyafrif y golygyddion yn rhugl eu Cymraeg. Yn wir, ac eithrio Cymdeithas y Cymric a'r Eisteddfod, yn Saesneg y cynhelid pob gweithgarwch answyddogol a drefnid gan y myfyrwyr. Dyna oedd y drefn hefyd y pryd hwnnw yng Ngholegau Aberystwyth a Chaerdydd. Ac yntau, fel ei gyfoedion, wedi cael ei addysg drwy gyfrwng y Saesneg a'i gyflyru i gredu mai maes crefydd a llên oedd priod le y Gymraeg, nid oedd unrhyw debygrwydd y byddai Doc Tom yn cicio yn erbyn y tresi ar fater safle israddol yr iaith. Wrth fwrw golwg yn ôl ar ei fywyd colegol ym 1906, ym-hyfrydai yn y ffaith fod Bangor yn 'Anglo-Celtic',[73] a'r unig un, hyd y gwyddys, a feiddiodd feirniadu'n gyhoeddus Seisnigrwydd y drefn oedd Kate Hughes a honnodd yn ystod dadl boeth ar 1 Rhagfyr 1899: 'Beth yw ymddygiad Coleg y Gogledd at ein gwroniaid? Rhoi un noson mewn *term* i ddadlau yn Gymraeg, ac ymddwyn yn glaear at y Gymdeithas Gymreig.'[74]

Yn sgil sefydlu'r Cymric Society (neu, fel y'i gelwid weithiau, *The Welsh National Society*) ym 1897, penderfynwyd cynnal eisteddfod flynyddol. Er bod safon gwaith y cystadleuwyr at ei gilydd yn bur wachul, yr oedd yr eisteddfod golegol yn feithrinfa hwylus a gwerthfawr i feirdd fel Silyn, Crwys, Dyfnallt a Gwili. A cheid rhai eitemau cerddorol cofiadwy. Yn Eisteddfod 1900 canwyd 'The Soldier's Grave' yn wefreiddiol gan Eiddig, ac ym 1901 a 1902 perfformiwyd yn llwyddiannus 'Aelwyd Angharad', opereta a gyfansoddwyd gan J. Lloyd Williams a Llew Tegid. Ond yn amlach na pheidio yr oedd y beirniadaethau ffraeth a difrïol a draddodid gan John Morris-Jones a W. Lewis Jones yn llawer mwy difyr na chynigion y myfyrwyr. John Morris-Jones oedd y ffefryn mawr, a byddai'r ystafell bob amser dan ei sang pan draddodai ei feirniadaeth ar yr awdl a'r delyneg. Yn ei lais tenor lleddf a hudolus, manteisiai ar ei gyfle i daranu yn erbyn y ffug gystrawennu a oedd yn rhemp yn oes Victoria, ynghyd â rhodres wag yr Orsedd ac iaith sathredig. Dwrdiai a gwawdiai gerddi'r myfyrwyr a syrthiai'n brin o'r safonau aruchel a osodai ef, ac ar un achlysur cofiadwy dywedodd mai dim ond un gair a oedd yn briodol i ddisgrifio telyneg eiddil a ddaethai i law: 'gwan' oedd y gair marwol hwnnw, ac wrth ei ynganu gadawodd Morris-Jones i'r papur ddisgyn rhwng ei fysedd i'r llawr.[75] O dipyn i beth, cododd safon gwaith y beirdd a chyn cadeirio Fanny Ellis ym 1901 bu raid i Morris-Jones a Llew Tegid ddarllen 54 o gyfansoddiadau.[76] Teg nodi hefyd fod parodrwydd John Morris-Jones i fwrw ei linyn mesur dros eu gwaith llenyddol yn peri i'r myfyrwyr ymddiddori fwyfwy yn hynt a helynt yr Eisteddfod Genedlaethol, yn enwedig ar ôl i'r cyn-fyfyriwr R. Silyn Roberts ennill coron Eisteddfod Genedlaethol Bangor ym 1902 am ei bryddest 'Trystan ac Esyllt'. Y farn gyffredinol ymhlith y myfyrwyr Cymraeg y pryd hwnnw oedd fod yr Eisteddfod Genedlaethol yn waradwyddus o Seisnig a bod seremonïau'r Orsedd, dan ofal yr hynafgwr Hwfa Môn, fawr gwell na phantomeim. Pan gafwyd dadl gyhoeddus ar y pwnc 'A yw yr Eisteddfod yn cyrraedd ei hamcanion?', am bob un a oedd o blaid yr Eisteddfod yr oedd pump yn ei herbyn. Er mai canu 'ar y pumed mesur ar hugain' a wnâi Doc Tom, ni allai ef ychwaith ymatal rhag cynnal breichiau cystwywyr yr Eisteddfod.

Yn wir, lle bynnag y byddai dadlau yn digwydd ymhlith myfyrwyr, gellid bod yn sicr fod llais Doc Tom i'w glywed yn dra hyglyw. Dichon mai'r gymdeithas fwyaf ffyniannus yn y coleg oedd y 'Lit and Deb', a thros gyfnod o bedair blynedd cyfrannodd Doc Tom yn helaeth ac yn ffraeth i'w gweithgarwch fel llywydd (ym 1902–3) a dadleuwr. Ystyrid ef gan ei gyfoedion yn 'mighty orator'.[77] Yr oedd cryn fri ar siarad cyhoeddus yng Ngholeg Bangor a disgwylid i bob siaradwr fod yn huawdl a hwyliog yn ogystal â gwybodus. Nid lle i'r gwangalon oedd y 'Lit and Deb' oherwydd byddai'r myfyrwyr mwyaf stwrllyd a drygionus yng nghefn y gynulleidfa yn heclo, difrïo a chwerthin am ben siaradwyr ac yn dinistrio hyder y rhai mwyaf nerfus.[78] Byddai Cymry a Saeson, Eglwyswyr a Sentars, Celfyddydwyr a Gwyddonwyr yn tynnu torch yn yr ystafell Ladin ar amrywiaeth o bynciau, gan gynnwys 'That England has reached the zenith of her glory' a 'That the action taken by the British Government in the Transvaal was justifiable'.[79] Ar 29 Tachwedd 1902 disgleiriodd Doc Tom mewn dadl ar y pwnc 'That dead languages should be omitted from a University Curriculum'.[80] Gan atgoffa'r gynulleidfa o'i Ladin sigledig, dadleuodd mor ffraeth ac effeithiol o blaid hybu astudiaethau hanes modern ar draul y clasuron fel yr enillodd y dydd â mwyafrif sylweddol. Dan faner y 'Cenedlaetholwr Cymreig' y safai gan amlaf a chyrhaeddodd binacl ei yrfa fel dadleuwr ym mis Hydref 1901 pan gynhaliwyd ffug etholiad seneddol ar gyfer 'Bwrdeistref y Brifysgol'. Rhoddwyd cyhoeddusrwydd sylweddol i'r achlysur dros wythnos gyfan, a bu tri ymgeisydd – Tom Richards (Cenedlaetholwr Cymreig), W. H. Cadman (Ceidwadwr) a W. B. Roberts (Rhyddfrydwr) – wrthi'n ddiwyd yn annerch eu cyd-fyfyrwyr ac yn gludio posteri a chartwnau difyr a phryfoclyd ar furiau'r coleg. Croesawyd araith Doc Tom â bonllefau croch, a phan ofynnodd rhyw wàg sut y codai gyllid digonol i sefydlu amgueddfa genedlaethol i Gymru, ei ateb chwim oedd 'trwy godi treth ar *bicycles*'. Fel hyn y cofnodwyd crynodeb o'i araith gan ohebydd o Sais:

Gallant little Wales had never been lacking in obedience and loyalty to, and love of, the Empire. Welsh Nationality does not imply disintegration of the Empire. Wales wants its own Parliament, where its own particular questions can be dealt with by its own men. If returned, he would advocate placing the Drink Traffic on a Dry Basis: a new Land Bill which would not only give security of Tenure, but would also grant compensation to outgoing tenants for improvements made by them; Disestablishment of the Church; a national Museum for Wales; the placing of the Red Dragon on the Royal Standard; the teaching of Welsh in Schools and its use in Law Courts and at the meetings of Public Bodies such as Boards of Guardians, etc. Wales, eager as it is for all these Reforms is sick of the Liberal Party with its endless intrigues, but still more so of the Conservative Party with its dreams of Military glory. Wales, not having suffered extinction in literary, religious, or educational spheres, will not willingly do so *politically*.[81]

Anodd gwybod pa mor ddwfn yn ei foch yr oedd tafod Doc Tom wrth gyflwyno'r maniffesto hwn. Llais y Rhyddfrydwr o Gardi sydd i'w glywed ynddo, wrth gwrs, ynghyd ag ôl dylanwad cryf rhaglen Cymru Fydd a cholofn olygyddol O. M. Edwards yn *Cymru* a *Wales*, a'r cyfan wedi ei fynegi'n ffraeth a chellweirus i foddhau'r myfyrwyr. Enillodd Doc Tom yr etholiad â mwyafrif sylweddol: bwriwyd 145 pleidlais drosto ef, 40 dros y Rhyddfrydwr a 28 dros y Ceidwadwr. Dathlwyd yr achlysur drwy ei gario ar ysgwyddau'r myfyrwyr ar hyd y Stryd Fawr ym Mangor. Adroddwyd ganddo hanes y digwyddiad cofiadwy hwn lawer tro wedi hynny.

Dengys hanes y ffug etholiad hwn fod Doc Tom yn parhau i ymddiddori ym mhynciau gwleidyddol y dydd, yn enwedig pwnc y tir, datgysylltiad, dirwest, addysg a hawliau'r genedl. Manteisiai ar bob cyfle i wrando ar wleidyddion a phregethwyr yn annerch mewn gwahanol gyfarfodydd ac oedfaon ym Mangor, a byddai'n nodi'n fanwl eu dull o lefaru, eu hosgo a'u hymarweddiad. Ym 1900 gwnaeth anerchiad gan William Morris (Rhosynog), Treorci, llywydd Undeb y Bedyddwyr, argraff fawr arno, ac fe'i cyfareddwyd gan araith y Rhyddfrydwr Ellis Jones Griffith yn erbyn Deddf Addysg 1902.[82] Fe'i dirprwywyd i gynrychioli'r myfyrwyr pan sefydlwyd George, tywysog Cymru (y Brenin Siôr V wedi hynny) yn ganghellor Prifysgol Cymru yn ystod seremoni rwysgfawr ym mhafiliwn Caernarfon ar 9 Mai 1902, a hawdd credu ei fod wedi cymeradwyo'r tywysog yn wresog am gyfeirio at '*ein* Prifysgol'.[83] Parhâi i edmygu Lloyd George fel radical a chenedlaetholwr er nad oedd yn llawn gymeradwyo ei ddelwedd newydd fel 'Rhyddfrydwr Prydeinig'. Aethai materion Cymreig yn fwyfwy ymylol yng ngyrfa Lloyd George wedi 1896, ac erbyn diwedd y ganrif yr oedd ei gefnogaeth i Fŵriad De Affrica yn ystod y rhyfel yn erbyn Prydain a gychwynnodd ym mis Medi 1899 yn wrthun i'r Cymry hynny a oedd yn mawrygu imperialaeth. Rhygnodd y rhyfel ymlaen tan fis Medi 1902 a'r unig aelodau seneddol Cymreig a bleidiai achos y Bŵr oedd Lloyd George, J. Herbert Lewis, Arthur Humphreys-Owen a J. Bryn Roberts.[84] Ymosodai rhyfelgarwyr arnynt yn ddidrugaredd ac yr oedd pwysau trwm a chyson ar fyfyrwyr Bangor i gefnogi milwyr Prydain. Erbyn diwedd 1899 yr oedd 128 o fyfyrwyr wedi ymrestru yn rhengoedd Gwirfoddolwyr y Coleg ac er eu bod, yn ôl un sylwebydd pigog, yn cael anhawster i 'reoli eu breichiau a'u coesau'n iawn',[85] caent bob anogaeth a swcr gan y Prifathro Reichel. Nododd J. Dyfnallt Owen yn ei ddyddiadur ar 8 Tachwedd 1899: 'Yr archwaeth at ryfel yn cael ei phorthi ym mhob modd gan y wasg a swyddogion rhyfel.'[86] Pan ddaeth y newyddion fod y gwarchae ar Mafeking wedi ei godi, anogwyd y dosbarth mathemateg i ganu 'Rule Britannia' gan y mathemategwr Dr George Hartley Bryan. Caniatawyd diwrnod o wyliau i'r myfyrwyr a chyneuwyd coelcerth anferth i ddathlu'r waredigaeth fawr. Gwisgai mwyafrif y myfyrwyr fathodynnau coch, gwyn a glas, ac yr oedd llusernau papur Tsieina i'w gweld ym mhob ffenestr.[87] Pan fu farw'r Frenhines Victoria ar 23 Ionawr 1901 gohiriwyd pob darlith ac ar y Llun canlynol traddododd y Prifathro Reichel araith deimladwy gerbron yr holl staff a'r myfyrwyr, gan honni mai teyrnasiad imperialaidd Victoria fu'r mwyaf gogoneddus a daionus yn hanes y byd.[88] Gwaetha'r modd, nid yw Doc Tom yn nodi yn unman ei farn ynglŷn â'r rhyfel, ond fe wyddom nad heddychwr mohono. Yr oedd papur y *North Wales Chronicle* yn frith o benawdau fel 'The War in South Africa' a 'Patriotic Concerts in Bangor' ac o gyfeiriadau tra amharchus at ei arwr Lloyd George.[89] Lle bynnag yr âi Lloyd George i areithio, byddai cynnwrf a phrotestio, ac yr oedd Doc Tom ymhlith y dorf o 1,200 o bobl a safodd y tu allan i Neuadd y Penrhyn ar nos Fercher, 11 Ebrill 1900, pan oedd Lloyd George yn annerch 500 o wahoddedigion yn y neuadd. Er bod 70 o blismyn ar ddyletswydd, cafodd y dorf rwydd hynt i dorri ffenestri, i lafarganu ac i floeddio protestiadau croch. Ymateb Lloyd George yn ystod ei araith oedd: 'We will not allow ourselves to be bullied out of our rights by a lot of ruffians.'[90] Ar ddiwedd y noson, sut bynnag, bu'n ffodus i ddianc yn ddianaf rhag y rhyfelgarwyr dicllon. Wrth ymadael drwy'r drws cefn fe'i trawyd ar ei ben a phan welodd Doc Tom ef drannoeth y drin yng ngorsaf Bangor sylwodd fod tolc mawr yn ei het – 'cof-arwydd o'r ysgarmes y noson gynt'.[91]

Er bod Doc Tom yn ffigur blaenllaw a dylanwadol yn y 'Lit and Deb', ei hoff gynefin oedd ystafell y 'Smokers'. Yno, yng nghanol cymylau o fwg tew, cynhelid math ar noson lawen. O 1900 ymlaen Doc Tom oedd cadeirydd y 'Smokers' a threfnid 'Welcome Smokers', 'Normal Smokers' a 'Farewell Smokers' er mwyn meithrin *esprit de corps* ymhlith y dynion yn unig a rhoi cyfle iddynt i ddychanu aelodau o'r staff ar ffurf cerdd a chân. Yn ddi-ffael, Doc Tom fyddai arwr y noson. Ar 4 Hydref 1901 cafodd gymeradwyaeth fyddarol am gynnig 'a heterogeneous collection of wit, anecdotes, and personal experiences of a weird kind' ac yn ystod y 'Smoking Concert' a gynhaliwyd ar 30 Hydref yn yr un flwyddyn dywedwyd amdano: 'his ready wit put us all in the best humour'.[92] Y parodïwr gorau ymhlith y myfyrwyr oedd Rhys Evans o Wauncaegurwen, bachgen heb unrhyw uchelgais academaidd ac a oedd yn falch o'i gyfrif ei hun ymhlith y rheini a alwyd yn 'farbariaid' gan yr Athro W. Lewis Jones. Byddai wrth ei fodd yn sefyll ar ben bwrdd yn y 'Smokers' yn adrodd, canu a dychanu, ac yn efelychu ystumiau J. J. Dobbie, yr Athro Cemeg, a J. E. Lloyd, yr Athro Hanes. Ond ei *forte* oedd dynwarediad – a barai am awr gyfan – o Dr George Hartley Bryan, 'horwth afrosgo o ddyn', chwedl Doc Tom, a mathemategwr disglair ac ecsentrig nad oedd ganddo unrhyw fath o reolaeth dros ei ddosbarth. Yr oedd Bryan yn fathemategwr o fri rhyngwladol (fe'i dyrchafwyd yn FRS ym 1895) ac ym 1903 lluniodd, ar y cyd â William Ellis Williams, ysgrif arloesol ar sefydlogrwydd awyrennau dibeiriant.[93] Ond siop siafins oedd ei ddosbarthiadau, ac ni châi eiliad o lonydd gan y 'Normals' drygionus. Byddai rhai ohonynt yn esgus llewygu er mwyn cael dogn o frandi ganddo, ac yr oedd gweld cwningen yn rhedeg ar hyd y lawnt yn ddigon i achosi twrw byddarol. Ar brydiau byddai'r rhialtwch mor swnllyd fel y deuai'r Prifathro Reichel anghynnes o'i ystafell i adfer trefn. Fel hyn y disgrifiodd Doc Tom yr olygfa wrth i Rhys Evans ddechrau ei ddynwarediad gorchestol, 'Dr Bryan having his revenge':

> The Chairman moved his chair away to a far corner, while the pseudo-Bryan sat down at the round table, with a pile of papers in front of him, at once mathematician and moralist; the actor was to make us see the Professor's mind oscillating between abstract justice in the world of numbers and human reactions to a world of misdemeanours . . .

Ymresymai'r ffug ddoethur fel a ganlyn: os oedd y myfyriwr drygionus

Barron wedi ateb pob hafaliad yn gywir, a ddylid caniatáu iddo ennill marciau llawn o gofio ei fod, fis cyn hynny, wedi mynychu'r dosbarth mathemateg yn gwisgo cabatsien yn ei dwll botwm? Wrth farcio papurau arholiad Dai Bach o Stiniog, a ddylai anghofio ei fod wedi achosi cynnwrf difrifol drwy floeddio 'mae cwningen ar y lawnt!'? Ac a oedd maddeuant i'r chwe dihiryn o blith Gwirfoddolwyr y Coleg am orymdeithio yn eu lifrai i mewn i'w ddosbarth ryw fore Sadwrn a gosod eu bidogau i lawr mor rymus ar eu desgiau nes peri i inc dasgu o'r poteli i'r nenfwd? Uchafbwynt y parodïo celfydd a doniol oedd penderfyniad Bryan i roi naw marc allan o gant i'r myfyriwr gorau a minws chweched ran i'r salaf.[94] Afraid dweud i Evans gael cymeradwyaeth fyddarol.

Er bod llawer o'i gyd-fyfyrwyr hefyd yn cael blas ar afiaith y *soirées*, y dawnsfeydd, y partïon a'r picniciau, nid âi Doc Tom ar eu cyfyl. Gwell ganddo ef oedd cefnogi tîm pêl-droed y coleg. Gêm gwbl ddieithr i fyfyrwyr Bangor oedd rygbi y pryd hwnnw, a phêl-droed a hoci (merched) oedd y gemau mwyaf poblogaidd. Sefydlwyd Cymdeithas Clwb Pêl-droed Bangor ym 1884, a phan drefnwyd yr 'Wythnos

4. Tîm pêl-droed Coleg Bangor ym 1900–1. Saif Thomas Richards,
ysgrifennydd y Clwb Pêl-droed, ar y dde yn y rhes gefn.
(Llun: Prifysgol Cymru, Bangor).

Ryng-Golegol' gyntaf ym 1893 y ddwy gêm hynny oedd asgwrn cefn y cystadlaethau rhwng y tri choleg ar y maes chwarae. Pan gyrhaeddai'r timau o Aberystwyth a Chaerdydd fe'u cyferchid gan benaethiaid Zulu, Indiaid, pierro ar stiltiau, biwglwyr, ffidlwyr a drymwyr. Dethlid dyfodiad 'y gelyn' â bloeddio mawr y tu allan i orsaf dinas Bangor, ac ar y meysydd drannoeth ceid gornestau tra thaer a chystadleuol. 'Gêm y tymor', yn ddiau, oedd yr ornest rhwng myfyrwyr Bangor ac Aberystwyth, ac fel ysgrifennydd y clwb byddai Doc Tom nid yn unig yn annog y chwaraewyr o'r ystlys ond hefyd yn britho ei adroddiadau i bapurau newydd a chylchgrawn y coleg ag ymadroddion fel 'mystic mid-air gyrations' a 'swerving muscles'.[95] Yn ystod ei gyfnod ef yr oedd gan Goleg Bangor dîm pêl-droed campus – 'it's a ripping team',[96] meddai William Roberts wrth Silyn – a llwyddwyd i drechu bechgyn Aberystwyth bedair gwaith yn olynol rhwng 1898 a 1901. Gemau dychrynllyd o fudr a checrus oeddynt, a'r chwaraewyr yn taclo a llorio'i gilydd yn ddidrugaredd yng nghanol y mwd. Er ei fod yn Gardi, nid oedd gan Doc Tom fymryn o ewyllys da at dîm Aberystwyth na'i arwr mawr L. R. Roose. Arfau bygythiol oedd blaenau esgidiau pêl-droedwyr Bangor ar droad y ganrif a dychrynai hyd yn oed Doc Tom wrth wylio'r 'ymhyrddiadau brawychus' pan fyddai tîm y coleg yn herio bechgyn Aber neu dîm y 'Normals'.[97] Deuai rhai cannoedd i wylio'r ornest flynyddol rhwng y *Varsity* a'r Normals, gan ymroi'n llwyr i ymffrost a rhialtwch ar yr ystlys. Atseiniai gwaedd y ddwy garfan drwy'r fro:

Un ffurf ar y traddodiad yw'r chwarae; ffurf arall yw'r waedd, yr *yell*, y ddwy *yell*, ffrwyth saernïaeth cenedlaethau eto – lleferydd annwn at wasanaeth delfrydau – uchel, *staccato*, arswydfawr, grand o beth pan â'r bêl i'r rhwyd, mwy gogoneddus fyth pan arferir hi i godi calon yr ochr sy'n dechrau diffygio, ac ar fyned yn ôl yn y byd. Drwy ru gwaeddiadau'r bechgyn daw main wichiadau'r merched, y sŵn mwyaf didostur yn y byd, o ddyddiau'r Colosseum yn Rhufain i lawr i'n dyddiau ni.[98]

Y chwaraewr gorau o gryn dipyn yn nhîm y coleg oedd Philip Lewis Hopkin, brodor o Bontardawe, un bychan o gorff a thaclwr nerthol i'w ryfeddu. Yr oedd hefyd yn wibiwr syfrdanol o gyflym a'i ddylanwad ef yn bennaf a sicrhâi fuddugoliaethau cyson yn erbyn Colegau Aberystwyth a'r Normal. 'We cheered him to the echo,' meddai Doc Tom, 'we carried him home on our shoulders, cursed the day when he would be with us no more.'[99] Gan fod Doc Tom yn hebrwng y tîm yn rheolaidd nid yn unig i feysydd pêl-droed y colegau eraill ond hefyd i fannau fel Caergybi, Llanrwst, Bae Colwyn a'r Rhyl, nid oedd bob amser yn treulio digon o amser yn chwysu uwchben ei lyfrau a'i draethodau. Ond ni ellir amau na chafodd oriau lawer o bleser a boddhad drwy fynychu llu o weithgareddau cymdeithasol ac adloniannol.

Daeth cyfnod yr astudio a'r difyrrwch i ben yn haf 1903 pan gwblhaodd ei yrfa yng Ngholeg Bangor. Â thristwch mawr y ffarweliwyd ag ef ym mis Mehefin, a chyhoeddwyd teyrnged gynnes iawn iddo yng nghylchgronau'r myfyrwyr:

> In Mr. Richards we are all losing a true and tried friend. Who will forget his enthusiasm for Bangor Varsity, his vivid descriptions of College life and of College students; his graphic accounts of football matches lost and won; his lucid and terse speeches on all College matters, and his wonderful interest in the cause of the student? Mr Richards claims to be one of the 'Old School', and we feel sure that the 'Old School' will never feel ashamed of their representative.[100]

Ac eithrio'r ddau ansoddair 'lucid' a 'terse', yr oedd hwn yn ddisgrifiad cywir o gyfraniad amlochrog a lliwgar Doc Tom i fywyd cymdeithasol y coleg. Fe'i cymeradwywyd yn gynnes gan y myfyrwyr yn seremoni raddio'r brifysgol ym mis Tachwedd 1903. Yn wahanol i'r drefn ffurfiol a geir heddiw, achlysur tra hwyliog a stwrllyd oedd y 'diwrnod capio' a chyfle gwych i fyfyrwyr wfftio'n gyhoeddus at ffug urddas y seremoni. Torrai'r myfyrwyr ar draws y defodau mawreddog trwy ganu caneuon cras, taflu conffeti ac awyrennau papur, a gwawdio'r swyddogion a'r graddedigion fel ei gilydd. Pryd bynnag yr hebryngid gŵr ifanc i'r llwyfan gan ddwy ferch, canai'r myfyrwyr, 'Pam na all un dyn gael dwy wraig'. 'Fall out!' oedd yr anogaeth i aelodau o'r Gwirfoddolwyr, a 'Shoot! Shoot!' oedd y cyngor a gâi capteniaid y timau pêl-droed a hoci.[101] Drwy gydol y tymor hwnnw, mawr fu'r hiraeth ar ôl Doc Tom oherwydd y mae'n amlwg ei fod eisoes yn ffigur chwedlonol ym Mangor:

> The corridors no longer know the angular Tom Richards with his jerky walk and cheery eye-twinkle. Those disquisitions upon the right attitude in College affairs! Those recitals of the deeds of men who had strived, ay, suffered to keep up the College records! Those fiery words which applied the torch to our latent enthusiasm![102]

3 ∽ 'Ni lefarodd neb erioed fel y dyn hwn'

'Dwy ffordd yn unig', meddai W. J. Gruffydd, 'a oedd i fechgyn y werin yng Nghymru yn yr oes honno os oeddynt am gael ychydig o ddiwylliant – myned yn athro neu fyned yn bregethwr, neu weithiau'r ddau.'[1] Gan ein bod mor gyfarwydd â meddwl am Doc Tom fel hanesydd a llyfrgellydd, y mae angen pwysleisio mai ei nod cychwynnol er ei ddyddiau yn Ysgol Gynradd Llangynfelyn oedd bod yn athro ysgol. Llwyddodd i gyrraedd y nod hwnnw, gan wasanaethu tair ysgol dra gwahanol i'w gilydd, dwy yng Nghymru a'r drydedd yn swydd Gaerhirfryn, rhwng 1903 a 1926. Ond, fel y cawn weld yn y bennod nesaf, yr oedd hefyd yn dyheu am gyfle i ymchwilio i hanes Cymru ac i gael swydd a fyddai'n caniatáu iddo ddatblygu ei ddoniau fel hanesydd. O 1910 ymlaen dechreuodd chwilota ac ysgrifennu o ddifrif ac ni ellir peidio â rhyfeddu at y ffaith iddo lunio pedair o'i gyfrolau pwysicaf tra oedd yn athro ysgol ym Maesteg. Go brin fod unrhyw athro ysgol yng Nghymru'r ugeinfed ganrif wedi cyfrannu mor helaeth i fyd ysgolheictod. Buddiol fyddai cofio am y gamp honno wrth bwyso a mesur ei gyfraniad fel athro.

Yn Ysgol Ganol Tywyn, Meirionnydd, y bwriodd Doc Tom ei brentisiaeth fel athro. Fe'i penodwyd ym mis Awst 1903 ac ymdaflodd i'w waith yno y mis canlynol. Er bod Lewis Morris o'r farn mai 'gorau gwlad rhwng nef a llawr' oedd sir Feirionnydd a bod John Elias wedi mentro dweud bod hyd yn oed cŵn y sir honno yn fwy deallus na thrigolion sir Faesyfed, am gwta ddwy flynedd yn unig yr arhosodd yno. Am sawl rheswm methodd yn dpg ag ymgartrefu yn Nhywyn. Yn gyntaf oll, pur simsan oedd ei berthynas â'r prifathro Thomas (Tom) Jones, gŵr nad oedd ganddo radd ond a oedd ar fin sefyll ei arholiadau terfynol ym Mhrifysgol Llundain pan benodwyd Doc Tom. Un deddfol, dygn a chydwybodol oedd Tom Jones, a'i ofal am ei ddisgyblion yn gwbl ddi-fai. Pan fyddai arholiadau yn dynesu, siarsiai'r athrawon i ymroi o fore gwyn tan nos: 'every minute is of

5.   Y Brif Ystafell yn Ysgol Ganol Tywyn, Meirionnydd.
(Llun: Llyfrgell Genedlaethol Cymru).

value at this time of year'. Gwthiai'r disgyblion yn eu blaen, gan fynnu bod y goreuon yn eu plith yn cyrraedd prifysgol. Gwnâi hynny yn aml ar draul popeth arall, gan beri cryn anesmwythyd a drwgdeimlad ymhlith athrawon a phlant fel ei gilydd. Pentyrrai feichiau dysgu annioddefol o drwm ar yr athrawon a'r argraff a gawn yw mai ysgol bur aflawen oedd Ysgol Tywyn y pryd hwnnw. Ac yntau'n ddisgyblwr llym, gwgai Tom Jones ar ymdrechion Doc Tom i dynnu'r gorau allan o'i ddisgyblion drwy apelio at eu synnwyr digrifwch. Un anghonfensiynol oedd y Doc o flaen dosbarth a phan glywai'r prifathro fonllefau o chwerthin wrth grwydro'r coridorau byddai'n gofyn yn sarrug: 'What do you think of this continual laughter?'[2]

Naws ddigon Seisnig oedd i'r ysgol. Fe'i sefydlwyd ym 1894 pan gyflwynodd John Corbett, ysgwïer Ynysymaengwyn a masnachwr halen wrth ei alwedigaeth, Neuadd Brynarfor, ynghyd â naw erw o dir at y diben hwnnw. *Labor Omnia Vincit* oedd arwyddair yr ysgol ac fe'i mynychid nid yn unig gan blant ffermwyr, morwyr, crefftwyr a masnachwyr lleol ond hefyd gan ddisgyblion preswyl neu fyrddwyr o fannau megis Amwythig, Aberystwyth, Caernarfon, Llanymddyfri, Pen-y-groes, Y Drenewydd ac Ystradmeurig. Erbyn Rhagfyr 1904 yr oedd cynifer â 123 o blant ar lyfrau'r ysgol, y mwyafrif ohonynt yn fechgyn. Yn ôl y prosbectws, nod y Prifathro a'i staff o chwech oedd 'not merely to help the pupils to acquire knowledge, but to train them in Christian character'.[3] Cadwai cynifer ag ugain o lywodraethwyr piwis lygaid barcud ar yr athrawon a'r plant fel ei gilydd. O bryd i'w gilydd trefnid cyngherddau er mwyn chwyddo cronfa ysgoloriaethau'r ysgol (canai'r disgyblion ganeuon megis 'The Lord Worketh Wonders' ac 'In the dusk of the Twilight') ac yr oedd y tîm pêl-droed yn ddigon cryf i roi cosfa dda i dimau Ysgolion Sir Aberystwyth a Ffestiniog.[4] Ond rywsut, nid oedd dysgu hanes yn Ysgol Tywyn at ddant Doc Tom. Dyheai am ryddid i baratoi gwersi a fyddai'n cynnig mwy o her i blant ac, uwchlaw dim, am gael dianc rhag gwastrodaeth lem Tom Jones. At hynny, method fwrw gwreiddiau yn nhref Tywyn nac ymserchu ynddi. Pan oedd yn fyfyriwr ym Mangor yr oedd yn dipyn o geiliog ac yn un a fwynhâi sylw ac edmygedd ei gyd-fyfyrwyr yn y *smokers* a'r dadleuon gwleidyddol. 'Ym Mangor yr oeddwn yn dipyn o ddyn',[5] meddai, ond nid oedd cyfle cyffelyb i dorri cyt yng nghantref Meirionnydd. Nid lle i gwmnïwr afieithus a chanddo ddiddordeb yn hanes a gwleidyddiaeth ei wlad oedd Tywyn. Fel y dengys yr arweinlyfrau afrifed a gyhoeddid ar droad y ganrif, lle delfrydol i ymwelwyr ydoedd – 'An Ideal Resting-place and Holiday Resort' – a'i nod oedd bod yn gyrchfan gwyliau mor ffyniannus â'r Bermo ac Aberdyfi. Yr oedd yno draethau hyfryd, dŵr glân gloyw, a hinsawdd deg, heb sôn am 'absolute peace and perfect freedom'. O ganolbarth Lloegr, yn enwedig Birmingham, Tipton a West Bromwich, y deuai trwch yr ymwelwyr i 'Bracing Breezy Towyn' er mwyn ymdrochi, torheulo, cerdded, dringo, marchogaeth, pysgota a hwylio.[6] Ar un adeg hefyd byddai cryn gyrchu i ffynnon Sant Cadfan i brofi'r dyfroedd iachusol. Yr oedd Tal-y-llyn, Cadair Idris, Castell y Bere, Ogof Owain Glyndŵr a Chraig y Deryn yn atynfeydd dymunol ac yr oedd hen blasau o bwys megis Peniarth ac Ynysymaengwyn hefyd o fewn cyrraedd. Ond, ac yntau'n bump ar hugain oed ac wedi arfer ag afiaith bywyd myfyrwyr, nid chwilio am awelon balmaidd, traethau glân a golygfeydd godidog a wnâi Doc Tom. Nid oedd atyniadau'r dref ychwaith yn llonni ei galon. Yr oedd yn frith o westai dirwest anghynnes, megis y Cadvan, y Gader a'r California, pur wanllyd oedd y tîm pêl-droed lleol, ac er bod J. Wynn Williams, y llyfrwerthwr yn Sgwâr Cambria, yn cadw stoc amrywiol o lyfrau, ni roddai trigolion y dref bris uchel ar unrhyw drafod gwleidyddol, ac eithrio pan grybwyllid enw'r unben Haydn Jones, un o hoelion wyth Cyngor Sir

Meirionnydd a gŵr a oedd, yn ôl Doc Tom, yn 'rhyw Hitler cyn bod Hitler', neu pan sonnid am ganiatáu trwydded i werthu'r ddiod gadarn yng ngorsaf rheilffordd Tywyn.[7] Ymhyfrydai'r *Towyn-on-Sea and Merioneth County Times* yn y ffaith ei fod yn newyddiadur wythnosol *anwleidyddol*.[8]

Nid oedd fawr ddim ysbrydoliaeth na swcr i'w cael ychwaith yng Nghapel y Bedyddwyr. Enwad y Methodistiaid Calfinaidd oedd y cryfaf yn y dref ac er bod y Bedyddwyr yn gymharol gryf ym mhen dwyreiniol y sir, yr oedd cryn bellter rhwng y capeli llewyrchus a'r eglwys 'wan wan, ddwyieithog' (chwedl Doc Tom) yn Nhywyn.[9] O'i anfodd braidd y mynychai Doc Tom foddion gras oherwydd yr oedd cynifer o Saeson uniaith yn perthyn i'r capel bach fel mai naws ddigon anghymreig a geid yno, ac nid oedd y gweinidog, y Parchedig John Griffiths, yn ddigon o ddyn i fynnu bod y Gymraeg yn cael ei pharchu. Eto i gyd, nid oedd Doc Tom yn ddiffrindiau yno. Yr oedd athro ffiseg Ysgol Tywyn, Richard Moseley Kinsey, yn gyd-addolwr, ac ymhlith y cymeriadau lliwgar a wnaeth argraff arbennig arno yr oedd Israel Williams, gof wrth ei alwedigaeth, a garddwr o'r enw Samuel Edmunds, dau afieithus eu cyfraniad i'r ysgol Sul a'r cwrdd gweddi.

Oherwydd y syrthni hwn, aeth Doc Tom ati i geisio chwistrellu bywyd newydd i'r *Towyn Literary and Debating Society*, cymdeithas a ymgynullai yn Cadvan House ac yr oedd yn gyd-ysgrifennydd iddi ym 1904–5. Yn y cyntaf o'r cyfarfodydd ar 10 Tachwedd 1904 areithiodd yn frwd o blaid y cynnig 'Is war justifiable?', ac ymhen pythefnos cododd eto i eilio cynnig fod llyfrau yn dylanwadu'n fwy ar gymeriad na chyfeillion. Ar 1 Rhagfyr fe'i gwahoddwyd i gyflwyno papur ar fywyd a gwaith Rudyard Kipling, ac er iddo geryddu Kipling am addoli wrth allor imperialaeth canmolodd ei gerddi a dyfynnu darnau ohonynt ag arddeliad. Ef oedd y prif siaradwr hefyd ar 15 Rhagfyr pan gafwyd dadl stormus ar bwnc masnach rydd. Pleidiodd Doc Tom achos diffyndollaeth, gan honni bod caniatáu masnach rydd yn andwyol i amaethyddiaeth a diwydiant. Ond y tro hwn fe'i trechwyd gan ddadleuon E. Derry Evans, cyd-Gardi ac athro hŷn Ysgol Tywyn. Ni chafodd Doc Tom fawr o hwyl ychwaith ym mis Mawrth 1905 pan geisiodd argyhoeddi'r gwrandawyr fod gwragedd yn gweithio'n galetach na dynion. Nid oedd ei galon yn y dasg y noson honno ac aeth ei ddadl i'r gwellt.[10] Er ei fod yn areithiwr poblogaidd, buan y canfu nad oedd trigolion Tywyn yn debygol o'i eilunaddoli fel y gwnaethai myfyrwyr Bangor.

Cododd mwy fyth o ddiflastod arno pan ledodd cynyrfiadau emosiynol Diwygiad 1904–5 i Dywyn o fis Rhagfyr 1904 ymlaen. 'Religious Mania at Towyn' oedd y pennawd bras yn y *Towyn-on-Sea and Merioneth County Times* ar 22 Rhagfyr, a sonnid am bobl ieuainc yn gorfoleddu a llesmeirio yno ac yn Aberdyfi a Llwyngwril. Pan ddaeth Mrs Mary Jones, Islaw'r Ffordd, i gynnal oedfa ym Methel, capel y Methodistiaid Calfinaidd, yr oedd 1,500 o bobl yn bresennol a buwyd yn canu a gweddïo am deirawr. Ffaglwyd y tân diwygiadol fwyfwy ar 27 Chwefror 1905 gan dair cennad, sef Miss Winnie Davies, Ynys-hir, William Jones, Aberdyfi, a Watkin Price, Bedlinog. Cyfareddwyd y dorf gan ganu teimladol Winnie Davies ac ar ddiwedd y cyfarfod gorymdeithiwyd i Sgwâr Corbett i ganu 'Dyma gariad fel y moroedd', 'Throw out the lifeline' a 'Duw mawr y rhyfeddodau maith' mor nerthol fel y bu'n rhaid i'r heddlu ymyrryd a'u hanfon adref. Yn y gwanwyn cafwyd ymweliad gan Miss Rosina Davies a chyffrowyd y trigolion gan ei haddewid y deuai Evan Roberts yno 'if God permits'. Nid un i ildio i rymoedd ysbrydol teimladol oedd Doc Tom a gwgai ar y cenhadon dieithr hyn a 'sŵn a blas Seisnig' eu hefengylu.[11] Nid cynt y plannwyd hadau'r Diwygiad yn y cylch nag y penderfynodd ffarwelio â Thywyn. Mewn cyfarfod o lywodraethwyr yr ysgol ar 20 Mai dywedodd y prifathro fod Doc Tom wedi ymddiswyddo ac er bod yr arholiadau gerllaw caniatawyd iddo ymadael ar 1 Mehefin.[12] Hwyrach fod y prifathro yn falch o weld ei gefn ac yr oedd Doc Tom yn sicr yn falch o ffarwelio ag ef. Yn ei hunangofiant, dim ond pedair tudalen ar ddeg – cyfanswm o 3,130 o eiriau[13] – a neilltuwyd ganddo i hanes ei arhosiad yn Nhywyn, tipyn llai na'r sylw a roddwyd i'r ddwy ysgol arall y bu'n gwasanaethu ynddynt.

Eisoes, ar 9 Mai, buasai yn Lerpwl ar gyfer cyfweliad ar gyfer swydd athro hanes yn yr Ysgol Ganol i Fechgyn yn Bootle. O drwch blewyn yn unig – pleidlais y cadeirydd a'i hachubodd – y'i cipiodd ac, fel y nododd flynyddoedd lawer wedi hynny, symudodd 'i ysgol galed, prifathro dreng a draenogaidd, i ganol Cymdeithasau Cymru Fydd y ddinas, a chymhelri'r bêl-droed ar nawn Sadwrn'.[14] Pan ddechreuodd ar ei waith ar 1 Mehefin cafodd ar ddeall y byddai disgwyl iddo ddysgu Lladin a Saesneg yn ogystal â hanes. Er nad yw'n dweud cymaint â hynny yn ei hunangofiant, gellir synhwyro ei fod wedi edifarhau gadael Cymru lawer gwaith yn ystod ei flwyddyn gyntaf yn Bootle. Bu'n flwyddyn 'aflonydd ac anesmwyth' ac unwaith eto bu croestynnu rhyngddo a'r prifathro. Frederick Gorse oedd y gŵr 'dreng a draenogaidd' y tro hwn; un llym a phlaen ei dafod ydoedd, ac wedi hen arfer â gosod athrawon ifainc ar ben y ffordd. Yn ystod y bore cyntaf anfonodd at yr athro newydd, trwy law un o'r swyddogion, becyn yn cynnwys cyfarwyddiadau eithriadol o fanwl ynglŷn â sut i ymddwyn gerbron dosbarth a sut i drwytho'r disgyblion yn effeithiol. O bryd i'w gilydd deuai Gorse i'r dosbarthiadau i wrando ar Doc Tom yn mynd drwy ei bethau, a byddai'n ei annog i fywiogi ei wersi. Byddai hynny bob amser yn ergyd i falchder Doc Tom a'i duedd oedd ystyfnigo gan achosi 'matches yn tanio o'r ddeutu', chwedl ef ei hun.[15] Eto i gyd, fel y treiglai'r blynyddoedd yn eu blaen, deuai i barchu doniau Gorse fel athro ac i edmygu ei afael gref ar lywodraeth yr ysgol. Yn gyffelyb, gwyddai Gorse fod y Cymro penstiff hwn yn llawn chwilfrydedd ac ymroddiad, ac mai ffolineb fyddai peidio â meithrin ei ddawn.

Bu peth anghydfod hefyd yn ystod ei wythnosau cyntaf oherwydd ei ddull unigryw o lefaru. Y mae'n werth pwysleisio bod pwysau trwm y pryd hwnnw ar athrawon a aned yng Nghymru i ddileu eu hacen Gymreig. Brithir adroddiadau arolygwyr a phrifathrawon â sylwadau megis: 'Emrys Jones (from Mold) has the Welsh accent rather strong when speaking English' a 'James Hedley Jacob's accent would be noticeable out of Wales'.[16] Ni fu acen Doc Tom yn faen tramgwydd o fath yn y byd iddo ym Mangor nac yn Nhywyn, er cymaint cellwair rhai o'i gyfoedion. Ond hwn oedd y tro cyntaf i blant Ysgol Bootle glywed yr iaith Saesneg yn cael ei llefaru gan Gymro o Langynfelyn. Ymhen dim derbyniwyd cwyn gan y cyfarwyddwr addysg oddi wrth sawl rhiant yn honni bod ei acen a'i oslef yn annealladwy ac felly yn annerbyniol. Pan awgrymodd y cyfarwyddwr y dylai astudio'r Saesneg mewn dosbarth nos, gwylltiodd Doc Tom ac wfftio at yr awgrym. Ond rhai cyndyn i ildio oedd y rhieni, a mynegwyd yr un gŵyn wrth y prifathro. Ceisiodd Gorse ddwyn perswâd ar Doc Tom i ymadael â'i lety yn Ffordd Wadham, lle'r oedd Mrs Griffiths, Cymraes wladaidd o Ddyffryn Clwyd, yn gofalu amdano, a symud at deulu lleol a oedd yn llefaru Saesneg o'r iawn ryw yn feunyddiol. Ffromodd Doc Tom a dweud yn bur siarp wrth Gorse na ddaethai i Bootle i 'ddysgu Saesneg gan *landladies* y dre'.[17] Yn ystod y cyfnod hwnnw, wrth gwrs, yr oedd pwysau trwm ar fewnfudwyr o Gymru nid yn unig i ymgymathu ond i gydnabod mai maen tramgwydd oedd y Gymraeg. Yr oedd snobeiddiwch yn rhemp ymhlith y dosbarth canol cyffordus eu byd yn Lerpwl a châi'r Athro J. Glyn Davies gryn sbort wrth wrando arnynt yn ceisio dileu eu hacenion Cymraeg wrth siarad Saesneg.[18] Ond gŵr annibynnol oedd Doc Tom, yn ymhyfrydu yn acen y Cardi ac yn ymwybod â gwerth a grym geiriau, hyd yn oed os oedd eu sŵn yn peryglu 'Saesneg meinfain teimladwy glannau Mersi'.[19]

Ymhen fawr o dro, yr oedd y plant wedi cynhesu ato, yn rhannol, gellid tybio, oherwydd fod ei wersi yn anghonfensiynol ac yn llawn doniolwch. Er y gallai fod yn bigog ac yn biwis ar brydiau, gwyddai'r plant fod ganddo ddiddordeb effro ynddynt a'i fod o ddifrif ynglŷn â'i waith. Cyfunai feistrolaeth lwyr ar ei bwnc â gallu i'w fynegi ei hun yn rymus. Fel y cyfaddefodd, 'gwellhaodd pethau, fel yr ymadewais â'r Ysgol o dan fy nghoron (fwy neu lai)', a chyflwynwyd iddo set gyflawn o weithiau George Meredith a *Modern Studies* gan Oliver Elton, adeg ei ymadawiad ym 1911.[20]

Tref wahanol iawn i Dywyn oedd Bootle, a hwn oedd y tro cyntaf i Doc Tom brofi bywyd mewn ardal ddiwydiannol, liwgar a swnllyd. I ŵr ifanc a fagwyd yng nghefn gwlad Ceredigion, yr oedd yn brofiad gwahanol a gwefreiddiol. Tref ar ei phrifiant oedd Bootle. Ym 1801 pentref di-nod o ryw bum cant o bobl ydoedd, ond yn sgil datblygiad economaidd Lerpwl cynyddodd y boblogaeth i 10,000 erbyn 1861 ac i gymaint â 76,487 ym 1921.[21] Disodlwyd traethau aur yr ardal gan ddociau anferthol, ystorfeydd, melinau, siopau, ffyrdd a rheilffyrdd. Yr oedd y dociau yn hanfodol i'w llewyrch ac nid oedd yr un crwt lleol na wyddai am Cunard, Inman, Guion a White Star. Ym 1906 helaethwyd Doc Langton ac ymhen dwy flynedd yr oedd Doc Brocklebank, sef y cyntaf i'w agor ym 1862, hefyd wedi ei ehangu'n ddirfawr. Pan agorwyd Doc Gladstone gan y Brenin Siôr V a'r Frenhines Mari, dywedwyd mai hwn oedd y doc mwyaf yn Ewrop. Wedi cysgadrwydd Tywyn, yr oedd llewyrch economaidd Bootle yn gryn ryfeddod i Doc Tom ac, fel y dengys y folawd ganlynol, yr oedd llewyrch Bootle yn destun balchder lleol:

Sea breezes, fresh from the crisp waves of the open sea, whip it into life; the air is nowhere stagnant; the sirens of great liners and the North Wall lighthouse with those of huge factories scattered among the streets, reverberate, often with startling nearness, through the entire district and can be heard miles away in adjacent suburbs; in the one field of vision it is possible to catch sight of the shapes of great liners, electric and steam trains at different levels, steam waggons and petrol vehicles, and canal flyboats with their strings of barges, moving smartly about their business.[22]

Yr oedd yr ardal yn frith o adeiladwyr, masnachwyr, peirianwyr, bancwyr a siopwyr da eu byd, llawer ohonynt o dras Gymreig. At hynny, bob blwyddyn dylifai cannoedd o grefftwyr o ogledd Cymru i lannau Mersi i ddilyn eu crefft fel seiri a gweithwyr metel. Câi labrwyr Cymreig, hwythau, ddigonedd o waith yn y dociau, ac ar y rheilffyrdd a'r ffyrdd, heb sôn am y ffatrïoedd a'r ystadau tai a oedd yn brigo megis madarch wedi glaw y bore.[23] Ond yr oedd hefyd wedd lai dymunol i'r dref. Fel y dengys nofel Marion Eames, *I Hela Cnau* (1978), yr oedd cryn dlodi yn bodoli yn y cylch, a'r haen isaf yn bur druenus eu hystad. A'r tafarnau yn ddirifedi a thorcyfraith yn rhemp, nid rhyfedd bod cyfeirio cyson mewn newyddiaduron at '*Brutal Bootle*'.[24] Ni cheir yr un cyfeiriad at y wedd dywyll hon ar fywyd y dref yn *Rhagor o Atgofion Cardi* a gellir priodoli hynny naill ai i anghofrwydd Doc Tom neu, yn fwy tebygol, i'r ffaith ei fod yn fwy cyfarwydd â chwmni'r dosbarth canol cyfforddus – 'gwŷr y fodrwy aur', chwedl R. T. Jenkins – na'r cyffredin rai a drigai yn ardaloedd tlawd, gorboblog a chythryblus Bootle. Nid oedd prinder Cymraeg yn y dref y pryd hwnnw ac yr oedd yn naturiol iddo droi am gwmni a chefnogaeth at Gymry Cymraeg a oedd nid yn unig yn gysurus eu byd ond hefyd wedi ymbarchuso cryn dipyn.

Ar droad y ganrif yr oedd dros ugain mil o Gymry Cymraeg yn byw yn Lerpwl a'r cyffiniau, llawer mwy nag oedd yn byw yng Nghaerdydd. Ystyrid Lerpwl yn brifddinas gogledd Cymru ac un o'r clymau rhwng yr alltudion â'u mamwlad oedd y grefydd Ymneilltuol.[25] Fel y mae D. Tecwyn Lloyd wedi pwysleisio, byddai'r rheini a adawai'r 'hen wlad' am y 'ddinas fawr' yn gofalu bod ganddynt docyn aelodaeth capel, ac yn mawrhau'r fraint o gael addoli mewn capeli mawrion a oedd yn ymdebygu i eglwysi cadeiriol.[26] Yr oedd aelodaeth y capeli hynny yn bur *bourgeois* ac nid yw'n rhyfedd fod eu defosiwn, o leiaf ym marn rhai sinigaidd, yn gyfystyr â pharchusrwydd, mursendod a snobyddiaeth. Ceir profion ddigon hefyd nad oedd y chwerwder a achoswyd pan ddiarddelwyd William Owen Jones, gweinidog Capel Chatham Street, ym mis Mehefin 1901 am ddiota wedi diflannu. Er na fu Eglwys Rydd y Cymry, a sefydlwyd gan Jones a'i gefnogwyr, fyw'n hir, bu'r helynt yn ergyd dost i enwad y Methodistiaid Calfinaidd yn Lerpwl.[27] Buan y sylweddolodd Doc Tom fod yr anghydfod wedi gadael creithiau dwfn, a hawdd credu hefyd ei fod yn bur anfodlon fod Evan Roberts a'i gymheiriaid, ychydig fisoedd cyn iddo gyrraedd Lerpwl, wedi cynnal ymgyrch efengylaidd lwyddiannus yn y dref, gan beri bod sawl cynulleidfa yn canu ac yn gweddïo'n fwy llesmeiriol nag erioed o'r blaen. Llawer nes at ei ddant oedd y pregethu traddodiadol a glywid ym mhulpudau Methodistiaid Lerpwl y pryd hwnnw. Er enghraifft, er bod John Williams, Brynsiencyn, gweinidog Princes Road, wedi gweld ei ddyddiau gorau fel pregethwr erbyn 1905–6, yr oedd yn dal i allu gyrru iasau oer i lawr cefn Doc Tom. Fel diwinydd ac ysgolhaig nid oedd hafal yn y cylch i Griffith Ellis, gweinidog y Methodistiaid Calfinaidd yn Stanley Road, Bootle, rhwng 1876 a 1911. Fel hyn y cloriannwyd gwaith Ellis fel gweinidog gan Doc Tom yn *Y Bywgraffiadur Cymreig*: 'Syberwyd wedi ei thymheru â gras, synnwyr cyffredin yn llawforwyn yr ysbryd; gofal sicr am bethau bychain, doethineb mawr gyda phethau mawrion.'[28]

Ond er nad oedd neb yn fwy dylanwadol ym mywyd ysbrydol a chymdeithasol dinas Lerpwl na gweinidogion y Methodistiaid Calfinaidd, arwr mawr Doc Tom yn ystod ei arhosiad ar Lannau Mersi oedd y Bedyddiwr Peter Williams neu, fel y gelwid ef gan bawb yn ddiwahân, Pedr Hir. Gŵr na chafodd ei haeddiant gan haneswyr yw Pedr Hir a phrin fod dim o'r hyn a gyflawnodd yn hysbys heddiw, ac eithrio'r ffaith mai ef oedd cyfansoddwr yr emyn 'Bydd canu yn y nefoedd', ond fe roes yn ddibrin o'i amser a'i adnoddau er mwyn sicrhau bod bywyd crefyddol a chymdeithasol Glannau Mersi yn ffynnu. Fel yr awgryma ei enw barddol, cawr o ddyn oedd Pedr Hir ac er ei fod ddeugain mlynedd yn hŷn na Doc Tom yr oedd y ddau yn gyfeillion mynwesol. Bu'n athro, yn gigydd ac yn blismon cyn penderfynu mynd i'r weinidogaeth, ac er nad oedd ganddo unrhyw gefndir addysgol colegol, bu'n weinidog y Bedyddwyr yn Balliol Road, Bootle, o 1897 hyd ei farw ym 1922. Fel llawer gŵr hunan-ddysgedig, yr oedd yn ddarllenwr gwancus a rhyfeddai Doc Tom at ei wybodaeth am lên Cymru a diwinyddiaeth. Nid llai rhyfeddol oedd ei angerdd yn y pulpud, cynneddf a'i galluogai i ddylanwadu'n eithriadol ar bobl ifainc.[29] Treuliai Doc Tom oriau lawer yn ei gwmni, yn aml hyd oriau mân y bore, yn trafod pynciau megis gwareiddiad Rhufain, trobwyntiau hanesyddol pwysica'r byd, a throeon trwstan yr 'hen bobl' yng Nghymru. Gan fod Pedr Hir yn gyfarwydd â rhai o feirdd a diddanwyr enwocaf oes Victoria – yn eu plith Nefydd, Cynddelw, Ceiriog, Llew Llwyfo a Talhaiarn – medrai adrodd straeon di-rif amdanynt, straeon y byddai Doc Tom ei hun yn eu hadrodd a'u hailadrodd am flynyddoedd wedi iddo adael Bootle. Ni fyddai'r un cyfarfod o Orsedd y Beirdd yn gyflawn heb araith wladgarol gan Pedr Hir, a chyhoeddwyd pedair ar ddeg o'r areithiau hynny ym 1922. Ceir ynddynt nid yn unig hiwmor byrlymus ond hefyd sylwadau deifiol am 'Sais-addoliad', 'Sais-waseiddrwydd' a 'Dic-Siôn-Dafyddiaeth', a rhaid bod Doc Tom wedi mwynhau rhagflas o areithiau fel 'y Pedair Pedol Arian', 'Hela'r Twrch Trwyth', 'Cwynfan Telyn Cymru' ac 'Ysbryd Glyndŵr' cyn i Pedr Hir eu traddodi ar y maen llog.[30] Ond er na chollai unrhyw gyfle i fynegi ei farn yn ddiflewyn-ar-dafod, gŵr bonheddig a llariaidd oedd Pedr Hir ac yn fawr ei barch yn yr ardal. Yn wir, pan gerddai yn unionsyth a hyderus ar hyd strydoedd Bootle, gellid yn hawdd gredu mai tywysog ydoedd. Ef yn anad neb a ddylanwadodd fwyaf ar Doc Tom yn ystod ei ddyddiau ar Lannau Mersi.

Un o fanteision byw yn Lerpwl y pryd hwnnw oedd fod gwasg Gymraeg ffyniannus yn darparu deunydd darllen eithriadol o fywiog i'r dosbarth canol Cymraeg eu hiaith. Saith mis ar ôl i Doc Tom symud i Bootle cyhoeddwyd rhifyn cyntaf *Y Brython* ar 8 Chwefror 1906, gyda'r nod o 'ddiddori, hyfforddi ac adeiladu' holl ddarllenwyr Cymraeg Glannau Mersi a gogledd Cymru. Ei olygydd oedd John Herbert Jones, neu Je Aitsh fel y'i gelwid, a sicrhaodd y newyddiadurwr ffraeth a miniog hwn mai *Y Brython* oedd papur wythnosol mwyaf diddorol Cymru.[31] Yn nhyb yr Athro J. E. Lloyd, yr oedd y papur yn 'hulio bwrdd . . . amrywiol a maethlon' ar gyfer y Cymry darllengar,[32] ac ymddengys fod y cynnwys, yn enwedig golofn olygyddol ac erthyglau Je Aitsh, mor ddifyr fel y byddai teuluoedd cyfain yn ei ddarllen a'i ailddarllen o'r dechrau i'r diwedd. Mwynheid yn ddirfawr 'y moesoli a'r ebychu hwyliog, y straeon-pregethu' a'r "sylwadau"', ac yr oedd safon y drafodaeth ar faterion gwleidyddol a chrefyddol y dydd yn bur uchel.[33] Un llithrig ei dafod oedd Je Aitsh a dysgodd Doc Tom ganddo liaws o ffeithiau a storïau am bregethwyr y ganrif o'r blaen. Yr oedd gan Je Aitsh hefyd y ddawn i dynnu'r gorau allan o weinidogion llengar y ddinas. Cyfrannodd y Parchedig John Owen Williams (Pedrog), gweinidog gyda'r Annibynwyr yng Nghapel Kensington, Lerpwl, a phrifardd cadeiriol deirgwaith (ym 1891, 1895 a 1900), golofn 'Trwy'r Drych' i'r *Brython* bron yn ddifwlch rhwng 1906 a 1932. Gŵr ffraeth a doniol ei hiwmor oedd Pedrog a daeth ef a Doc Tom yn ffrindiau pennaf. Un digrif hefyd oedd William Thomas Edwards (Gwilym Deudraeth), brodor o Gaernarfon, mab i gapten llong, ac englynwr penigamp. Fe'i hanfarwolodd ei hun yn Lerpwl trwy lunio englyn cofiadwy i'r 'Canada Dock' pan fethodd tywysog Cymru â chyrraedd mewn da bryd i'w agor, a hithau'n ddiwrnod crasboeth:

Rhy boeth, eiriasboeth yw'r hin – i d'aros,
Dirion fab y Brenin;
Dyro er mwyn dy werin
Canada Dock yn dy Din.[34]

Yr oedd doniolwch fel hyn yn apelio'n fawr at Je Aitsh ac yr oedd yn fwy na balch o gyhoeddi ffrwyth awen beirdd Lerpwl. Cafodd Doc Tom hefyd y fraint o'u cwmni hwyliog lawer gwaith, ac mor ddiweddar â'r 1950au daliai i gofio am un seiat gofiadwy mewn caban llong yn Noc Brocklebank, Bootle, ym mis Mawrth 1910. Daethai Ap Lleyn, Madryn, Pedrog, Pedr Hir, Gwilym Deudraeth a Doc Tom (yr unig un na fedrai gynganeddu) ynghyd i fwyta bara a chaws, yfed coffi (yr oedd y pla dirwestol yn gyfyngedig i'r dosbarth canol Cymraeg yn Bootle), smocio, ac i ddifrïo grawnsypiau prydyddol ei gilydd. Dyna pryd y lluniodd Pedrog glo anfarwol i englyn: 'A Phedr Hir, meddir, yw'r mast.'[35]

Yr oedd cynifer o gymdeithasau crefyddol, llenyddol a gwleidyddol i'w mynychu gydol yr wythnos fel yr oedd modd i Gymry alltud dosbarth-canol ar Lannau Mersi fyw eu bywydau bron yn gyfan gwbl trwy gyfrwng y Gymraeg. Sefydlwyd Cymdeithas Gymraeg yn Lerpwl ym 1884 yn sgil yr Eisteddfod Genedlaethol gyntaf i'w chynnal yn y ddinas, ac yr oedd Ymneilltuwyr Rhyddfrydol yn parhau i bleidio'n eiddgar ddelfrydau Cymru Fydd. Erbyn i Doc Tom gyrraedd, yr oedd tair cangen o Gymdeithas Cymru Fydd wedi eu sefydlu – yn Anfield, yn South End, ac yn Bootle. Fe'i penodwyd yn Ysgrifennydd Llên Cymdeithas Cymru Fydd Bootle, ac wedi iddo draddodi darlith ar 'Prydain Fawr a Mantol y Gallu' ym mis Hydref 1906 fe'i disgrifiwyd yn Y Brython fel 'gŵr ieuanc hynod gyfarwydd mewn gwleidyddiaeth, ac sydd yn rhwym o fod o wasanaeth mawr i'w gydgenedl yn y ddinas'.[36] I Doc Tom, peth braf oedd cael cyfle i geisio hybu unwaith yn rhagor amcanion Cymru Fydd, ac nid llai pleserus oedd gwahodd darlithwyr 'mawr' i'r cylch. Ymhlith y rhai a fu'n traethu yn Bootle rhwng 1906 a 1912 yr oedd J. E. Lloyd (ar 'Rhys ap Gruffydd, arwr y De'), Pedr Hir ('Lewys Glyn Cothi'), Llew Tegid ('Traddodiadau a Chwedloniaeth Cymru'), Elfed ('Hanes Llenorion y Genedl') a J. Glyn Davies ('Cymry'r Bymthegfed Ganrif').[37] Ar sail teitlau'r darlithiau hyn, go brin fod y gymdeithas mwyach yn hogi min ar ddadleuon Cymru Fydd, a'r tebyg yw fod mwyafrif yr aelodau yn mynychu'r cyfarfodydd er mwyn ymddiwyllio, sgwrsio a smocio. Pan symudodd cangen Bootle o Gymdeithas Cymru

Fydd i gartref newydd yn 252 Stanley Road ym mis Hydref 1907 sicrhawyd bod ystafell ysmygu helaeth yno, a rhaid bod y cyngerdd ysmygu ('Llên, Cân, a Phibell') a gynhaliwyd ar 7 Rhagfyr ac a ddisgrifiwyd yn Y Brython fel 'tebycach i eiddo Annwn nag i ystafelloedd Cymru Fydd' wedi dwyn i gof Doc Tom atgofion melys am ei ddyddiau yng Ngholeg Bangor.[38]

Gwnaeth un darlithydd gwadd lliwgar ac anghonfensiynol argraff arbennig ar Doc Tom, sef Robert Scourfield Mills alias Arthur Owen Vaughan alias Owen Rhoscomyl, awdur sawl nofel ecsotig a'r gyfrol nodedig Flame-Bearers of Welsh History (1905). Y mae'n drueni na welodd neb yn dda, hyd yn hyn beth bynnag, i lunio ffilm yn adrodd hanes bywyd Rhoscomyl ac yn dadlennu'r gwrthgyferbyniadau a'i nodweddai. Fe'i ganed (yn fab i Gymraes) yn Lloegr, ond fe'i cyfrifid ymhlith Cymry mwyaf gwlatgar ei ddydd; brwydrodd o blaid imperialaeth Seisnig yn Ne Affrica ac yn y Rhyfel Mawr, ond fe'i cyffelybid gan ei gyfoedion i Glyndŵr ar ei newydd wedd. Pan benderfynwyd llwyfannu Pasiant Cenedlaethol Caerdydd (neu 'Rhwysg Hanes Cymru' fel y mynnai Rhoscomyl ei galw) yng Ngerddi Sophia yn haf 1909, dewiswyd Rhoscomyl i lunio'r sgript: croniclodd saith ar hugain o ddigwyddiadau allweddol yn hanes Cymru rhwng arwriaeth Caradog a Brwydr Bosworth ym 1485.[39] Dyrchafu bri hanes Cymru oedd nod Rhoscomyl wrth lunio Flame-Bearers of Welsh History a'i obaith oedd y câi'r gyfrol ei mabwysiadu yn werslyfr yn ysgolion Cymru. Gwyddai Doc Tom yn dda amdani, ond fawr ddim am ei hawdur nes iddo orfod ei gyrchu ar fws o ben draw dinas Lerpwl i bencadlys Cymru Fydd yn Bootle i draddodi ei ddarlith. Yn ystod y daith adroddodd Rhoscomyl hanes buddugoliaeth fawr Cymru dros y Crysau Duon yng Nghaerdydd yn Rhagfyr 1905, gan enwi holl chwaraewyr Cymru fwy nag unwaith. Er mai dyn y bêl gron oedd Doc Tom, ni allai lai na rhyfeddu at allu Rhoscomyl i ddisgrifio cyffro'r gêm gofiadwy honno. Erbyn cyrraedd pen y daith yr oedd Rhoscomyl ar lwgu a bu raid anfon am bastai anferth i'w ddiwallu.[40] Fe'i llowciodd ar ei union gerbron y Cardi cegrwth cyn mynd yn ei flaen i draddodi darlith wefreiddiol ar hanes Brwydr Bosworth, darlith a gyhoeddwyd wedi hynny yn The Nationalist ym 1908.[41] Cyfareddwyd Doc Tom gan wybodaeth fanwl ac ynni ffrwydrol Rhoscomyl, a rhaid bod gallu'r darlithydd i osod stamp ei bersonoliaeth ar y pwnc dan sylw wedi gadael ei ôl arno. Rai blynyddoedd wedi hynny, fe'i gwelodd eto yn y cnawd pan ofynnwyd i'r ddau ohonynt fod yn gyd-westeion mewn rhyw gyfarfod cymdeithasol yn

Rhosllannerchrugog. Gwahoddwyd Rhoscomyl i siarad gyntaf a thraethodd mor ysgubol o faith am wrhydri'r Cymry o ddyddiau Catraeth ymlaen nes i Doc Tom anobeithio'n llwyr a sleifio'n ddistaw allan o'r ystafell er mwyn dal y trên olaf yn ôl i Lerpwl.[42] Ni fu ddim dicach wrth yr hen anturiaethwr; yn wir, bu rhai o gampau rhyfeddol Rhoscomyl yn destun sawl saga faith ganddo am flynyddoedd wedi ei farw ym 1919.

Diolch i ddylanwad darlithwyr fel hyn, magai Doc Tom fwy o hyder fel traethwr. Ddiwedd Mawrth 1907 rhoes ddarlith awr a hanner ar 'Hanes Cymru' i Gymdeithas Gwŷr Ieuainc Capel y Bedyddwyr, Balliol Road, 'a chadwodd bawb mewn hwyl hyd y diwedd'.[43] Byddai hefyd yn beirniadu mewn cyfarfodydd cystadleuol yn y capel hwn. Ac am y tro cyntaf erioed dechreuodd ymddiddori ym myd y ddrama. Yr oedd ei gyfaill Pedr Hir yn ffigur o bwys yn hanes datblygiad y ddrama Gymraeg a phan berfformiwyd ei ddrama 'Moses: O'r Cawell a'r Môr Coch' – gwaith a oedd yn cynnwys caneuon ac areithiau yn ogystal â dialog – ar noson ddrycinog yn y Masonic Hall, Bootle, ar 9 Mawrth 1907 yr oedd y neuadd yn orlawn. Lluniodd Doc Tom adolygiad tra chanmoliaethus ar berfformiad y bobl ifainc a'i gyhoeddi, dan y ffugenw 'Cardi', yn Seren Cymru.[44] Ychydig a wyddai y pryd hwnnw y deuai ei awr fawr ef ei hun ar y llwyfan ymhen tair blynedd. Ar 16 Ebrill 1910 daeth oddeutu saith gant o bobl ynghyd yn y Gordon Institute, Bootle, i wylio drama newydd Pedr Hir, Owain Glyndŵr (drama a gyhoeddwyd bum mlynedd yn ddiweddarach i gofio pum canmlwyddiant honedig marw Glyndŵr).[45] Drama yn cynnwys pedair act, dau ar hugain o actorion, a byddin o werinwyr, macwyaid, milwyr, swyddogion a chenhadon ydoedd, a bu ymarfer hir arni. Yr oedd yn ddrama anghyffredin hefyd oherwydd ei bod yn ddwyieithog. Llefarai'r Cymry yn eu mamiaith yn y mesur diodl, a thraethai'r Saeson – gwŷr fel y Brenin Harri IV a Syr Gilbert Talbot – mewn blank verse Saesneg. Chwaraewyd rhan Meredudd, un o feibion Glyndŵr, gan Doc Tom ac y mae'n drueni mawr nad oes gennym lun ohono wedi ei wisgo mewn coban werdd, llodrau gwynion ac 'yslopanau' (slippers). Daeth ei foment fawr pan geisiodd ddysgu rhywfaint o Gymraeg i Syr Edmwnt Mortimer. Bron na ellir clywed cytseiniaid y Cardi yn clecian wrth ddarllen y darn canlynol:

Syr Edmwnt   . . . a little Welsh may be useful in many ways.
Come, will you teach me.

Meredudd	With all my heart. Here's to begin – Hwch goch
	A chwech o berchyll cochion bychain bach.
Syr Edmwnt	Meredudd, that is awful.
Meredudd	But try this, –
	Iach y boch, lle iach i'ch llochi, – llwch aur
	Fel lluwch eira ichwi;
	I'ch buchedd ewch heb ochi,
	Ewch i'ch hynt, yn iach â chwi.[46]

Cafodd gymeradwyaeth fyddarol ar ôl yr olygfa hon, a bu Je Aitsh yn fawr ei glod i ysbryd gwladgarol a doniolwch y ddrama. Fel hyn y cloriannodd gyfraniad Doc Tom:

'Roedd T. R. yn *Feredydd* campus; ac nid gwaeth gan y dyrfa cawsai fwy fyth i'w ddweyd, er fod ganddo doraeth. Yn hapus a hamddenol ar y llwyfan, a'i lygeidio direidus yn yr Olygfa Garu wrth gogio dysgu Cymraeg i Syr Edmwnt Mortimer, yn gweddu iddo i'r dim. Y mae efe'n gyfarwydd â'r cyfnod a'i helyntion blin, yn drwyth-ymdrwyth o ysbryd y ddrama, ac yn codi i lawer uwch tir na'r actiwr anghynefin a diddysg. Yr unig fefl arno gan y bobl yn y seddau cefn ydoedd ei barabl gogyflym yn nhafodiaith Aber Teifi, sy anghynefin i glust Ogleddol Cymry Lerpwl.[47]

Cafwyd y fath lwyddiant ysgubol fel y penderfynwyd ail-lwyfannu'r ddrama (ar ffurf ddiwygiedig) yng nghanol dwndwr etholiad 1910, ac unwaith eto serennai Doc Tom: 'Yr oedd *Meredydd* yn ei afiaith y tro hwn eto, a gorfoledd i bawb oedd ei weled yn dod i'r llwyfan.'[48] Bellach yr oedd yr athro ifanc hefyd yn adnabyddus fel darlithydd ac actor a chanddo fwy nag un edmygydd addolgar yn Bootle a'r cyffiniau.

Ni pheidiodd ei ddiddordeb mewn pêl-droed ychwaith. Os rhywbeth, cynyddodd yn ddirfawr yn sgil y cyfle i wylio sêr pennaf Prif Gynghrair Pêl-droed Lloegr ar feysydd Parc Goodison ac Anfield. Wrth reswm, gwyddai'n dda am yr ymdderu rhwng Pabyddion a Phrotestaniaid Lerpwl, a ffiaidd ganddo oedd gorymdeithiau banerog a swnllyd yr *Orangemen*, a'r gynnen rhwng cefnogwyr y ddau brif dîm pêl-droed. Y pryd hwnnw byddai mwyafrif y Cymry a drigai ar Lannau Mersi a'r rheini a deithiai o ogledd Cymru i'r ddinas i wylio gemau ar brynhawn Sadwrn yn cefnogi tîm Everton, ac y mae'r ffaith mai pleidio achos tîm Lerpwl a wnâi Doc Tom yn arwydd pellach o'i annibyniaeth barn: 'yr wyf fi'n falch', meddai, 'o fod yn un o'r lleiafrif.'[49] Bu dathlu mawr ar ddiwedd tymor 1905–6 oherwydd cipiodd Lerpwl bencampwriaeth Adran I ac enillodd Everton Gwpan Cymdeithas Pêl-droed Lloegr. Er na lwyddodd tîm Lerpwl i brofi cystal llwyddiant wedi hynny tan 1920–1, yr oedd graen bob amser ar eu chwarae.[50] Ymhlith nifer o gymeriadau diddorol yn eu tîm yr oedd dau ffefryn pennaf Doc Tom, sef y gôl-geidwad Sam Hardy a'r canolwr Alex Raisbeck. Un tra gwahanol i L. R. Roose oedd Hardy; nid *showman* mohono, ond telpyn o graig ddibynadwy a doeth rhwng y pyst. Bu Doc Tom yn sgwrsio ag ef droeon. 'You must watch the feet of the oncoming forwards very carefully,' meddai wrtho ryw dro. 'Not me,' oedd yr ateb, 'I watch their eyes.' Mab i löwr oedd yr Albanwr Raisbeck ac edmygai Doc Tom ei 'ddifrifwch Sgotaidd' a'i benderfyniad di-ildio yng nghanol amddiffynwyr Lerpwl. Ymddangosodd yn lliwiau Lerpwl ar 340 o achlysuron, gan frwydro am bob pêl yn ddewr a hyderus.[51]

Weithiau hefyd câi'r fraint o wylio'r digymar Billy Meredith, y pêl-droediwr enwocaf yn hanes y bêl gron yng Nghymru. Fe'i gwelodd yn gwisgo lliwiau Cymru am y tro cyntaf ym 1900 ar faes Llandudno pan gurwyd Iwerddon o ddwy gôl.[52] Aeth pum mlynedd heibio cyn iddo weld ei ddoniau athrylithgar ar yr asgell yr eildro, y tro hwn yn gwisgo lliwiau Manchester City ar faes Everton. Erbyn hynny yr oedd wedi ennill dau gap ar hugain allan o gyfanswm o wyth a deugain a ddaethai i'w ran erbyn iddo ymddeol ym 1925. Rhwng 1894 a 1925 chwaraeodd Meredith 1,568 o gemau, gan sgorio 470 o goliau.[53] Ar y maes gallai ymddangos yn sobor o ddiniwed yn ei drowsus hir llac ond, fel y sylweddolodd Doc Tom wrth ei wylio ym 1905, yr oedd yn rhedwr iasol o dwyllodrus pan oedd y bêl wrth ei draed:

> Cychwynnodd yr hanner cefnwr amdano ond yn rhy ddiweddar; ystumiwyd y coesau ceimion yn sgilgar rhag clun a morddwyd y cefnwr, ac wele ef yn ei gornel ddewisol, maes cyfyng ei amryfal wyrthiau. Nid oedd undyn yn eistedd ar y *stands* erbyn hyn, llygaid pawb ar lawn dreth yn dilyn traed chwimach na thraed unrhyw ddawnsiwr . . . yr oedd y Cymro wedi codi'r gêm o ganol ffolineb ffwndrus y mecanyddion i fyd athrylith yr artist, wedi newid osgo a chywair a thymheredd pethau, a phrofi medr y gŵr ymddangosiadol ysgafala i godi cynulleidfa ar ei thraed a dal anadl hanner can mil o bobl.[54]

Arferai Thomas Parry ddweud nad oedd raid i'r sawl a fyddai yng nghwmni Doc Tom yn ei henaint wneud fawr ddim ond gwrando, a hyd yn oed mor ddiweddar â'r 1950au ni pheidai'r straeon afieithus am gampau'r athrylithgar Billy Meredith ar y meysydd pêl-droed cyn y Rhyfel Mawr.

Ar 16 Tachwedd 1911 nodwyd yng ngholofn 'O Brig y Lleifiad' yn *Y Brython* fod Doc Tom wedi derbyn swydd athro hŷn yn Ysgol Uwchradd Maesteg, ac y mae'n amlwg fod y newyddion wedi tristáu llawer o'i gyfeillion:

Gresyn garw; canys yr oedd o'n gefn mor gryf i bopeth Cymreig yn Bootle a Lerpwl. Bu'n biler a cholofn Cymdeithas Cymru Fydd Bootle ar hyd y blynyddau; efe oedd ei llefarydd hyotlaf, tanbeidiaf, ac anhawsaf ei godymu; ac nid oedd neb mwy hyddysg na chryfach ei afael ar bynciau'r dydd – Hanes a Gwleideg yn arbennig. Mynych y darlithiai i Gymdeithasau llenyddol Glannau'r Mersey ar faterion felly; a bydd twll a phall am dano mewn llawer ffordd – ac yn Eglwys Bedyddwyr Balliol Road, lle'r oedd yn weithiwr mor ddygn. Boed gymaint halen puro Morgannwg ac ydoedd o halen puro Lerpwl, ac fe wna'r tro.[55]

Ar 15 Rhagfyr trefnwyd cyfarfod arbennig yn Ysgoldy Balliol Road i ddymuno'n dda i Doc Tom yn ei swydd newydd. Cafwyd anerchiadau hwyliog gan Hugh Roberts, Trefor, Pedr Hir ac eraill, a rhoddwyd clo teilwng i'r noson gan englyn Madryn:

Tra hyn o waith tro annheg – yw cwyno,
    Caned pawb delyneg,
Er adfywio'n Brythoneg
Mae eisiau Tom ym Maesteg.[56]

Ni wyddys paham y penderfynodd Doc Tom ymgeisio am swydd ym Morgannwg, ond y mae'n fwy na thebyg mai'r gyflog uwch a'r her newydd a'i denodd i Gwm Llynfi. Er 1910 yr oedd wedi adfer hen berthynas â'r ferch y bu'n ei chanlyn mewn dirgel leoedd fel 'y sticil ar y ffordd i Lasinfryn'[57] tra oedd yng Ngholeg Bangor ar ddechrau'r ganrif. Yn hytrach na gwylio campau'r sêr ar faes pêl-droed Anfield, teithiai ar brynhawnau Sadwrn i weld Mary Roberts a oedd erbyn hynny yn athrawes yn Hen Golwyn. Dyfnhaodd y berthynas rhyngddynt a chyn gadael Glannau Mersi ym mis Rhagfyr 1911 y mae'n rhaid bod y ddau wedi cytuno i briodi yr haf canlynol.

Erbyn 1902 yr oedd cant namyn pump o ysgolion canol wedi eu sefydlu yng Nghymru – cryn gamp, o gofio tlodi'r wlad a'r diffyg grantiau o du'r llywodraeth. Fodd bynnag, yr oedd bylchau amlwg yn y meysydd llafur. Erbyn 1907 dim ond 47 o'r ysgolion hynny a oedd yn dysgu Cymraeg a dywedid am y lleill eu bod yn ymdebygu fwyfwy i ysgolion gramadeg Lloegr. At hynny, cwbl annigonol oedd y ddarpariaeth ar gyfer dysgu gwaith coed ac astudiaethau busnes. Gwendid amlwg arall oedd prinder ysgolion o'r fath yn ardaloedd diwydiannol de Cymru.[58] Ond yn sgil pasio Deddf Addysg 1902 yr oedd hawl gan awdurdodau lleol i sefydlu ysgolion uwchradd bwrdeistrefol, ac o ganlyniad i hynny yr agorwyd yn swyddogol Ysgol Uwchradd Maesteg yn Nhŷ Plasnewydd (hen gartref rheolwr Gweithfeydd Haearn Maesteg) yn Stryd y Castell ar 8 Ionawr 1912. Yn ei araith agoriadol honnai'r henadur Evan Edward Davies y byddid yn croesawu pob plentyn deallus: 'The school [is] for no class in particular; intellect alone [is] required.'[59] Pan agorwyd drysau'r ysgol drannoeth yr oedd gan y prifathro, G. Stanley Griffiths, 5 aelod staff llawn-amser, 2 gynorthwyydd rhan-amser, a 107 o blant ar y llyfrau, y mwyafrif ohonynt yn hanu o ardal a oedd yn ymestyn o Abergwynfi a Glyncorrwg i Gwm Garw. Ceid pedair ystafell yn y prif adeilad a labordy Cemeg ac ystafell ddarlithio mewn adeilad to sinc cyfagos.[60] Nid oedd unrhyw fwriad ar y pryd i'r ysgol fod yn fwy na chartref dros dro ond, oherwydd y Rhyfel Mawr yn bennaf, gohiriwyd y bwriad i adeiladu ysgol uwchradd newydd a phan agorodd honno ei drysau ar 6 Rhagfyr 1922 dim ond dau, sef y prifathro a Doc Tom, a oedd yn weddill o'r staff gwreiddiol. Gan aralleirio geiriau'r proffwyd Eleias, meddai G. S. Griffiths: 'We only are left.'[61]

Tref ddiwydiannol, brysur a stwrllyd oedd Maesteg pan symudodd Doc Tom yno i fyw yn niwedd 1911. Epil y diwydiannau haearn a glo ydoedd ac yr oedd yn dal i gynyddu o ran ei maint a'i phwysigrwydd. Cynyddodd ei phoblogaeth o 16,341 ym 1901 i 27,075 ym 1911 ac yr oedd yn agos i chwe mil o feibion dros ddeg oed yn gweithio yn y glofeydd.[62] Ym 1824, sef blwyddyn sefydlu Cwmni Gweithfeydd Haearn Maesteg, y dechreuwyd diwydiannu o ddifrif yng Nghwm Llynfi, ond ymhen hanner canrif yr oedd oes yr haearn wedi darfod amdani ac o gyfeiriad y glofeydd bellach y clywid sŵn yr hwteri'n galw.[63] Yr oedd glo o safon arbennig o uchel yng nglofeydd Caerau, Coegnant, Cwm-du, Garth ac Oakwood, a chan fod cannoedd lawer o ddynion ifainc wedi dod i'r ardal o siroedd cyfagos i chwilio am waith yr oedd yn anorfod y byddai tref Maesteg yn tyfu'n gyflym. Yn *Kelly's Directory* am 1920 fe'i disgrifir yn 'large, populous and straggling', ond hyd yn oed mor ddiweddar â 1923 yr oedd trigolion

6. Staff Ysgol Uwchradd Maesteg ym 1914. Gwelir Thomas Richards yn eistedd
wrth ymyl y prifathro G. Stanley Griffiths.
(Llun: Llyfrgell Genedlaethol Cymru).

y dref yn dal i gwyno'n arw am nad oedd ganddynt olau trydan,
baddonau cyhoeddus, canolfan hamdden na chofeb goffa i'r rhai a
gollwyd yn y Rhyfel Mawr.[64] Fel llawer o drefi diwydiannol cyffelyb,
yr oedd prinder gwasanaethau cyhoeddus ym Maesteg a'i thrigolion yn
ofidus iawn ynglŷn â safonau glendid. Digon llym ei gondemniad fu'r
bardd Evan Rees (Dyfed):

> Nid Teg Faes, ond maes y mwg, – maes o dips,
> Maes o dai mewn tewfwg;
> Diau gweled eu golwg
> Sobrai drem yr ysbryd drwg.[65]

Yn y cylch hwn yr oedd cyfran uchel o blant dan flwydd oed yn
marw o'r dwymyn goch, difftheria, y pas a'r dolur rhydd, a brithid
papurau newydd lleol â chyfeiriadau at ddamweiniau angheuol yn y
pyllau glo. Ni cheir dim sôn yn atgofion Doc Tom am y wedd
beryglus hon ar fywyd yr ardal nac ychwaith am y trallod a achosid
yn ystod streiciau. Rhaid bodio tudalennau'r *Glamorgan Gazette* i
ganfod penawdau fel 'Slept on Rags', 'Son strikes father with a
Poker' ac 'Alcoholic Incitement' i ganfod natur y gymdeithas.[66] Nid
pleidiwr y proletariat oedd Doc Tom: Gladstone a Lloyd George
oedd ei arwyr ef, ac nid oedd ganddo ddim amynedd, er enghraifft,

ag eithafwr tybiedig megis A. J. Cook, gŵr a gafodd fonllefau o gymeradwyaeth gan lowyr yr ardal yn ystod ei ymweliad â'r dref ym mis Ionawr 1926. Fel y cawn weld, edmygai Doc Tom Vernon Hartshorn, AS Llafur dros ranbarth Ogwr, yn fawr, ond gwnâi hynny, o leiaf yn rhannol, am nad oedd 'dim o'r ymfflamychwr' ynddo.[67] Ac yng nghylchoedd dosbarth-canol Ymneilltuol y trôi gan amlaf.

Ar fore Mercher, 21 Awst 1912, a hwythau ill dau yn 34 oed, priodwyd Doc Tom a Mary Roberts, Caeronwy, gan y Parchedig Morris Williams yng nghapel yr Hen Gorff ym Maladeulyn, yn Nyffryn Nantlle. Yn ôl un gohebydd, 'yr oedd yn bresennol hefyd fagad o ardalwyr twymgalon Nantlle, yn gwylio pob smic gyda diddordeb, ac yn falch o weled un o'u rhianedd yn cerdded mor gryf a glân at yr allor wen'.[68] Yr unig ferch ffermymhlith nifer o frodyr a aned i Thomas a Mary Roberts, Caeronwy, oedd Mary Roberts ac ymddengys ei bod wedi gadael y coleg ym Mangor yn haf 1901 heb raddio.[69] Serch hynny, fe'i penodwyd yn athrawes yn Hen Golwyn ac, ym 1910, ailgydiodd hi a Doc Tom 'yn y rhwyfau segur'.[70] Ar ôl y briodas a'r mis mêl (yn Nhywyn o bobman!) ymgartrefodd y ddau yn 8 Stryd y Castell, gerllaw'r ysgol ym Maesteg. Gwraig dawel, addfwyn a charedig oedd Mary, a bu'n gefn amhrisiadwy i'w gŵr am ddeugain mlynedd. Lluniwyd nifer o gerddi cellwerus gan feirdd Glannau Mersi i ddathlu'r briodas. Gan Madryn y cafwyd yr orau, sef yr englynion canlynol:

> Wedi hir oedi a herio – ei fod
>   Am fyw fel y mynno;
> Tom a glwyfwyd, daliwyd o
> Gwrided am wadu'i gredo.

> Ond iddo ef nid oedd afiaith – ym myd
>   Y meudwy diobaith;
> Gore dyn gwraig ar y daith,
> Mŷg i Dom ei gydymaith.

> Ei wynfyd yn ei wenferch – a ganfu,
>   Ac o'i enfawr draserch
> Teimlai pan yn ei hanerch
> Y swyn mawr sy' nghusan merch.

> Mis mêl fo'u hoes ddihelynt – ar ei hyd
>   Heb air croes fyth rhyngddynt.
> Crud hedd fo'u cariad iddynt
> A nef ddi-ail fydd eu hynt.[71]

Ond taflwyd cysgod dros y briodas. Bythefnos ynghynt, sef ar 7 Awst, bu farw Edward Llewelyn, brawd iau Doc Tom, o'r dicáu yn 28 oed.[72] Brwydrasai'n ddewr am bedair blynedd yn erbyn afiechyd a oedd yn dwyn ymaith gynifer ag un o bob saith o drigolion Cymru, a dim ond ar ôl trafodaeth faith gyda'r rhieni drylliedig y penderfynwyd bwrw ymlaen â'r briodas. Meddai Doc Tom wrth J. E. Lloyd: 'we did not think, after a severe mental struggle, that it would be well to interfere with the arrangements we had made'.[73] Yn ystod yr haf canlynol bu'n rhaid iddo ddychwelyd i Ynystudur i gynorthwyo ei dad gyda'r cynhaeaf gwair, ond peidiodd ei gysylltiad teuluol â'i sir enedigol pan fu farw ei rieni ym 1915. Bu farw Jane Richards yn 69 mlwydd oed ar 15 Ebrill, ac Isaac Richards yn 71 mlwydd oed, ar 24 Medi. Fe'u claddwyd yn yr un bedd ym mynwent Capel y Bedyddwyr, Tal-y-bont.[74]

Erbyn hynny yr oedd dros 100,000 o Gymry wedi ymuno â'r Lluoedd Arfog ac yn benderfynol o ddysgu gwers i'r Kaiser. Gwyddom erbyn hyn na ddarfu i'r Cymry ruthro mor eiddgar ag y tybiwyd i ymuno â'r fyddin Brydeinig, er gwaethaf rhethreg y Parchedig John Williams, Brynsiencyn, ac eraill tebyg iddo.[75] Eto i gyd, yr oedd pwysau seicolegol cynyddol arnynt i ddangos parodrwydd i ymladd dros eu mamwlad. Fel y crybwyllwyd eisoes, ni thybiai Doc Tom mai gweithred anghristnogol neu anghymreig oedd rhyfela yn erbyn gelyn dieflig ac nid oedd ganddo rithyn o gydymdeimlad â gwrthwynebwyr cydwybodol. Cymaint oedd ei ffydd yn y Dewin o Ddwyfor, yn enwedig ar ôl ei benodi'n Brif Weinidog, fel na allai lai na cheisio ymrestru ar gyfer gwasanaeth milwrol dan Gynllun Derby, cynllun a ddaeth i rym yn Hydref 1915. Ond gan fod arweiniad Asquith mor simsan a pherygl gwirioneddol y byddai Prydain yn colli'r dydd ar faes y gad, pasiwyd Deddf Gorfodaeth Filwrol ym mis Ionawr 1916, deddf a oedd yn caniatáu gwysio pob gŵr holliach a chymwys rhwng 18 a 41 oed i ymuno â'r Lluoedd Arfog.[76] Wrth ddarllen y *Glamorgan Gazette* a sylwi ar benawdau fel 'Show your Patriotism', 'Under the Union Jack' a 'We are fighting for Life',[77] teimlai Doc Tom reidrwydd i ymrestru ond, yn ffodus iddo ef a'i deulu, fe'i gwrthodwyd am resymau meddygol. 'Llygaid gweinion', meddai, 'a fu'n achubiaeth i mi' ac er iddo ymddangos gerbron sawl bwrdd meddygol, hyd yn oed mor ddiweddar â 1918, fe'i dyfernid yn C3 bob tro.[78] O ganlyniad fe'i harbedwyd rhag trallodion hunllefus y lladdfa yn Ffrainc. Tybed a wyddai ar y pryd mai dau o'r ymgyrchwyr mwyaf jingoaidd oedd y Prifathro Reichel a Syr John Morris-Jones, dau nad oedd ganddo lawer o olwg arnynt? Beth bynnag am hynny, ni fu dau o'i gyd-athrawon a dau o'i gyn-ddisgyblion mor ffodus; fe'u lladdwyd ar faes y gad.[79] Ceisiai plant yr ysgol wneud eu rhan drwy ddod â cheiniog bob wythnos i brynu edafedd er mwyn galluogi athrawesau a merched yr ysgol i wau hosanau, sgarffiau a helmedau a'u hanfon at wraig Lloyd George i'w dosbarthu ymhlith y catrodau Cymreig.[80] Yn ystod y blynyddoedd hyn o gyni ac ofn y dechreuodd Doc Tom a Mary fagu teulu: ganed Rhiannon ar 18 Chwefror 1915 a Nest chwe niwrnod ar ôl y cadoediad ym 1918. Mawr oedd y gorfoledd ym Maesteg, fel ym mhobman arall yng Nghymru, pan ddaeth yr heldrin i ben.

Bu Doc Tom yn ffodus yn ei brifathro ym Maesteg. Gŵr llariaidd a chymodlon oedd G. Stanley Griffiths ac, yn wahanol i brifathrawon Ysgolion Tywyn a Bootle, tybiai fod ymddygiad ac ymarweddiad disgyblion cyn bwysiced, onid pwysicach, na llwyddiant mewn arhol-iadau. Efallai, wrth gwrs, ei fod o'r farn nad oedd deunydd myfyrwyr prifysgol ym meibion a merched glowyr garw yr ardal. Beth bynnag, un tra gwahanol i'r Gorse 'draenogaidd' ydoedd, a chyd-dynnai'n dda â'i staff. Ac yntau'n athro hŷn, disgwylid i Doc Tom nid yn unig ddysgu hanes, Lladin a Chymraeg ond hefyd roi arweiniad, yn enwedig i'r athrawon iau ac i'r plant hŷn. Daeth ei gyfle cyntaf i wneud argraff yn gynt na'r disgwyl. Flwyddyn ar ôl ei benodiad daeth y newyddion brawychus fod arolygiad teirblwydd i'w gynnal ac yr arweinid y fyddin o arolygwyr gan neb llai na'r enwog O. M. Edwards, un o arwyr pennaf Doc Tom. Nid cynt y clywodd y newydd-ion nag yr aeth ati i baratoi ar gyfer y cloriannu, a phan agorodd Edwards ddrws ei ystafell am ddeg ar y bore Mercher penodedig, sef 5 Mehefin 1913, yr oedd Doc Tom wedi sicrhau bod ei ddisgybl gorau yn adrodd yn Gymraeg adnodau allan o 1 Corinthiaid II, 23–6, er mai pwnc y wers oedd y Diwygiad Protestannaidd. Gwyddai y byddai clywed darn o'r Ysgrythur yn cael ei adrodd yn yr heniaith yng nghanol maes glo de Cymru yn cyfareddu'r prif arolygydd – ac felly y bu.[81] Dotiodd O. M. Edwards at ddull gwahanol Doc Tom o gynnal gwers ac, yn bwysicach na hynny, ei allu i gynnal diddordeb y plant. Fel hyn y mynegodd ei werthfawrogiad yn ei adroddiad terfynol:

The History Course is very satisfactory . . . the History Master is exceptionally qualified by education, reading, and temperament, for the teaching of the subject . . . and the lessons were quite striking; they followed no text-book, they invariably aroused the liveliest interest, each lesson had a definite aim, each lesson combined the imparting of knowledge with the developing of the children's own ideas . . . the teacher's methods were new, original, and daring. Sometimes the lesson would be carried on for a time in Welsh . . . theological views were explained, always wisely and without bias, and the thought and action of the period of the Reformation were unfolded before the children's eyes in a way that made them think and made them desirous of further knowledge.[82]

Pennaf cryfder O. M. Edwards fel prif arolygydd oedd ei ddawn i ysbrydoli prifathrawon, athrawon a phlant. Yr oedd yn anogwr brwd a pha ryfedd fod Doc Tom wedi cadw copi o'r folawd hon yn ofalus ymhlith ei bapurau?[83] Nodwyd eto ym 1915 ffresni dychmygus ei wersi ('an enthusiast in the subjects he takes and his work altogether is striking and original'),[84] ac y mae'n werth pwysleisio ei fod yn ysgrifennu'n gyson at J. E. Lloyd er mwyn cael ganddo wybodaeth am lyfrau newydd a fyddai'n gymorth wrth baratoi gwersi. 'I should like to break new ground somewhat in the direction of making history teaching more *interesting* to the children,' meddai wrth Lloyd ar ddiwedd Medi 1914, 'I have come back from the holidays like a giant refreshed.'[85] Yn ôl R. T. Jenkins, 'fe weithiai heb frys ond eto heb orffwys', gan adael ei ôl ar fywyd a gwaith ei ddisgyblion.[86]

Ymhlith y rhai a eisteddodd wrth ei draed ym Maesteg yr oedd y ddau frawd Gwynfryn a Brinley Richards (Brinli) o Nantyffyllon, ac ymhen blynyddoedd wedi hynny tystiodd Brinli i ddoniau digymar Doc Tom fel athro a hefyd i'r ffaith iddo ddylanwadu'n rymus ar ei fywyd. Meddai amdano (heb gablu): 'Ni lefarodd neb erioed fel y dyn hwn.'[87] Ymddengys mai llysenw Doc Tom oedd 'Dick' a bod rhai disgyblion yn gallu ei ddynwared i'r dim. Er bod O. M. Edwards wedi rhyfeddu at newydd-deb ei ddulliau a'i ddefnydd o'r Gymraeg, y gwir yw mai dysgu ar y cof a wnâi'r plant ac mai drwy'r Saesneg y'u dysgid, hyd yn oed yn y gwersi Cymraeg, er y buasai'n haws o lawer gwneud hynny drwy gyfrwng y Gymraeg. Nid oedd hafal i Doc Tom am ddysgu rhediadau a ffurfdroadau Lladin i blant: fe'u gorfodai i'w hadrodd a'u hailadrodd dro ar ôl tro nes eu bod yn eu gwybod yn berffaith. Felly hefyd y dysgid pethau fel rhifolion ac arddodiaid. Nid nad oedd hwyl i'w gael yn ei ddosbarth: ym Maesteg ni châi ei erlid gan y prifathro am fod yn ffraeth a digrif, a byddai'r ystafell yn aml yn fôr o chwerthin pan soniai am arfer yr hen Biwritaniaid o roi enwau beiblaidd neu rinweddau haniaethol yn enwau ar eu plant (e.e. Jacob, Rachel, Praise-God Barebones, Faint-not-Abraham, Sure Hope, Charity a Prudence) a chaniatáu wedyn iddynt ddefnyddio'u dychymyg wrth lunio enwau cyffelyb megis 'Cofiwch wraig Lot Hughes' a 'Duw cariad yw Jenkins'. Eto i gyd, yr oedd enw Doc Tom hefyd yn gyfystyr â disgyblaeth lem ac nid oedd wedi anghofio sut i roi bonclust cofiadwy. Nid oedd ganddo fymryn o amynedd â disgyblion diog, di-glem a stwrllyd, a brithid y *detention book* ag enwau pechaduriaid a oedd wedi methu â chwblhau eu gwaith cartref neu ryw gamwedd gwaeth na hynny. Yn ôl T. S. P. Tuck, a oedd yn ddisgybl yn Ysgol Maesteg ym 1926, byddai Doc Tom yn hoffi cosbi drwgweithredwyr drwy beri iddynt ysgrifennu ganwaith frawddegau megis 'Brains of wood, not the ordinary wood, but the hardest wood in the forest.'[88] Un llym ei dafod ydoedd, a gallai fod yn bur ddeifiol wrth rai disgyblion. 'When marble becomes cheaper,' meddai ryw dro, 'we'll erect a statue for [Davies] and inscribe at the foot – Mr. Ignorance.' Fe'u hatgoffai'n gyson fod dydd o brysur bwyso gerllaw:

> Next August your mothers will be coming down here weeping and wailing and asking 'Why has not my daughter passed?' and I shall tell them that their daughters failed because they didn't know the adverbial rule.[89]

Yr argraff a gawn yw fod plant galluog yn ei addoli ond bod y rhai swil neu esgeulus neu anghofus yn casáu ei goegni brathog.

Ond nid dysgu o fewn muriau'r ysgol yn unig a wnâi. O bryd i'w gilydd tywysai'r plant (a chofier mai brasgamwr cyflym oedd Doc Tom) i fannau lleol o bwys hanesyddol megis Carreg Bodvoc (sy'n dyddio o AD 550) ar Fynydd Margam, hen ffermdy Brynllywarch lle y sefydlwyd yr Academi Anghydffurfiol gyntaf gan Samuel Jones, hen gynefin Ann Thomas, 'Y Ferch o Gefnydfa', yn ffermdy Cefnydfa, a bedd Wil Hopcyn ym mynwent Llangynwyd. Ym 1924 bu'n gyfrifol am arwain 75 o ddisgyblion i Lundain i weld yr Arddangosfa Fawr yn Wembley a, thrwy garedigrwydd Vernon Hartshorn, AS Ogwr, y cofnododd Doc Tom hanes ei fywyd yn dra chlodforus yn *Y Bywgraffiadur Cymreig*, a William Jenkins, AS Rhanbarth Castell-nedd, fe'u tywyswyd hefyd o gwmpas San Steffan.[90] Y mae lle i gredu ei fod wedi ceisio Cymreigio tipyn ar weithgareddau'r ysgol, yn enwedig yn sgil codi'r adeilad newydd. Casglai lyfrau Cymraeg i'w dosbarthu ymhlith y disgyblion mwyaf diwyd ac addawol (fel ei hoff Biwritaniaid, credai Doc Tom fod Duw yn gwenu ar y rhai gweithgar) ac o Ddygwyl Dewi 1925 ymlaen cynhelid eisteddfod flynyddol yn yr ysgol. Ym 1915 bu Doc Tom yn gyfrifol am gynhyrchu *Owain*

Glyndŵr, drama Pedr Hir, yn y Theatr Newydd, Maesteg. Teithiodd
yr awdur bob cam o Bootle i wylio'r plant ac er iddo ganmol cyn-
hyrchiad ei hen gyfaill fe'i ceryddodd am ychwanegu rhai brawddegau
er mwyn bywiocáu llinellau Meredudd, mab Glyndŵr a'r cymeriad a
anfarwolwyd gan Doc Tom ei hun bum mlynedd ynghynt.[91] Hefyd,
am dair noson o'r bron ym mis Mawrth 1926 llwyfannodd y plant
gyngerdd amrywiol ynghyd â drama a oedd yn gryn ffefryn ymhlith
cynulleidfaoedd y 1920au, sef *Dwywaith yn Blentyn* gan R. G. Berry,
gyda Doc Tom yn cyfarwyddo. Er mai dim ond tri chymeriad a oedd
yn y ddrama – dau hen gapten llong, Pirs Dafis a Nathan Jones, a
Mallt, merch Pirs – ceid ynddi ddigon o hiwmor ac, yn ôl un gohebydd,
hi oedd 'the tit-bit of the evening'.[92]

Yr oedd hefyd yn weithgar iawn yng nghylchoedd llenyddol y dref.
Fel y deuai graddau prifysgol (MA a D.Litt.) a gwobrau eisteddfodol
i'w ran, tyfai'n ŵr o fri ym Maesteg, ac yn *Kelly's Directory* am 1920
crybwyllir ei enw ymhlith 96 o drigolion pwysicaf y dref.[93] Fel y
gwelsom eisoes, yr oedd yn adnabod Vernon Hartshorn, cyn-asiant
glowyr Maesteg ac AS Ogwr o 1918 ymlaen, a gŵr a edmygid yn
fawr ganddo oherwydd ei 'blaendra onest, stôr o synnwyr cyffredin,
[a] gwybodaeth drylwyr o fywyd y glöwr'.[94] Dau gyfaill da arall oedd
J. P. Gibbon, rheolwr Cwmni Glo North Navigation, a C. B. Thomas,
dyfarnwr bocsio a fyddai, yn fwy na thebyg, yn denu Doc Tom i
wylio gornestau yn yr Old League Hall lle y byddai ffefrynnau fel Tal
Jones, Eddie Jones a Kid Hughes yn dangos eu doniau yn y sgwâr.[95]
Ond at ei gilydd troi yng nghylchoedd y Cymry Cymraeg a wnâi. Y
gŵr mwyaf cydnaws â'i anian, er ei fod mewn gwth o oedran erbyn
iddo gyrraedd Maesteg ym 1912, oedd Thomas Christopher Evans
(Cadrawd), yr hanesydd lleol a wnaeth gymaint i ddiogelu hynafi-
aethau ac arferion gwerin Cwm Llynfi, yn enwedig y rhai a oedd yn
perthyn i blwyf Llangynwyd. Fe'n hatgoffwyd yn ddiweddar gan Dr
Brynley F. Roberts am 'serch angerddol' Cadrawd at ei filltir sgwâr
ac, fel yn achos hynafiaethwyr fel Myrddin Fardd, Carneddog a Bob
Owen, casglai gymaint o bentyrrau o lyfrau, cyfnodolion a llaw-
ysgrifau fel yr ymdebygai ei dŷ i archifdy enfawr.[96] Erbyn hyn y mae
ei lawysgrifau ynghadw yn Amgueddfa Werin Cymru a Llyfrgell Sir
Caerdydd, ac y maent yn cynnwys lliaws o lythyrau, yn Gymraeg a
Saesneg, oddi wrth bobl mor amrywiol â Gladstone, Lloyd George,
O. M. Edwards, Syr Joseph Bradney, D. Lleufer Thomas a T. H.
Thomas.[97] Ceisio ffeithiau – weithiau'n ddigywilydd o daer – a wnâi'r
gohebwyr hyn oherwydd yr oedd Cadrawd yn adnabyddus ledled de

Cymru am ei gyfraniadau rheolaidd i'r *South Wales Weekly News*,
The Cardiff Times, *Cyfaill yr Aelwyd* a'r *Ddraig Goch*, a hefyd am y
stôr ddihafal o wybodaeth a feddai. Cyn ei farw ym 1918, treuliai
Doc Tom oriau lawer yn nghwmni Cadrawd:

> Bûm yn eistedd am oriau yn gwrando arno, yn ei lais myngus a'r
> mwstàs yn taflu dros ei weflau, yn adrodd llu o dribannau Morgannwg,
> cymharu gwahanol dylwythau o lên gwerin, manylu unwaith eto ar
> yrfa Samuel Jones, Brynllywarch, darllen llythyrau oddi wrth Syr
> John Rhŷs, Syr Joseph Bradney, a'r Parch Lemuel Hopkin-James
> o'r Bont-faen, rhoddi catalog o'i orchestion yn y Genedlaethol, gan
> gwyno'n chwyrn nad oedd beirniaid enwog ddechrau'r ganrif hon yn
> hanner darllen y traethodau trymion a anfonid iddynt.[98]

Wrth reswm, gwyddai Doc Tom mai rhamantydd diedifar oedd
Cadrawd a'i fod ar lawer ystyr yn ymgorfforiad o'i arwr Iolo
Morganwg, ond ni allai beidio â rhyfeddu at ei wybodaeth eithriadol
fanwl am hanes lleol. Dywedodd wrth Je Aitsh, golygydd *Y Brython*,
nad anghofiai byth mo'r profiad o weld Cadrawd yn sefyll ar ben stôl
ac yn ymestyn am siarteri Margam er mwyn profi iddo fod glo wedi
ei ganfod yng nghyffiniau Cynffig yn yr Oesoedd Canol. Yr oedd
hynny, meddai, yn 'addysg dda odiaeth . . . canys calon a chnewyllyn
ymchwilio iawn – *research* – ydyw peidio â chymryd dim yn ganiataol,
a mynd yn syth at fôn y pren'.[99] Cyhoeddiad pwysicaf Cadrawd o
gryn ddigon oedd *The History of the Parish of Llangynwyd* (1887)
a'r gwaith hwn, ynghyd â'r sgyrsiau difyr (unochrog braidd!) ar yr
aelwyd, a ysgogodd Doc Tom i ymgynefino â hanes Cwm Llynfi, a
phan luniodd air o 'Gyfarch a Chroesawu' i'r saith gant o Fedyddwyr
a fynychodd Gynhadledd Undeb Bedyddwyr Cymru ym Maesteg ym
1925 dywedodd: 'ymrolwch ateb a oes blwyf hynach na Llangynwyd,
a glywsoch am blwyf â hanes mwy rhamantus iddo? Naddo, bid
sicr.'[100] Yr oedd Doc Tom yn gartrefol iawn yng nghwmni pobl hŷn
nag ef, yn enwedig wyrda diwylliedig a fedrai adrodd hanes eu broydd
ag arddeliad neu, fel yn achos wàg gwreiddiol fel 'Allen Bach Y Bryn',
rai a feddai stôr o hanesion gogleisiol am gymeriadau ardal Tir Iarll.[101]

Wrth i'w enw ymddangos yn rheolaidd mewn newyddiaduron
cenedlaethol a lleol yn sgil y gwobrau a'r anrhydeddau a ddeuai i'w
ran fel hanesydd, gelwid fwyfwy am ei wasanaeth gan gymdeithasau
amrywiol. Y mae'n amlwg fod ei fywyd ym Maesteg yn llawn prysur-
deb ac na châi nemor ddim amser hamdden. Gan mai tila iawn oedd
safon tîm pêl-droed Maesteg Rangers câi fwy o bleser yn cerdded nag

yn eu gwylio, ac nid oedd yn ddim ganddo frasgamu o Faesteg i Borth-
cawl ac yn ôl, taith o bum milltir ar hugain.[102] Yn amlach na pheidio,
sut bynnag, treuliai nosweithiau a Sadyrnau lawer hefyd yn gwasan-
aethu cymdeithasau lleol. Yr oedd yn aelod o Bwyllgor Llên Eisteddfod
Tir Iarll ac fe'i dewiswyd yn un o dri a bleidiodd – yn aflwyddiannus
– gais Maesteg i groesawu'r Eisteddfod Genedlaethol ym 1922.[103] Yn
sgil y siom honno ceisiwyd grymuso Cymreictod y fro drwy sefydlu
Cymdeithas Gymraeg Dyffryn Llynfi, cymdeithas y dewiswyd Doc
Tom yn llywydd cyntaf arni ym 1923.[104] Ym mis Mai 1925 ffurfiwyd
Cymdeithas Hynafiaethwyr Tir Iarll ac etholwyd Doc Tom yn
llywydd. Yn y cyfarfod cyntaf arweiniodd ef yr aelodau i eglwys a
chastell Llangynwyd lle y traethodd am ddau o enwogion y plwyf,
Samuel Jones Brynllywarch, a Dr Michael Roberts, Prifathro Coleg
Iesu, Rhydychen, ac yn yr ail gyfarfod traddododd ddarlith (yn yr
Imperial Cafe) ar Gwm Llynfi ym 1847.[105] Yn yr un flwyddyn, drwy
bleidlais unfrydol fe'i hetholwyd yn llywydd anrhydeddus cangen leol
y Cymmrodorion gan ei fod yn 'enthusiastic Welshman, as is well-
known to Maestegians'.[106]

Ac yntau'n aelod ffyddlon a gweithgar o Fethania, Capel y
Bedyddwyr, ac yn gyfaill i'r gweinidog, y Parchedig Edward Jones
(Iorwerth Ddu), fe'i gwahoddid yn rheolaidd i fod yn feirniad adrodd
neu lên yng nghyfarfodydd cystadleuol ac eisteddfodau'r achos. Gwnâi
hynny mor ffraeth fel y câi wahoddiadau i arwain eisteddfodau yr
Young People's Mutual Improvement Society ac i gadeirio cyfarfodydd
yn y dref. Fel y tystiodd ef ei hun ym 1925, pobl 'ymresymgar ac
opiniynllyd' oedd trigolion Maesteg, yn effro iawn i'w hawliau ac
wrth eu bodd yng nghanol dadlau poeth a chystadlu brwd.[107] Yn sgil
darlith a draddodwyd gan y Parchedig Jeremy Jones, Tonypandy, ar
'Ysbryd Morgannwg', gofynnwyd yn y Glamorgan Gazette: 'where
could you find a better [chairman] than Mr. T. Richards, M.A.,
D.Litt?'[108] Yr oedd yn ei elfen yn llywio dadl ar y pwnc 'Cooperation
v. Competition' rhwng Annibynwyr a Methodistiaid y dref, a phan
berfformiwyd drama D. J. Davies, Maes y Meillion, gan Gwmni Drama
Tir Iarll ychwanegwyd at firi'r achlysur gan ei afiaith fyrlymus fel
cadeirydd.[109] Fel darlithydd yr oedd eto'n ddiguro ac ni allai ei gynull-
eidfaoedd beidio â synnu at ei olwg wahanol ar bethau, ei ddull
damhegol o lefaru, ei ddefnydd o hiwmor, eironi a choegni, a'i hyder
wrth gyflwyno ei bwnc. Ym mis Hydref 1915 bu'n diddori ieuenctid
Methodistiaid Calfinaidd Capel Tabor am awr a hanner ar y pwnc
'The Near Eastern Problem', a chafodd fonllef o gymeradwyaeth gan

aelodau o Gymdeithas Lenyddol Nantyffyllon ym mis Ionawr 1922 am ddarlith 'odidog' ar gyd-ddigwyddiadau hanesyddol.[110] 'Beirdd Cymru Heddiw' oedd ei bwnc gerbron Urdd y Wesleaid ym mis Rhagfyr 1923 a Chymdeithas Cymmrodorion Aberdâr ym mis Ionawr 1924 (darlith oedd hon a wawdiwyd yn ddidrugaredd gan ei gyfeillion academaidd ym Mangor rai blynyddoedd wedi hynny), a phan aeth i'r Caerau ym mis bach 1925 i sôn am ei brofiad fel ymchwilydd yn y prif lyfrgelloedd meithder y ddarlith yn hytrach na'i chynnwys a wnaeth yr argraff fwyaf: 'altogether, the speaker kept his audience occupied for a considerable time'.[111] A phan ffarweliwyd ag ef yn y *Glamorgan Gazette* yn haf 1926, dywedwyd amdano: 'He has the saving grace of humour, which makes the driest of dry subjects interesting, and he can always command attention from his hearers.'[112]

Er bod Doc Tom yn fawr ei barch ym Maesteg, dengys ei lythyrau preifat ei fod wedi dyheu bron o'r dechrau am amgenach swydd, swydd a fyddai'n gydnabyddiaeth deilwng i un a chanddo gymwysterau uwch na'r cyffredin. Y mae'n amlwg nad oedd am rygnu byw am weddill ei oes yn dysgu plant amrywiol eu gallu yng nghymoedd de Cymru. Ysai am gyfle i dreulio mwy o amser yn ymchwilio, myfyrio ac ysgrifennu ac am ddychwelyd i fyd a brisiai ddarllen a diwylliant. Pwysicach na hynny, fodd bynnag, oedd ei awydd i ddod ymlaen yn y byd. Mor gynnar â haf 1913, yn sgil ymweliad arolygwyr â'r ysgol, fe'i hanogwyd gan O. M. Edwards i geisio am swydd arolygydd iau gyda'r Bwrdd Addysg. 'No possible harm can come to you by so doing', meddai, 'and anything may happen.'[113] Ymhen hir a hwyr, sut bynnag, derbyniodd lythyr oddi wrth y Bwrdd Addysg yn dweud bod recriwtio ar gyfer y cyfryw swyddi wedi peidio, ond ei bod yn fwriad gan y Bwrdd i benodi tri arolygwr cynorthwyol yng Nghymru. Ond er i J. E. Lloyd, Pedr Hir a G. Stanley Griffiths bleidio ei achos yn huawdl, ni phenodwyd ef i'r un o'r swyddi hyn. Wedi iddo ennill gradd MA rhoes ei fryd ar fod yn brifathro, ond rhwng 1917 a 1926 aflwyddiannus fu ei geisiadau am brifathrawiaethau Ystradgynlais, Rhiwabon, Dolgellau ac Ysgol Lewis Pengam, er bod J. E. Lloyd, pennaf hanesydd Cymru, wedi rhoi clod uchel i'w waith a chanmol ei gyflawniadau yn hael.[114] Ac yntau ar restr fer yn cynnwys pum ymgeisydd ar gyfer prifathrawiaeth Ysgol Sir Dolgellau, dywedodd yn goeglyd wrth Bob Owen: 'Dim canfasio i fod yn ôl y llythyren. A'r llythyren, yn ôl y Beibl a Tomos Hardy, sy'n lladd. Canfasio – Na atto Duw!'[115] Ac er i neb llai na'r Prifathro Reichel gefnogi ei gais am swydd Arolygwr Ei Mawrhydi ym 1922, fe'i siomwyd unwaith eto.[116]

7.   Thomas Richards adeg ei benodi yn llyfrgellydd Coleg Bangor.
(Llun: Prifysgol Cymru, Bangor).

Anodd gwybod paham y caeid y drws yn ei wyneb mor aml. Efallai fod rhai o'r farn fod ganddo ormod o gymwysterau academaidd ac y byddai'n manteisio ar swydd newydd i fwrw ymlaen â'i waith ymchwil personol. Hawdd credu hefyd fod ei duedd i frolio wedi codi gwrychyn rhai: er enghraifft, dywedodd yn ei gais am brifathrawiaeth Ysgol Lewis Pengam ym mis Chwefror 1926, 'As a teacher . . . I stand alone.'[117] Credai ei hun fod ei oed wedi cyfrif yn ei erbyn, ynghyd â'r ffaith fod iddo'r enw o fod yn ymchwilydd diedifar yn hytrach nag yn weinyddwr profiadol. Ym misoedd cynnar 1926 cyfaddefodd wrth J. E. Lloyd ei fod yn dyheu am gyfle i ddychwelyd i ogledd Cymru: 'Should Pengam be lost, then my eyes will turn towards the North! (rather voraciously!).'[118] Erbyn hynny yr oedd Thomas Shankland, llyfrgellydd Coleg Bangor, yn bur wael ac yn methu cyflawni gofynion ei swydd. Llwyddodd hen gyfeillion Doc Tom (dan ddylanwad J. E. Lloyd yn bennaf) i dynnu gwifrau o'i blaid ac o ganlyniad fe'i gwahoddwyd i fod yn llyfrgellydd ei hen goleg yn haf 1926. Ac yntau'n 48 oed, yr oedd wedi llwyddo o'r diwedd i ddringo i ben yr ysgol. Yr oedd uwchben ei ddigon.

4 ♋ *'Cyfrolau cedyrn solet'*

MYNYCHWYD Eisteddfod Genedlaethol Castell-nedd ym mis Awst 1918 gan fwy na deng mil o bobl. Tyrrodd llawer ohonynt yno yn unswydd er mwyn cael eu cyfareddu – eto fyth – gan ddoniau rhethregol a phersonoliaeth hudol y 'Dewin Cymreig', David Lloyd George. Rhoddwyd bonllef o gymeradwyaeth i'r Prif Weinidog pan gamodd i'r llwyfan ac wedi i'r bloeddio a'r curo dwylo ddistewi taer anogwyd y gwrandawyr i ganu'n ddiymollwng yng nghymanfa ganu'r Eisteddfod i ddathlu'r ffaith fod trên lluoedd arfog Prydain yn teithio 'full steam ahead' drwy'r twnnel a'r fuddugoliaeth hirddisgwyliedig dros y Kaiser gerllaw.[1] Gwaetha'r modd, ni phrofodd safon cynnyrch barddol yr Eisteddfod mor gofiadwy ag araith Lloyd George. Tra dieneiniad oedd y gerdd 'Eu Nêr a Folant', awdl fuddugol J. T. Job, Abergwaun, ac yr oedd yr awen yn llwyr absennol pan gyfansoddodd D. Emrys Lewis, Aberafan, ei bryddest fuddugol, 'Monachlog Nedd'. Mwy gobeithiol o lawer oedd safon y cystadlaethau rhyddiaith. Hon oedd yr Eisteddfod a welod wobrwyo D. Rhys Phillips, llyfrgellydd bwrdeistref Abertawe, am draethawd gorchestol ar 'Hanes Cwm Nedd', gwaith a gyhoeddwyd saith mlynedd yn ddiweddarach dan y teitl *The History of the Vale of Neath*. Ymhlith y buddugwyr ieuengaf yr oedd Griffith John Williams, myfyriwr ymchwil chwech ar hugain oed o Goleg Prifysgol Cymru, Aberystwyth, a enillodd £25 am draethawd ar 'Beirdd Morgannwg hyd ddiwedd y 18fed ganrif', rhagflas o'i gyfrol fawr *Traddodiad Llenyddol Morgannwg* (1948). Serch hynny, yn ôl y beirniad J. E. Lloyd a sawl sylwebydd arall, cyflawnwyd y gamp bennaf yn y gystadleuaeth a oedd yn gwahodd 'y gwaith ymchwiliadol goreu, yn Gymraeg, neu yn Saesneg, ar unrhyw destyn ynglŷn a Chymru (mewn perthynas i Hanes, Iaith, Llenyddiaeth, Addysg, etc.)'. Cynigiodd un ar ddeg o ymgeiswyr, yn dwyn y ffugenwau amrywiol canlynol: Hero Worshipper, Scrutator, Griffith Goch, Ambrose Mostyn, Ferlas, Austin Isfryn, Alegfab, Cradoc, Wendover, Cedwyn a Celt. Traethawd 'Ambrose

Mostyn' ar 'A History of the Puritan Movement in Wales 1639–1653' a ddaeth i'r brig, a chododd Doc Tom ar ei draed i dderbyn gwobr o £50 ynghyd â Bathodyn Cymdeithas yr Eisteddfod Genedlaethol.

Trwy gyd-ddigwyddiad rhyfedd yr oedd amryw o'r *dramatis personae* a fuasai'n bresennol yn Eisteddfod Castell-nedd hefyd yn bur flaenllaw yng ngweithgareddau Eisteddfod Genedlaethol Caernarfon ym 1921. Daeth Lloyd George yno i swyno'r dorf 'mewn llais melysber', chwedl gohebydd *Y Brython*, ac i geryddu dysgedigion Cymru, gan gynnwys y prif feirniad eisteddfodol Syr John Morris-Jones, am 'ymlid ymaith ein hen freuddwydion'.[2] Prin y gwyddai'r prif weinidog fod dau ysgolhaig buddugol hefyd wedi profi eu hawydd i ddilyn camre Syr John trwy ddryllio delwau. Y naill oedd Griffith John Williams, darlithydd erbyn hynny yng Ngholeg Prifysgol Cymru, Caerdydd, a enillodd £40 am draethawd ar gywyddau Iolo Morganwg, gwaith a fu'n sail i'w gyfrol nodedig *Iolo Morganwg a Chywyddau'r Ychwanegiad* (1926). Y llall oedd ei gyd-Gardi, Doc Tom. Dan y ffugenw 'Ned Sibion', cipiodd wobr sylweddol iawn o gan gini am draethawd ar 'Religious Developments in Wales, 1654–1662', gwaith a enillodd glod uchel gan dri beirniad praff, sef J. E. Lloyd, Edward Edwards ac Ernest Hughes, a'u hunig sylw anffafriol oedd fod arddull y buddugwr yn bur dywyll ar brydiau.[3] 'Clasur y Cloddiwr Hanes o Faes Teg' oedd un o benawdau *Y Brython*, a disgrifiwyd y buddugwr yn *Lloyd's Sunday News* fel 'a tall, scholarly-looking, clean-shaven man, of athletic build, with twinkling eyes which reveal a rare sense of humour'.[4] Syfrdanwyd Doc Tom gan y dyfarniad ac, fel yr esboniodd wedi hynny mewn llythyr o ymddiheuriad at J. E. Lloyd, ni wyddai beth i'w ddweud na'i wneud: 'I was quite unnerved, so much so that I forgot altogether to acknowledge the plaudits of the audience by nodding the head or bending the body; it comes back to me that I shook hands with yourself in a very perfunctory manner.'[5] Hawdd cydymdeimlo ag ef oherwydd nid bob dydd y mae Cardi yn ennill gwobr o gan gini!

Y mae'n briodol rywsut fod Griffith John Williams a Doc Tom wedi ennill dwy o'r gwobrau pennaf yn Eisteddfod Caernarfon oherwydd nid oedd fawr neb y pryd hwnnw yn gwir werthfawrogi mawredd Iolo Morganwg nac ychwaith gamp y Piwritaniaid Cymreig. Yr oedd gan y ddau lawer o bethau yn gyffredin.[6] Fe'u ganed yng Ngheredigion, y naill yn fab i of o Gellan a'r llall, fel y gwelsom, yn fab i dyddynnwr o Geulan-a-Maesmor, ac ymhyfrydai'r ddau yn nhafodiaith eu broydd. Yr oedd y ddau eisoes wedi cydio mewn meysydd ymchwil gwyryfol ac yn dotio at lawysgrifau prin nas trafodwyd. Ymhen amser byddai cwmpas dysg Griffith John yn lletach nag eiddo Doc Tom, ond yr oedd Doc Tom lawn mor ddyfal ac egnïol fel ymchwilydd ac yn ffraethach ei dafod o gryn dipyn. Cystal i ni gofio hefyd fod y ddau yn ddarlithwyr hirwyntog, yn gwmnïwyr difyr, ac yn ysmygwyr cetyn diedifar. Uwchlaw pob dim, serch hynny, yr oedd y ddau yn benderfynol o osod sail academaidd gadarn i'w meysydd ymchwil.

Ar awgrym J. H. Davies, prifathro Coleg Prifysgol Cymru, Aberystwyth, y cymerodd G. J. Williams at draddodiad llenyddol Morgannwg yn faes ymchwil, ond Thomas Shankland, llyfrgellydd Coleg Prifysgol Gogledd Cymru, Bangor, a roes Doc Tom ar ben y ffordd yn ystod haf 1910. Eto i gyd, dengys ei ohebiaeth â J. E. Lloyd ei fod wedi ystyried astudio am radd MA mor gynnar â Medi 1903, sef rhyw ddeufis ar ôl graddio. Ond fe'i siomwyd gan ymateb negyddol ei hen athro i'w awydd i astudio naill ai Cyfraith Hywel neu hanes cynnar Ceredigion.[7] Bu hynny'n ergyd i'w falchder oherwydd yr oedd wedi gobeithio cyfuno ei waith fel athro cyflogedig â'i awydd i chwilota. Am y tro, felly, rhoes o'r neilltu ei ddymuniad i astudio am radd uwch a fuasai, o bosib, wedi arwain at amgenach swydd mewn coleg neu brifysgol. Ond fel y treiglai'r blynyddoedd heibio, blinai ar ddysgu a'i galedwaith beunyddiol. Sylweddolodd ei gyfaill Pedr Hir ei fod yn ddyn rhwystredig a gwyddai ef cystal â neb am ei botensial fel ymchwilydd. Hawdd credu mai ar ei awgrym ef y treuliodd Doc Tom gryn amser yn ystod Pasg 1910 yng nghwmni prif hanesydd enwad y Bedyddwyr, Thomas Shankland, a fuasai'n gyfrifol am y Llyfrgell Gymraeg yng Ngholeg Bangor er 1904. Gŵr hawddgar a hael ei gymwynas oedd Shankland ac yr oedd mor barod i gyfarwyddo ymchwilwyr eraill a rhoi deunydd yn eu dwylo fel y dywedodd Syr Ifor Williams amdano: 'Ysgrifennodd lawer dan ei enw ei hun, ysgrifennodd fwy dan enwau pobl eraill.'[8] Bodlonai Shankland yn bennaf ar lunio erthyglau meithion ac adolygiadau, yn rhannol oherwydd ei fod yn berffeithydd ond hefyd oherwydd ei flerwch diarhebol. Wrth alw heibio ei ystafell, prin y gallai neb osgoi baglu ar draws pentyrrau o hen lyfrau a sacheidiau o gylchgronau, a phan ddaeth y Brenin Siôr V ar ymweliad i'r coleg newydd ar y bryn ym 1911 sicrhaodd Senedd y Coleg na châi eu llyfrgellydd blêr fentro o fewn canllath i'r ymwelydd brenhinol. Cynddeiriogwyd y myfyrwyr a daeth yr hanes yn rhan o lên gwerin y coleg yn sgil cyfansoddi'r gân hon:

> In the library one morning
> Poor old Shankland should be hiding,
> But he failed to stow his massive form away;
> So the Senate met together,
> And they thought it would be better
> That the King should not see Shankland all the day.
> 'Close the door', the Senate cried, 'and hide him;
> Don't forget – that poor old – Shankland – is not
> – fitting – to be – seen by – any Royalty!
> Old Shankland, – hide him!
> Hide him in an orange box – biscuit box – any old box,
> For the King is here!⁹

Serch hynny, yn nhyb Doc Tom, nid oedd hafal i Shankland fel 'addolwr ffaith a drylliwr delwau' ac fe'i hysbrydolwyd ganddo i feddwl o ddifrif am astudio hanes Piwritaniaeth ac Anghydffurfiaeth gynnar yng Nghymru.¹⁰ Dal i ymbalfalu a wnâi, fodd bynnag, ond erbyn 3 Mai 1910 teimlai'n ddigon dewr i ysgrifennu at J. Glyn Davies, a oedd ar y pryd ar staff Llyfrgell Prifysgol Lerpwl, i ofyn ei farn ynglŷn â phwnc fel 'Meddwl Gwleidyddol Cymru 1603–60' neu 'Cymru a'r Rhyfel Cartref'. Fe'i digalonnwyd gan ymateb oeraidd a negyddol Davies,¹¹ ond daliodd ati, gan ysgrifennu at J. E. Lloyd i ddweud ei fod am dreulio gwyliau'r haf yn darllen cefndir hanes y rhyfeloedd cartref a'r Werinlywodraeth yng Nghymru.¹² Cafodd ar fenthyg gan Shankland ddwy gyfrol fawr William A. Shaw, *The History of the English Church during the Civil Wars and under the Commonwealth 1640–1660*, a oedd newydd ddod o'r wasg.¹³ Dyma fedydd tân yn wir, oherwydd gwaith eithriadol o ddysgedig a beichus i'w ddarllen oedd eiddo Shaw, yn frith o ddyfyniadau meithion ac atodiadau a chatalogau sylweddol.¹⁴ Troes hefyd am gymorth at William Williams, mab-yng-nghyfraith Hugh Evans, perchennog *Y Brython*, a weithiai yn Llyfrgell Bootle, a thrwyddo ef y daeth o hyd i drysorau'r *State Papers Domestic*. Erbyn gwyliau'r haf yr oedd yn ddigon hyderus i fentro i Lyfrgell Genedlaethol Cymru (a oedd y pryd hwnnw yn ei chartref cychwynnol, sef yr Ystafelloedd Ymgynnull ym Maes Lowri, Aberystwyth), gan ymgolli'n llwyr yn ei chasgliad toreithiog o bamffledi a llyfrau printiedig yn ymwneud â'r rhyfeloedd cartref a goruchafiaeth Oliver Cromwell a'i ŵyr.¹⁵ Ar wahoddiad Shankland teithiodd i Fangor ym mis Awst ac yno y penderfyn-wyd mai Cymru a Deddf Taenu'r Efengyl 1650–3 fyddai pwnc ei draethawd MA.[16] O'r foment honno hyd ei farwolaeth ym 1962, ni fyddai Doc Tom byth yn blino ar astudio hanes Cymru yn yr ail ganrif ar bymtheg.

Yr oedd cyfle gwych o'i flaen i dorri cwys newydd oherwydd hynafiaethwyr yn anad neb a fuasai wrthi o'i flaen yn trin a thrafod twf Piwritaniaeth ac Anghydffurfiaeth gynnar yng Nghymru. Ar lawer ystyr, arfau yn y frwydr fawr o blaid datgysylltiad oedd gweithiau fel *Hanes y Bedyddwyr yng Nghymru* (1893–1907) gan J. Spinther James, *Y Tadau Methodistaidd* (1895–7) gan John Morgan Jones a William Morgan, a *Diwygwyr Cymru* (1900) gan Beriah Gwynfe Evans. Ym mhob un o'r rhain defnyddid yr apêl at hanes at bwrpas propaganda. Cynddeiriogwyd Thomas Shankland gymaint gan y deunydd arwynebol a'r casgliadau carlamus a geid yng ngwaith Beriah Gwynfe Evans (y cyhoeddwyd ugain mil o gopïau ohono) fel yr aeth ati i ymchwilio'n helaeth i'r maes er mwyn adolygu'r gyfrol yn effeithiol. Gwnaeth hynny yn dra effeithiol mewn cyfres o ysgrifau a gyhoeddwyd yn *Seren Gomer* rhwng 1900 a 1904.[17] Yn wir, gan ei fod yn tybio bod yr awdur yn haeddu 'ambell i gosfa frawdol am ei ddireidi, a'i driciau hanesyddol', tynnodd y gwaith yn ddarnau. Er i Evans honni yn ei ragymadrodd ei fod wedi chwilio'n ddyfal am 'dystiolaeth safadwy' mewn llawysgrifau gwreiddiol yn ogystal â llyfrau printiedig, dangosodd Shankland yn eglur nad aethai yn agos i lygad y ffynnon. Yn gwbl deg, honnodd fel a ganlyn: 'nid yw'r Piwritaniaid a Phiwritaniaeth wedi cael cyfiawnder na thegwch hanesyddol eto. Nid yw eu gwaith yn adnabyddus. Nid oes gennym ond hanesion rhannol, amherffaith, ac unochrog o'r cyfnod.'[18] Er mwyn tanseilio 'haeriadau anhygoel' Beriah Gwynfe Evans, treuliodd wythnosau yn astudio ac yn copïo cofnodion gwreiddiol yn ymwneud â Phiwritaniaeth gynnar a chyflwr yr Eglwys Sefydledig cyn dyddiau'r Methodistiaid, cofnodion a gedwid yn yr Amgueddfa Brydeinig, Llyfrgell Palas Lambeth, yr Archifdy Gwladol a Llyfrgell yr SPCK. Y pryd hwnnw prin fod neb yng Nghymru, ac eithrio Shankland, yn gwybod am fodolaeth y trysorau a oedd yn llechu yn 'rhigolau'r llwch a theyrnas y pryf copyn' mewn archifdai a llyfrgelloedd yn Llundain.[19] Mewn oes a roddai'r fath bris ar chwedlau rhamantus, traddodiadau di-sail a rhagfarn enwadol, pa ryfedd i Shankland ennill enw fel drylliwr delwau.

Gan Shankland, yn anad neb, y dysgodd Doc Tom barchu ffeithiau. Ganddo ef hefyd y cafodd yr hyder i gerdded yn benuchel i mewn i brif archifdai a llyfrgelloedd Lloegr ac i 'boeni eneidiau cyfiawn y gwŷr a'u gwarchodai'.[20] A geiriau Shankland – 'At y ffeithiau' – yn seinio yn ei ben, treuliodd rai wythnosau yn haf 1911 yn darllen yn fanwl gyfrolau trymfawr y *Lambeth Augmentation Books* ym Mhalas Lambeth yn Llundain. Y llyfrgellydd oedd Claude Jenkins, eglwyswr pybyr, ysgolhaig cydnabyddedig, a gŵr a chanddo feistrolaeth lwyr ar gynnwys y llawysgrifau a oedd dan ei ofal. Pan fentrodd Doc Tom grybwyll ei bwnc ymchwil wrtho, meddai Jenkins: 'You can't do anything with that subject unless you know the ramifications of the Canon Law', cyn mynd yn ei flaen i draethu'n ddifyr ac awdurdodol ar gynnwys ac arwyddocâd y pwnc hwnnw.[21] Ymhen amser byddai Jenkins yn cyhoeddi tair darlith eithriadol o gyfoethog a diddorol ar ragoriaethau a diffygion cofnodion eglwysig,[22] ac y mae'n amlwg fod Doc Tom nid yn unig wedi elwa'n drwm ar ei wybodaeth am ystyr ac arwyddocâd ymadroddion fel *in commendam, sed vacante* a *comportionary tithes* ond hefyd wedi cynhesu ato fel dyn. Nid amherthnasol ychwaith fyddai nodi yma mai hwn oedd y Claude Jenkins a fyddai, ac yntau erbyn y 1930au yn athro brenhinol yn Rhydychen, hefyd yn cyfareddu R. Tudur Jones â'i wybodaeth ac yn ei gynghori i ysgrifennu rhywbeth bob dydd.[23] Yn yr Archifdy Gwladol llwyddodd Doc Tom i gyd-dynnu'n dda â swyddog wrth y ddesg ac yn sgil hynny daeth i wybod am rai llawysgrifau gwerthfawr yng nghasgliad yr *Exchequer Miscellanea.* Ar y llaw arall, o'i anfodd yr astudiai yn yr Amgueddfa Brydeinig oherwydd yr oedd tawelwch 'affwysol' a 'tension annaearol' y *King's Room* yn peri bod 'siffrwd troi dalen yn creu gwewyr o'ch amgylch'.[24] Eto i gyd, yn ystod haf 1911 sylweddolodd fod ganddo faes gwirioneddol gyffrous o'i flaen a chyfle euraid i ddwyn i'r golau ffeithiau newydd a fyddai'n gweddnewid dehongliad y Cymry o hanes yr ail ganrif ar bymtheg. Dychwelodd i Bootle wedi ei syfrdanu gan rai o'i ddarganfyddiadau ac yn hael ei ddiolch i Thomas Shankland am roi mor ddibrin o'i amser a'i wybodaeth ac, uwchlaw popeth, am ganiatáu iddo fentro i fyd yr oedd ef ei hun wedi codi cwr y llen arno.

Am lu o resymau – prysurdeb ei swydd newydd yn Ysgol Uwchradd Maesteg, trefniadau ei briodas, y brofedigaeth o golli ei frawd, ac afiechyd (fe'i trwblid gan ddiffyg traul poenus) – ni chafodd nemor ddim cyfle i ymchwilio ym 1912. Ond yn gynnar ym 1913 ailddechreuodd ohebu â Shankland, gan dynnu'n drwm ar ei wybodaeth trwy ofyn cwestiynau di-rif. Da y gwyddai ei hen gyfaill fod Doc Tom yn weithiwr dygn ac, o'i gyfarwyddo'n effeithiol, y llwyddai i ddwyn y maen i'r wal. Felly hefyd yr Undodwr pybyr,

George Eyre Evans, gŵr a ymddiddorai ym mudiad y Boy Scouts ac a
wisgai esgidiau trymion a sanau hyd at ei benliniau. Gyda'i fwstàs a'i
locsyn llwyd, ymdebygai i ysgwïer o Sais (brodor o Colyton yn
Nyfnaint ydoedd), ond y gwir yw ei fod yn rhyfeddol o frwd dros
achosion Cymreig ac yn enwedig hanes lleol a chenedlaethol.[25] Ac
yntau'n awdur toreithiog ac yn hynafiaethydd gwybodus, yr oedd
Evans yn fwy na bodlon i gynnig help llaw. 'Of course I will help
you', meddai, a thorrodd siwrnai o Aberafan i Ben-y-bont ar Ogwr
er mwyn rhoi benthyg tair cyfrol G. Lyon Turner, *Original Records
of Early Nonconformity under Persecution and Indulgence* (1911–14).[26]
Ceisiai Doc Tom hefyd gymwynasau gan lyfrgellwyr fel Falconer
Madan a G. B. Tatham, haneswyr fel Alexander Gordon, G. Lyon
Turner, A. N. Palmer a W. T. Whitley, a myrdd o offeiriaid plwyf,
gweinidogion Ymneilltuol ac achyddwyr. Yn ddieithriad bron, câi
ymateb calonogol a gwerthfawr ganddynt.[27] Llwyddodd hyd yn oed i
gael ateb i'w ymholiad oddi wrth A. G. Edwards, archesgob Cymru
('My dear Ri' oedd y cyfarchiad)! Yn hapusach nag y bu ers ei
ddyddiau coleg, treuliodd ran helaeth o wyliau Pasg 1913 yn yr
Amgueddfa Brydeinig, yn bodio tudalennau gwaith C. H. Firth ac
R. S. Rait, *Acts and Ordinances of the Interregnum 1642–1660* (1911),
tair cyfrol eithriadol o drwchus (ymestynnai'r mynegai i 400 tudalen)
yr oedd eu 'sychderau', chwedl Doc Tom, 'yn sylfeini gyda'r sowndiaf
i adeiladu arnynt'.[28] Tra oedd yn Llundain plagiai archifyddion yn
ddi-baid am gyfarwyddyd a gwybodaeth. Buan y syrthiodd mewn
cariad â dogfennau astrus megis yr *Exchequer Bills and Depositions*,
Augmentation Books a *State Papers Domestic*, ac ni roddai gymaint
ag un ohonynt o'r neilltu cyn iddi ildio ei chyfrinion. Pan
benderfynodd fynd i Lundain ddiwedd Rhagfyr 1913 aeth ei wraig
Mary yn gwmni iddo, a byddai'n ddiddorol gwybod a fu raid iddi hi,
fel y gwnaeth Nel, gwraig Bob Owen, ar ei mis mêl, eistedd wrth
ochr ei gŵr am oriau tra copïai ef lawysgrifau aneirif. Fel pob
hanesydd gwerth ei halen, yr oedd hen lawysgrifau llychlyd yn anadl
einioes iddo.

Y mae papurau personol Doc Tom yn ddrych dadlennol a difyr
iawn i'w ddull o weithio. Nid pawb, mae'n siŵr, a oedd yn ymwybodol
ar y pryd ei fod yn cyflogi copïwyr proffesiynol i gyflawni gwaith ar
ei ran yn Llundain a Rhydychen. Nid peth anghyffredin mo hynny:
cyflogai'r Athro Charles H. Firth (un o arholwyr D.Litt. Doc Tom
ymhen rhai blynyddoedd) gopïwyr i drawsgrifio cynnwys llawysgrifau
yn Rhydychen a Llundain ar ei ran. Ni allai Doc Tom fforddio treulio

cyfnodau meithion oddi cartref yn astudio a chopïo, a chryn aberth ariannol i athro ysgol a chanddo gyfrifoldebau teuluol fu gorfod talu am wasanaeth *amanuenses*. O ran cynhyrchu deunydd hylaw a thaclus, sut bynnag, bu'n fuddsoddiad gwerthfawr a llwyddiannus. Treuliodd Thomas Rees, copïwr proffesiynol o Acton, Llundain, ddyddiau lawer ar ei ran ym 1913 yn copïo a gwirio y *Liber Institutionum* a chofnodion eraill yn Llyfrgell Tŷ'r Arglwyddi, ac am rai blynyddoedd rhwng 1913 a 1926 cyflawnwyd cymwynasau cyffelyb gan gopïwyr eraill yn Llyfrgell Dr Williams, yr Archifdy Gwladol, Somerset House a Llyfrgell Bodley.[29] Ni fyddai wedi gallu cwblhau ei MA, heb sôn am y cyfrolau sylweddol a gyhoeddwyd ganddo rhwng 1920 a 1930, heb gymorth croniclwyr rhyfeddol o fedrus a thaclus fel Miss E. M. Thompson, Hampstead, Miss L. Drucker, Belsize Crescent, Miss E. Stokes, Chancery Lane, a Miss E. G. Parker, Chalfont Road, Rhydychen.[30] Weithiau, trwy lunio llythyr a oedd yn fêl ac yn fefus, câi wybodaeth yn rhad ac am ddim: er enghraifft, copïwyd ar ei ran ddarnau o Gyfrifiad Crefydd 1676 gan Miss Henrietta Garbett, Llyfrgellydd William Salt yn Stafford.[31] Bu ei hen gyfaill Gwili hefyd yn rhestru llyfrau a chopïo deunydd ar ei ran yn Llyfrgell Coleg Prifysgol Cymru, Caerdydd.[32] Hyd yn oed ar ôl ei benodi'n llyfrgellydd Coleg Bangor ac er gwaetha'r ffïoedd y bu'n rhaid eu talu, daliai Doc Tom i ddefnyddio copïwyr proffesiynol. Y gorau o ddigon yn eu plith oedd H. Marsh Thompson a fu'n gweithio drosto yn yr Archifdy Gwladol, yr Amgueddfa Brydeinig a Phalas Lambeth tra oedd yn paratoi astudiaeth ar eglwys Llanfaches. Un da am weithio ar ei liwt ei hun oedd Thompson a byddai'n ymuniaethu mor llwyr â'r dasg a roddid iddo fel y gallai drafod yn ddeallus â Doc Tom arwyddocâd hanesyddol yr wybodaeth a ddeuai i'r golwg.[33] Gwnâi copïwyr fel hyn ddiwrnod rhagorol o waith ar ei ran ac ni ellir peidio â sylwi ar y ffaith fod eu gwaith nid yn unig yn daclusach nag eiddo Doc Tom ond hefyd yn gywirach. Cofnodwr brysiog a blêr oedd Doc Tom a diau y buasai wythnos o hyfforddiant yn y grefft o 'slipio' dan law rhywun fel Griffith John Williams wedi gwneud byd o les iddo. Nid aeth erioed i'r drafferth o ddysgu teipio ac yr oedd pob peiriant yn ei ddychryn.

Y mae'r llyfrau ymarferion a geir ym mhapurau Doc Tom yn ddigon o ryfeddod.[34] Wrth lunio nodiadau ar yrfa neu gefndir rhyw Biwritan, byddai'n defnyddio pob modfedd o'r papur ac yn ysgrifennu â phensel neu ysgrifbin du, coch a glas. Gwibiai saethau mewn gwahanol liwiau ar draws y ddalen, ceid cryn danlinellu a defnydd o NB, *Vide* ac ambell sylw swta fel 'Where does he get these facts?', 'Vague', 'Punctuation wretched', 'Sinister', 'Good Points', 'Coincidences' a 'No, a thousand times No'. Anodd, yn wir, deall sut y gallai neb lunio cyfrol neu ysgrif ar sail y fath annibendod, ond nid oedd dull Doc Tom o saernïo mor wallgof ag yr ymddengys. Casglai fynyddoedd o ffeithiau a chan fod ganddo gof mor rhyfeddol yr oedd yn feistr ar ei ddeunydd. Gall y sawl sy'n ei gofio dystio i'w allu digymar i ddwyn i gof enwau ac amgylchiadau teuluol ac addysgol rhai o'r Piwritaniaid mwyaf di-sôn-amdanynt. Rhoddai bwys mawr ar gywirdeb ffeithiol a disgynnai fel barcud ysglyfaethus ar unrhyw hanesydd a fyddai'n hepian. 'Wood wrong on a matter of fact,' meddai'n orfoleddus ryw dro ar ôl canfod gwall yng ngwaith yr hanesydd enwog Anthony à Wood, ac yr oedd hyd yn oed yn ddigon rhyfygus i gywiro camgymeriad a wnaed gan ei arwr J. E. Lloyd yn ei *magnum opus, A History of Wales to the Edwardian Conquest*: 'Should not Maximus in vol.1, p.92, footnote 2, line 3, read Carausius? I don't see any corrigendum of it on p.xi?' Y mateb sychlyd Lloyd, gyda llaw, oedd 'Quite right.'[35] Tynnai waith haneswyr fel Frank Bate a G. Lyon Turner yn ddarnau, gan restru eu camgymeriadau yn ddidrugaredd.[36] Nid un i esgusodi ffolinebau oedd Doc Tom ac, fel y cawn weld maes o law, fel adolygydd a beirniad eisteddfodol dywedai'r caswir, deued a ddelo.

Yn ystod tri mis cyntaf 1914 llosgai'r gannwyll nos er mwyn cwblhau ei draethawd ymchwil. Ar ôl ei gyflwyno bu'n bryderus iawn yn ei gylch: 'In my imagination I read it over and over again', meddai wrth J. E. Lloyd, 'and was fully convinced (sometimes) that the introduction was too long, the sequence bad, and the treatment incomplete.'[37] Fel mae'n digwydd, yr oedd safon y traethawd mor gymeradwy fel na fu raid ei alw am arholiad llafar, a bu ond y dim iddo ennill Gwobr Llywelyn ap Gruffudd Prifysgol Cymru am draethawd MA gorau'r flwyddyn. Cipiwyd y wobr honno gan James Conway Davies ac er mwyn ei argyhoeddi ei hun na chawsai gam aeth Doc Tom yn unswydd i'r Llyfrgell Genedlaethol i ddarllen y traethawd – a'i ddyfarnu'n enillydd cwbl haeddiannol.[38] Serch hynny, ac yntau'n ingol ymwybodol o'i ddyled i Lloyd a Shankland, ni ellir peidio â synhwyro ei fod yn teimlo unwaith eto ei fod wedi boddi wrth ymyl y lan.

Yn ystod y Rhyfel Mawr aeth ati i ychwanegu tair pennod faith ac atodiad i'r traethawd MA a'i yrru, fel y gwelsom eisoes, i'r gystadleuaeth am y gwaith ymchwil gorau yn Eisteddfod Genedlaethol

Castell-nedd ym 1918. Plesiwyd ef yn fawr gan y wobr o £50 a'r fedal a ddaeth i'w ran, ac yn sgil y gefnogaeth a gawsai gan E. Vincent Evans, ysgrifennydd Cymdeithas yr Eisteddfod Genedlaethol, aethpwyd ymlaen i gyhoeddi'r gwaith dan y teitl *A History of the Puritan Movement in Wales, 1639 to 1653* (1920), cyfrol a oedd yn cynnwys rhagymadrodd gan J. E. Lloyd yn tynnu sylw at y ffaith mai hon oedd y gyntaf i drafod twf Piwritaniaeth yng Nghymru ar sail ffynonellau gwreiddiol swyddogol. Nid oedd ond megis dechrau. Rhwng 1920 a 1930 – degawd a oedd yn oes aur yn ei yrfa – cyhoeddodd chwech o gyfrolau ('cyfrolau cedyrn solet',[39] chwedl R. T. Jenkins), pedair yn Saesneg a dwy yn Gymraeg. Gwaith a wobrwywyd yn Eisteddfod Genedlaethol Caernarfon ym 1921, fel y nodwyd eisoes, oedd ei ail *magnum opus*, sef *Religious Developments in Wales (1654–1662)*, a gyhoeddwyd ym 1923, a chyffesodd tri beirniad y gystadleuaeth y gwyddent yn burion mai Doc Tom oedd biau'r ffugenw 'Ned Sibion' am nad oedd ond un awdur yng Nghymru a allai fod wedi llunio'r fath orchestwaith.

Ymhen dwy flynedd yr oedd *Wales under the Penal Code 1662–1687* (1925) wedi ei gyhoeddi, ac ymhen tair blynedd eto *Wales under the Indulgence (1672–1675)* (1928). Erbyn hynny yr oedd wedi dychwelyd i Fangor i fod yn brif lyfrgellydd y coleg, ond y ffaith syfrdanol yw fod yr holl waith ymchwil a'r rhan fwyaf o'r gwaith ysgrifennu wedi eu cyflawni tra oedd yn athro ymroddgar ac yn ŵr cyhoeddus ym Maesteg. Anodd meddwl am unrhyw athro ysgol arall yn holl hanes Cymru a lwyddodd i gyflawni'r fath gamp ysgolheigaidd. Ac fel pe na bai hynny'n ddigon o gyfraniad, ar ôl cyrraedd Bangor cyhoeddodd ddwy gyfrol yn Gymraeg, sef *Piwritaniaeth a Pholitics 1689–1719* (1927) a *Cymru a'r Uchel Gomisiwn, 1633–40* (1930). Rhwng y chwe chyfrol, dyna gyfanswm o 1,601 o dudalennau. Yr oedd angen gweledigaeth a dygnwch eithriadol i gyflawni gwaith mor arloesol â hyn ac i ddwyn y cyfan i olau dydd ymhen degawd. Ers hynny y maent wedi bod yn sylfaen gadarn i bob ymchwilydd sydd wedi mentro i faes hanes Piwritaniaeth ac Anghydffurfiaeth yng Nghymru. Hawdd credu hefyd y buasai cynnyrch mor sylweddol a hirfaith â hyn wedi llonni calon hen Biwritaniaid diwyd a chynhyrchiol fel William Perkins, Richard Baxter a William Prynne. Ac yr oedd cyhoeddiadau llawer mwy blasus, yn enwedig yn Gymraeg, i ddod.

Yn ogystal â'r cyfrolau trwchus, cyhoeddodd Doc Tom gnwd o erthyglau hirfaith – yn Gymraeg a Saesneg – yn ystod y dauddegau. Y mae cyfanswm tudalennau yr wyth bwysicaf yn ymestyn i dros bum cant ac yn gyfwerth â dwy gyfrol swmpus arall. Nid oedd ball ar egni Doc Tom ac ni allai hyd yn oed feddwl am orffwys ar ei rwyfau rhwng cyhoeddi'r cyfrolau mawr. At ei gilydd saernïwyd yr erthyglau hyn rhwng 1912 a 1926, sef cyfnod pan oedd Doc Tom yn athro ym Maesteg, ac os oedd iddynt 'naws bur eglwysig',[40] dylanwad digamsyniol Claude Jenkins, llyfrgellydd Palas Lambeth, a oedd yn gyfrifol am hynny. Ymdriniai'r erthyglau Saesneg â degymau Llandyrnog a Llandinam,[41] y frwydr am lesi Chwitffordd (ar sail tystiolaeth Papurau Dolben yn Llyfrgell Bodley),[42] prifathrawiaeth Dr Michael Roberts yng Ngholeg Iesu, Rhydychen, rhwng 1648 a 1657,[43] a helbulon yr Esgob William Lucy yn Nhyddewi.[44] Y bwysicaf yn eu plith oedd astudiaeth ystadegol fanwl o Gyfrifiad Crefydd 1676, darn o waith a ddaliodd ei dir yn rhyfeddol o dda tan 1986 pan gyhoeddwyd golygiad cynhwysfawr a beirniadol o'r cyfrifiad gan Anne Whiteman.[45] Er eu bod yr un mor fanwl a maith, haws o lawer i'w darllen yw'r erthyglau Cymraeg. Yn *Trafodion Cymdeithas Hanes Bedyddwyr Cymru* ceir hanes ffawd y Bedyddwyr yn ystod oes Lewis Thomas; darlith ddwyawr oedd hon a draddodwyd gerbron aelodau'r Gymdeithas yn Aberafan 'ar brynhawn poeth wedi cinio trwm, a syrthiodd llawer i drwmgwsg'.[46] Ymateb y Cymry i Ddatganiad Pardwn 1687 (neu 'Declarasiwn', fel y cyfeiriai Doc Tom ato) oedd pwnc darlith hirfaith arall a welodd olau dydd mewn print ym 1924.[47] Ond yr ysgrif Gymraeg sydd wedi para orau ac sydd wedi dylanwadu fwyaf ar hanesyddiaeth Anghydffurfiaeth Gymreig yw 'Henry Maurice: Piwritan ac Annibynnwr', darlith a gwblhawyd tra oedd Doc Tom ym Maesteg ond y gohiriwyd ei thraddodi a'i chyhoeddi oherwydd yr anawsterau a achoswyd gan Streic Gyffredinol 1926.[48] Gweithiwr diarbed ydoedd a rhaid bod cyfanswm ei gyhoeddiadau rhwng 1916 a 1930 wedi peri i sawl darlithydd prifysgol wrido mewn cywilydd. Yn sgil cyhoeddi'r fath gnwd o gyfrolau ysgolheigaidd, prin y gallai Doc Tom beidio â theimlo ei fod wedi llwyddo i wneud peth iawn am siomi J. E. Lloyd yn ei bapurau gradd ym 1903.

O ran cynnwys, felly, beth oedd swm a sylwedd dadl Doc Tom yn y gyfres ryfeddol hon o gyfrolau ac erthyglau? Er bod cynnwys ac arddull y gweithiau dyfnddysg hyn yn affwysol o drwm a throfaus, o ddygnu arni gellir canfod y thema fras ganlynol. Gwlad dlawd ar gyrion nertheodd mawr y Diwygiad Protestannaidd oedd Cymru yn ystod oes y Stiwartiaid Cynnar a dim ond cyfran fechan iawn o'i phobl a oedd yn gynefin ag athrawiaethau Luther, Zwingli a Calfin. Llef un yn llefain yn y diffeithwch fuasai llais John Penry ac nid tan y

1630au y canfu Piwritaniaid Lloegr fod ganddynt *tabula rasa* ym mharthau gorllewinol y deyrnas. Yr oedd olion Pabyddiaeth i'w canfod o hyd, ofergoeliaeth yn rhemp, a phobl yn trengi heb brofi gwybodaeth achubol. Y cyntaf i ymateb yn effeithiol i'r angen dybryd hwn oedd y Piwritaniaid Cymreig, gwŷr o ddoniau ysbrydol ac egni creadigol anghyffredin iawn. Y mwyaf dynamig yn eu plith oedd Walter Cradock, John Myles a Vavasor Powell, a phan ddaeth cyfle i rymuso eu cenhadaeth trwy gyfrwng y Ddeddf er Taenu a Phregethu'r Efengyl yn Amgenach yng Nghymru (1650–3) profodd Cymru y nesaf peth i hunanlywodraeth o ran materion crefyddol. Ond nychwyd y delfryd gan naws Seisnig ac estron y Werinlywodraeth a chan y 'rhagrithwyr, turncoats, blacklegs, teulu Judas' a frigodd i'r wyneb ym mhob sir bron yng Nghymru. Aeth llywodraeth y Piwritaniaid a'r gweriniaethwyr â'i phen iddi ym 1660 ac aeth Brenhinwyr ac Eglwyswyr ati'n ddiymdroi i geisio dinistrio Anghydffurfiaeth trwy ddirwyo, carcharu ac alltudio yn ystod blynyddoedd 'yr Erlid Mawr'. Dioddefodd sectau 'eithafol' a 'pheryglus' megis y Bedyddwyr a'r Crynwyr yn waeth na neb, ond trwy ddyfalbarhad, dewrder ac ystryw llwyddodd yr Anghydffurfwyr – y rhai, chwedl y proffwyd Eseia, a lân burwyd o'u sothach – i lynu wrth eu cred dan gysgod yr erledigaeth. A phan basiwyd Deddf Goddefiad ym mis Mai 1689 daeth cyfle i chwyddo rhengoedd eu cynulleidfaoedd lle bynnag y caniatâi gwendidau a llygredd y gyfundrefn eglwysig iddynt wneud hynny. Ac fel yr âi'r ddeunawfed ganrif rhagddi bywiocawyd llawer o'r 'Sentars Sychion' hyn gan sêl a brwdaniaeth y grefydd efengylaidd.

At ei gilydd hanesydd anniddorol yw'r hanesydd diragfarn, ac un o bennaf nodweddion Doc Tom oedd ei farn gadarn, ac weithiau fympwyol, am y bobl yr ymddiddorai ynddynt. Ac yntau'n ŵr egwyddorol, parchai bobl onest, unplyg, cadarn eu ffydd a dygn eu hymroddiad. Dyna paham y byddai'n melltithio 'dynion glastwraidd' oes Elisabeth I, sef y 'dynionach o Laodicea' a gerddai'r *via media* rhwng Calfiniaeth a Phabyddiaeth.[49] Casâi 'Phariseaid brithion' a 'disgyblion y torthau a phroselytiaid y porth' a fu'n gymaint bwrn ar genhadaeth y Piwritaniaid yn ystod y rhyfeloedd cartref a'r Werinlywodraeth. Rhaid oedd damnio 'opportunists' sir Fôn, 'weathercocks' sir Y Fflint a 'throedwyr pennau'r cloddiau' sir Gaernarfon.[50] Collfarnai hyd yn oed Morgan Llwyd o Gynfal oherwydd, yn un peth, fod ganddo 'ei fannau gwan a'i gylch terfyn' yn ddiwinyddol, ond yn bennaf oherwydd iddo feiddio ymosod ar

Oliver Cromwell a'r Ddiffynwriaeth ym 1654 ac yna dderbyn cyflog o £100 y flwyddyn o goffrau'r Arglwydd-amddiffynnydd am weinidogaethu yn Wrecsam.[51] 'Hoced a humbug' oedd hyn, yn nhyb Doc Tom, ac wrth bwyso a mesur cymeriad a chyfraniad y saint Piwritanaidd ni allai lai na chredu mai Vavasor Powell oedd y pennaf un yn eu plith. Tybiai fod Powell yn fwy cyson na Llwyd, yn llai bydol na Walter Cradock, yn fwy dynol na John Myles, ac yn llai anhydrin na William Erbery. Hyd ei farwolaeth ym 1670 methwyd â distewi llais Powell ac ni allai Doc Tom lai na'i osod 'high in a list of illustrious men who could not swear away the vision that was given them',[52] barn a ategwyd yn galonnog gan R. Tudur Jones fwy na deugain mlynedd wedi hynny.[53] Gwŷr cadarn eu hargyhoeddiad fel John Jones, Maesygarnedd, Jenkin Jones, Llanddeti, a hyd yn oed John Owen, y brenhinwr o'r Clenennau, oedd ei arwyr, ac ni cheisiai gelu ei ddirmyg at 'droedwyr hyddysg pennau'r cloddiau'. Nid yw'n gymaint syndod, felly, ei fod o'r farn fod Piwritaniaid y genhedlaeth gyntaf yn rhagori ar yr ail genhedlaeth (er gwaethaf ei barch dwfn at rai fel Stephen Hughes, Samuel Jones a Henry Maurice). Yn y bôn, eu hunplygrwydd a'u gwrhydri a enynnai ei edmygedd, a mynegodd hynny mewn paragraff sydd, yn ôl Thomas Parry, yn un 'na luniwyd erioed ei well gan unrhyw feistr ar ryddiaith Gymraeg':[54]

Cewri oedd y genhedlaeth gyntaf, yn llawn o nerthoedd gwastraffus anystywallt cewri, yn pregethu'n afieithus a diwarafun yng nghanol miri'r rhyddid newydd; dynion oedd yr ail, dynion meidrol iawn mewn oes ddyrys odiaeth, weithiau'n ystumio cydwybod, weithiau ym mhebyll Meroz, weithiau'n gwadu'r ffydd. Am yr oes gyntaf, anhawdd meddwl am danynt ond yn eu llawn dŵf; tyfu wnaeth yr ail o dan haul diflas Rhagfyr yr erledigaeth. Plannu'r baneri ar bennau'r mynyddoedd, a hynny ganol dydd, oedd gwaith Cradoc a Miles; gorfu i Stephen Hughes a'i gyfeillion eu cipio oddiyno, a'u dwyn liw nos i addurno ysguboriau ac ogofeydd. Praffder meddwl o gywrain saernïaeth Duw a welid yn amlwg yn Vavasor a'i gyfoeswyr; i'r proffwydi llai ar eu hôl daeth rhyw gymesuredd cyfrin fel mêl o ysgerbwd deddfau Clarendon, rhyw ddynoliaeth agos, rhyw irder peraidd – nerth yn dygyfor o wendid, a thyfu yn dod yn wobr i'r dioddef.[55]

Ac ar ei orau, yn enwedig yn Gymraeg, gallai sôn am yr enwogion dewr hyn fel petaent ymhlith ei gyfeillion mwyaf mynwesol.

Ac yntau'n enghraifft nodedig o Ymneilltuwr a fagwyd yn sŵn

dadleuon chwyrn ynghylch datgysylltiad, dirwest a masnach rydd, nid yw'n beth syn ychwaith ei fod mor llawdrwm ar rai o'r sectau mwy eithafol ac anuniongred. Ni allai gynhesu dim at y Crynwyr. Pan ofynnodd R. Tudur Jones iddo paham y ciliodd y Crynwyr o fywyd canolbarth Cymru wedi machlud haul y Stiwartiaid, daeth yr ateb fel fflach: 'Efengyl rhy syml, frawd!'[56] Bwriai ei lach yn afresymol o drwm ar William Erbery a'r Brygawthwyr, a phetai wedi cael ei ffordd byddai wedi eu halltudio i anghofrwydd. Nodwedd anhyfryd arall oedd ei sêl wrth-Babyddol. Ni cheisiai gelu ei ragfarn yn erbyn dilynwyr y pab a brithir ei lyfrau a'i erthyglau â chyfeiriadau miniog a diangen at 'eofndra' Iesuwyr, 'crechwen' Lewis o Ffrainc, ac 'erlid creulon' Iago II. Lluniai ddisgrifiadau cofiadwy o Iago II – 'rhyw greadur surbwch safn-syber oedd Iago, a chrychiad ei ael yn proffwydo galanas'.[57] Ac am y Tywysog James Edward, yr Ymhonnwr, nid oedd ef namyn 'rhempyn o Babydd ystyfnig'.[58] Yn ôl y newyddiadurwr a'r eglwyswr J. Arthur Price, prif wendid *A History of the Puritan Movement in Wales* oedd yr 'Orange virus' a dreiddiai drwyddo. Yn ei ddicter ysgrifennodd Price at J. E. Lloyd (gan gynnwys copi o adolygiad hallt a luniasai i'r *Church Times*) i fynegi ei gŵyn heb wybod bod Doc Tom yn gyn-ddisgybl iddo: 'I don't think the author meant to be insolent, though he has succeeded in being so. But it does reflect surely on the sort of education that the man has had.'[59] Nid yw ymateb Lloyd yn hysbys, ond ymhen blynyddoedd, wrth gatalogio llythyr Price, ysgrifennodd Doc Tom y cofnod cryno canlynol: '[Letter] 362 contains a violent outburst against an effusion on the Puritan movement in 1920 by the present cataloguer.'[60]

Eto i gyd, camgymeriad fyddai rhoi'r argraff fod stôr o bethau difyr a dadleuol i'w canfod yng nghyfrolau cedyrn Doc Tom. I'r gwrthwyneb: llyfrau ydynt, chwedl Bacon, 'y mae'n rhaid eu cnoi'.[61] Nid i ddiddanu'r 'diofal ysmala', chwedl R. T. Jenkins, y lluniwyd hwy, ac ni ellir dweud am yr un ohonynt fod modd ei ddarllen ar un eisteddiad nac ychwaith â'r traed ar y pentan. Gwyddai Doc Tom hynny gystal â neb, ac ymddiheurai'n llaes am 'sychder Gilboaidd' ei lyfrau.[62] 'This writing', meddai am ei gyfrolau wrth J. E. Lloyd, 'is of the same type as baffled Tout in 1903!'[63] ac yn ei ragair i *Piwritaniaeth a Pholitics* rhybuddiodd y darllenydd y byddai'r gyfrol, fel popeth arall a gyhoeddasai, yn 'aruthr sych mewn mannau'.[64] Profiad difyr yw darllen ymateb adolygwyr a darllenwyr i'w gyfrolau, ac y mae'n glod i Doc Tom ei fod wedi diogelu pob adolygiad – ffafriol ac anffafriol – o'i weithiau yn ei bapurau personol. Meddai J. Arthur Price yn nodweddiadol ddiflewyn-ar-dafod am *A History of the Puritan Movement in Wales*: 'It is the dullest book that I ever read.'[65] 'Very useful' oedd sylw deifiol Claude Jenkins a thybiai W. Llewelyn Williams ei fod yn rhy academaidd i'r lliaws ('caviare to the general') ac yn rhy brennaidd i'w ddarllen.[66] 'Yr ydw'i wedi darllen un bennod – y gynta', meddai Pedr Hir, 'rargen fawr yr ydechi wedi cymryd trafferth. Mi edryches drwy'r llyfr i gyd neithiwr.'[67] Hawdd credu ei fod wedi dewis ei eiriau yn bur ofalus rhag peri loes i'w gyfaill. Er iddo ganmol y gwaith, fe'i siarsiwyd gan J. H. Davies i geisio cael mwy o sbri ('[give] yourself a fling') yn ei gyfrol nesaf.[68] Wedi'r canmol a'r cystwyo, nid oedd Doc Tom yn rhy benisel: 'I cannot altogether help falling short of Froude and Macaulay', meddai wrth J. E. Lloyd.[69] Digon cymysg hefyd fu'r ymateb i'r cyfrolau mawr eraill: canmol mawr ar safon yr ymchwil, ochneidio mwy ynglŷn â'r arddull. 'Dear Sir,' meddai'r hanesydd Alexander Gordon mewn llythyr a ysgrifennwyd yn Chelsea i ddiolch am gopi cyfarch o *Religious Developments in Wales*: 'I nibbled at your book yesterday afternoon',[70] a chyfaddefodd William A. Shaw, hanesydd arall yr oedd Doc Tom yn drwm yn ei ddyled, fod ei fynych grwydradau a'i hel sgwarnogod wedi peri iddo sychedu am ei waed lawer gwaith wrth geisio ei ddarllen:

> Are we so utterly devoid of artistic sense as to be quite incapable of presenting our own material & obtaining a hearing in the world at large. I dont see the necessity of it. I dont see that fine research of itself should so kill the artistic sense within us. I am not talking of fine writing. Artistry is much more than fine writing. It turns upon preparation, perspective, a sense of massing, balance, arrangement, proportion, prominence & subordination, light & shade, high lights & deep shadows.[71]

'Ffeithiau, ffeithiau, ffeithiau, bwydwch fi â ffeithiau, meddai Carlyle, onide? A dyma nhw . . .', oedd sylw bachog Thomas Rees, prifathro Coleg Bala-Bangor, yn *Y Tyst*.[72] Gellid yn hawdd amlhau tystion a chanddynt sylwadau a chwynion cyffelyb, ond bodlonwn ar ddedfryd gwbl deg Michael Watts, ein prif awdurdod modern ar hanes yr Anghydffurfwyr: 'the various studies by Thomas Richards . . . are a mine of information, all but buried under the author's hideous literary style'.[73] Afraid dweud na fyddai'r un wasg heddiw yn ystyried cyhoeddi cyfrolau Doc Tom yn eu ffurf bresennol, a hwyrach y caf faddeuant ryw ddydd gan genhedlaeth gyfan o fyfyrwyr am ddisgwyl iddynt ymgodymu â'i waith ac am dorri calon y gweiniaid yn eu plith.

Nid syn, felly, fod cyn lleied o ddarllen wedi bod ar gyfrolau hanes Saesneg Doc Tom. Y maent yn drybeilig o faith: y ferraf oedd *Wales under the Penal Code* (184 tudalen) a'r feithaf oedd *Religious Developments in Wales* (547 tudalen). Am ryw reswm, ni allai ymatal rhag llunio penodau di-rif – ugain yn y gyfrol gyntaf, deunaw yn yr ail, pedair ar ddeg yn y drydedd, a thair ar hugain yn y bedwaredd. Yn ei ddwy gyfrol Saesneg olaf cydiodd hen chwiw y Piwritaniaid ynddo, sef britho ei benodau â phenawdau ac isbenawdau, yn eu plith rai fel hyn: 'Matters of Interpretation', 'A Digression into Politics', 'Analysis' a 'Which William Thomas?' Nid oedd ei hafal am 'saernïo' brawddegau a pharagraffau hirion. Y mae pennod gyntaf *Wales under the Penal Code* yn dechrau â brawddeg sy'n ymestyn dros 13 llinell ac yn cynnwys 116 o eiriau! Ar ôl ysgrifennu pum tudalen heb ddechrau paragraff newydd, meddai yn *Religious Developments in Wales*: 'It is time to open a new paragraph . . .'[74] Âi yn awchus ar ôl pob sgwarnog, gan ei atgoffa ei hun o hyn o bryd i'w gilydd drwy ddweud, 'we must return from a digression',[75] ond ymhen fawr o dro byddai wedi ymgolli yn y dasg o wahaniaethu rhwng pum William Thomas neu wyth John Williams. Câi flas ar ddatrys y dirgelion hyn oherwydd syniai am ymchwil fel gwaith ditectif. Hercule Poirot haneswyr Cymru y 1920au oedd Doc Tom!

Ail nodwedd cyfrolau dyfnddysg Doc Tom yw'r mynydd o ffeithiau a geir ynddynt. Gan ei fod yn benderfynol o ysgrifennu cyfrolau cywir, dibynadwy a thra gwahanol i eiddo 'vain weavers of fancy'[76] fel Thomas Rees, J. Spinther James a Beriah Gwynfe Evans, credai ei bod yn rheidrwydd arno i gynnwys miloedd o ffeithiau anwadadwy yn ei weithiau. Fel hyn yr eglurwyd gan R. Tudur Jones y modd y dysgodd eraill sut i fanteisio ar gofrestrau a llawysgrifau eglwysig yn yr ail ganrif ar bymtheg:

> Nid yw'n ormodiaith i ddweud fod ei lafur yn chwyldroadol yn y maes hwn. Gwasgai bob owns o wybodaeth ac awgrym cyn gollwng unrhyw ddogfen o'i law. Anaml y dangosai frwdfrydedd dros lyfrau cyfoes ar hanes; ond ni allai guddio ei lawenydd o gael trawsysgrif o hen ewyllys neu gofnodion diarffordd i'w law. Perthynai i'r ysgol honno o haneswyr a fu mor ddylanwadol genhedlaeth yn ôl – yr ysgol a roddai'r pwys trymaf ar ddarganfod a chroniclo ffeithiau hanesyddol yn hytrach nag ar eu hesbonio. Ymchwilio – nid athronyddu – oedd gwaith pennaf yr hanesydd iddo ef.[77]

Megis Thomas Gradgrind yn *Hard Times* Charles Dickens, yr oedd ffeithiau yn anadl einioes iddo ac fe'u pentyrrai yn ddidrugaredd. Mynnai drafod a rhestru pob cymal a berthynai i'r Deddfau Cosb a'i gladdu ei hun mewn manylion dibwys ynghylch cost organ eglwys gadeiriol Llanelwy neu, fel y dengys y dyfyniad canlynol, arwyddocâd rhyw ddogfen nas trafodwyd erioed o'r blaen:

> The relegation of this undated document to the reign of James I reduces its prima facie significance as an unwarrantable gloss upon the Test Act only to attain a new importance as proving the reliability of the Harleian MS [280] figures for 1603, delimiting the geographical area where Papist doctrines had taken root (more accurately, had never been uprooted), and as illustrating the growth of Catholic adherents in that county and its individual parishes by *at least* 230 between 1603 [311] and 1676 [541].[78]

Wrth gynffon ymron pob brawddeg ceid troednodyn; ceir yn *A History of the Puritan Movement* weithiau gynifer â dau ar hugain ar un tudalen. Fel y dangosodd Anthony Grafton, buasai'r troednodyn yn ffurf ar gelfyddyd yn Lloegr yn y ddeunawfed ganrif,[79] ond Doc Tom oedd yr hanesydd modern cyntaf yng Nghymru i ddatgan yn wyneb haul llygad goleuni fod *apparatus criticus* yn rhan annatod o grefft yr ysgolhaig.

Honnodd R. T. Jenkins ryw dro y byddai'n gwbl annheg disgwyl i gyfrolau Saesneg Doc Tom 'ddarllen fel nofel' gan fod maint a natur yr ymchwil yn gwahardd hynny.[80] Ond y mae byd o wahaniaeth rhwng llunio hanes darllenadwy a llunio hanes sy'n darllen fel nofel, a'r gwir yw na fedrai Doc Tom gyflawni'r naill na'r llall yn Saesneg. Ni waeth inni wynebu'r caswir: yr oedd ei arddull Saesneg mor felltigedig o drwm nes bod darnau helaeth iawn o'i lyfrau bron yn amhosibl eu darllen. Ysgrifennai frawddegau amlgymalog hir a chymhleth, a'u britho ag ymadroddion hynafol fel 'beyond a peradventure', 'it is passing safe', 'casting a nebula' ac 'as a wholesome corrective'. Ni fyddai'r un o'i gyfrolau yn gyflawn heb rai o'i hoff eiriau megis 'inexpugnability', 'asseverate', 'excrescences', 'irrefragable', 'ineffable', 'premonitory', 'supererogation', 'inauspicious inexactitudes' a 'wonderful aberrations'. Bron nad yw dyn yn teimlo weithiau fod geiriau Saesneg unsill a deusill yn anathema ganddo. Yng nghanol y plethwaith o isgymalau, cwestiynau rhethregol, tablau a pharagraffau hirion, byddai'n aml yn trafod hyd syrffed gynnwys ac arwyddocâd gwritiau megis *de excommunicato capiendo, de homine replegiando* a *de contumace capiendo.* Yn hytrach na cheisio ennyn diddordeb y darllenydd drwy lunio brawddeg agoriadol ddengar i gyfrol, fel hyn (yn achos *A History of the Puritan Movement*) y traethai: 'Penry's suggestions in 1587 for reform of the spiritual condition of Wales were to a great extent adopted after a lapse of sixty years.' Ac yn lle cloi cyfrol mewn modd cofiadwy, dywedai (yn achos *Wales under the Penal Code*) rywbeth swta fel hyn: 'Evidently the Anglican iconoclasts of the Restoration have something to answer for.' Byddai'n gosb drom ar unrhyw ddarllenydd pe amlheid yn y bennod hon enghreifftiau o 'sychder Gilboaidd' arddull Doc Tom, ond y mae'r darn canlynol am y Crynwyr yn bur nodweddiadol ohono ac yn cyfleu naws y traethu:

> By comparatively depreciating the letter of Scripture, they evaded the controversies over the Trinity, the Timothy and Titus verses dealing with a hierarchy of church-officers, the exact significance of the two great Christian ordinances and their interdependence, the precise definition of the five Calvinistic fundamentals, the apostolic succession and the 'jus divinum'; in fact, all the Biblical interpretations which had divided men into Anglicans and Presbyterians, Calvinists and Arminians, Baptists and Independents.[81]

Un frawddeg yw hon, wedi ei chodi allan o gyfrol sy'n cynnwys 547 o ddudalennau sych i'w ryfeddu.

Y mae'n anodd gwybod sut a phaham y magodd Doc Tom ei arddull Saesneg unigryw, arddull y gellir ei hadnabod ym mhig y frân. Go brin fod dadl R. T. Jenkins fod natur astrus y deunydd yn peri fod hynny'n anorfod yn eglurhad digonol oherwydd, fel y gwelsom eisoes, bu raid i J. E. Lloyd gollfarnu ei arddull 'outlandish' mor gynnar â 1903.[82] Ac er i Lloyd ei wobrwyo yn Eisteddfod Castellnedd ym 1918 a chanmol ei waith yn gyhoeddus, mewn llythyr preifat rhoes ei fys ar wendid pennaf Doc Tom: 'the tendency to a too elliptic and allusive style. The clauses are piled on top of each other, "Pelian on Ossa" fashion, in a way that rather takes one's breath away and often obscures the sense.'[83] Yn niffyg unrhyw dystiolaeth arall, rhaid priodoli arddull neilltuol Doc Tom i ddylanwad yr addysg Seisnig a gawsai yn Ysgol Llangynfelyn a'r math o lyfrau Fictoraidd a ddaethai i'w law y pryd hwnnw. Wedi iddo fynd i'r rhigol farwol hon ni allai dorri'n rhydd, er gwaethaf rhybuddion J. E. Lloyd, John Morris-Jones a llu o adolygwyr yn y 1920au. Er mawr ollyngdod i bawb, fodd bynnag, peidiodd y gyfres o gyfrolau 'cedyrn solet' Saesneg ym 1927.

O ran saernïaeth ac arddull, efelychiad o'i weithiau Saesneg oedd ei gyfrol Gymraeg gyntaf, *Piwritaniaeth a Pholitics (1689–1719)*, gwaith a dyfasai yn sgil ei thraddodi yn Ddarlith Flynyddol Coleg y Bedyddwyr, Bangor, ym 1927. Er mwyn 'dadreibio swynion y maniwffactrwyr rhamant',[84] ceid ynddi bentyrrau o ffeithiau wedi eu cyflwyno mewn paragraffau meithion a brawddegau amlgymalog, llwythog a dyrys. Gwelodd yn dda i drafod yn eithriadol o fanwl bob iot o wybodaeth yn yr *Association Rolls* a gedwid yn yr Archifdy Gwladol, i ddadansoddi'n fanwl gyfewin gymalau ac isgymalau deddfau cosb oes yr Adferiad, ac i gynnwys yn llawn (yn Saesneg) ddeiseb yr arglwyddi a brotestiodd yn erbyn Deddf Sism 1714. Crwydrai'n ddiedifar oddi wrth y pwnc dan sylw. 'Dyma beth yw crwydro oddiwrth y testun,' meddai'n dalog ar dudalen 78, ac eto – 'Gormod o grwydro' – ar dudalen 112. Ar ôl cysuro'r darllenydd y câi 'baragraff bychan' yn trafod ymateb esgobion ac arglwyddi i bolisïau milain y Torïaid, aeth y cyfryw baragraff yn ei flaen am dros ddau dudalen a hanner![85] Brithir y gyfrol â brawddegau dyrys megis 'Er mwyn cael barn i fuddugoliaeth yno, rhaid i'r ddelfryd uchel yn aml gyfaddau ei hun i rigolau troiog cyfaddawd',[86] ynghyd â lliaws o gyfeiriadau ysgrythurol anadnabyddus. At hynny, nychid y gwaith gan orgraff anghonfensiynol yr awdur. Y mae'n bur annhebyg iddo erioed ddarllen *Orgraff yr Iaith Gymraeg*, a gyhoeddwyd gan y Bwrdd Gwybodau Celtaidd ym 1928, a chyfaddefodd ryw dro: 'Er yn byw ymysg orgraffwyr, go simsan yw'r adolygydd hwn ar bwnc yr orgraff.'[87] O ganlyniad ceir gwallau orgraff difrifol yn *Piwritaniaeth a Pholitics* a hawdd deall paham na welodd W. J. Gruffydd yn dda i gynnwys adolygiad ohono yn *Y Llenor*. Oni bai fod ei gyfaill Thomas Parry wedi trugarhau wrtho trwy ddarllen a chywiro *Cymru a'r Uchel Gomisiwn 1633–1640* cyn ei gyhoeddi ym 1930 byddai'r un clwy wedi difetha'r llyfr hwnnw hefyd.[88] Eto i gyd, camgymeriad fyddai rhoi'r argraff fod *Piwritaniaeth a Pholitics* yn gwbl annarllenadwy. I'r sawl a oedd yn hyddysg yn ei Feibl, rhaid mai peth dymunol oedd darllen cyfeiriadau at sychder Gilboa, chwerwder dyfroedd Mara, a'r Hollalluog yn taro muriau Namur i lawr. O bryd i'w gilydd hefyd cyflwynid naws ysgafnach drwy gynnwys ebychiadau annisgwyl megis 'Naw wfft iddo' a 'dyna drychineb anaele!' a thrwy gyfeirio'n gellweirus at John Bear, offeiriad Shermanbury yn Sussex, fel yr 'offeiriad arthaidd hwn'.[89] Eto i gyd, y mae'n rhyfeddol fod y gyfrol hon wedi ei dyfarnu yn llyfr gorau'r flwyddyn yn Eisteddfod Genedlaethol Treorci ym 1928, yn enwedig o gofio mai ym 1927 hefyd y cyhoeddwyd cyfrol chwyldroadol Saunders Lewis ar Williams Pantycelyn.

Nid tan y cyhoeddwyd *Cymru a'r Uchel Gomisiwn 1633–1640*, llyfr a seiliwyd ar gyfres o ddarlithiau a draddodwyd yng Ngholeg Prifysgol Gogledd Cymru, Bangor, yn nhymor y Grawys 1930, y cafwyd prawf diymwad fod deunydd Cymreigiwr da yn Doc Tom. Erbyn hynny buasai ym Mangor ers pedair blynedd a rhaid bod ei gyfeillion yn Adran y Gymraeg, yn enwedig Thomas Parry, wedi ei berswadio i draethu'n fwy deniadol a chywir. Er iddo ef ei hun gyfaddef fod 'ar y mwyaf o eiriau Saesneg ynddo' a'i fod yn disgwyl i'r darllenydd 'ymbalfalu ar hyd llechweddau Gilboa',[90] gan fod y pwnc yn rhoi cyfle iddo i ganolbwyntio ar y straeon garw a difyr y daethai o hyd iddynt yn 'oriel y cnafiaid', yr oedd yn waith haws ei ddarllen na dim a gyhoeddasai cyn hynny. Gwir fod ynddo ddarnau diarhebol o sych, aneglur a di-alw-amdanynt, ond at ei gilydd fe'i ceir am y tro cyntaf yn traethu'n hamddenol a chynnes. Er enghraifft, hon yw'r frawddeg gyntaf ym mhennod saith: '"Y mae rhyw ddiafol yn fy mhen glin i", gwaeddai Richard Parry ynghlyw pawb un dydd Saboth yn 1631, yn eglwys plwyf Llanfallteg. Hyn yn ystod gwasanaeth y Cymun Bendigaid, ef newydd fwyta'r bara ac ar fin derbyn y cwpan.'[91] Gwisgai fantell ei ysgolheictod yn ysgafnach ac, o ganlyniad, tynnai yn fwy mynych ar adnoddau ei dafodiaith a hefyd ar ei wybodaeth ysgrythurol, gan lunio brawddegau sy'n bleser eu darllen, e.e. 'Yn lle si ysol y wyntyll yn llwyr-lanhau'r llawr dyrnu yn y Comisiwn, swn y ffust a glywir yn di-dwysennu'r ŷd a malu'r da a'r drwg gyda'i gilydd.'[92] A dengys y paragraff campus a ganlyn ei fod nid yn unig yn adnabod y natur ddynol yn dda ond ei fod hefyd yn prysur ddatblygu i fod yn llenor o'r iawn ryw:

> Beth bynnag a ddywedir am wendidau teulu Cefn Amwlch, gwnaent bopeth ar raddfa fawr; nid pwy oedd wardeniaid plwyf Penllech a drafferthai enaid John Griffith, ond sut i reoli sir Gaernarfon; nid ei arfer oedd cnocio'n betrus wrth ddrws ei elyn, ond ei ddryllio'n dipiau gyda gordd a throsolion. Yr oedd rhywbeth mawreddog yn ei falais. Nid felly teulu'r Lloran Uchaf ym mhlwyf Llanrhaeadr Mochnant: cenfigen blwyfol oedd yr eiddynt hwy, dal gelyn ar bigau'r drain am oes, hen gweryla brwnt, didoriad.[93]

Ceir yn y darn uchod ragflas o'r Cymraeg difyr ac afieithus a amlygid fwyfwy yn ei waith yn y dyfodol, ac er nad yw *Cymru a'r Uchel Gomisiwn* heb ei feiau gwelir ynddo brofion ddigon fod Doc Tom, chwedl R. T. Jenkins, yn 'anadlu'n rhwyddach yn Gymraeg'.[94] Yn ystod y 1920au hefyd daeth Doc Tom yn adolygydd i'w barchu a'i ofni. Nid un i ddioddef ffyliaid yn llawen mohono a disgwyliai i bob awdur ymchwilio'n drylwyr ac i drin a thrafod ei ffynonellau yn feirniadol bob amser. Yr oedd ganddo, felly, air o glod i wŷr dyfal fel Lemuel Hopkin-James, awdur *Old Cowbridge*, a J. Dyfnallt Owen, hanesydd Capel Heol Awst, ac yn enwedig i William Pierce, cofiannydd John Penry.[95] Ond bwriai ei lach yn ddidrugaredd ar ymchwilwyr diog ac arwynebol a fodlonai ar ailadrodd gwaith awduron eraill. Un felly oedd J. C. Morrice, a oedd yn ficer Eglwys y Santes Fair, Bangor, pan gyhoeddodd *Wales in the Seventeenth Century* ym 1918. Diau fod Doc Tom yn ei adnabod oherwydd graddiodd gydag anrhydedd yn y dosbarth cyntaf yn y Gymraeg ym Mangor ym 1900 cyn mynd yn ei flaen i wneud ei farc fel golygydd gwaith y cywyddwyr.[96] Mewn adolygiad deifiol yn *Yr Haul* ym 1919 edliwiwyd mawr anwybodaeth a diffyg crebwyll Morrice gan Doc Tom. 'Pechod parod yr awdur', meddai, 'yw bodloni ar awdurdodau ail-raddol, os nad graddau is na hynny, a dibynnu ar dystiolaeth haneswyr a fu o gryn fri unwaith, ond yn awr a gyfrifir yn safonau gwantan a hen-ffasiwn.'[97] Digiodd Morrice a phan gyhoeddodd Doc Tom *Wales under the Penal Code* talodd y pwyth yn ôl drwy lunio adolygiad milain a'i gyhoeddi yn ddienw yn *The Welsh Outlook*. Yn ei gynddaredd anfonodd Doc Tom lythyr i'r *South Wales Daily News* yn cyhuddo'r adolygydd (fe wyddai'n dda pwy ydoedd) o ryfyg, anwybodaeth a rhagfarn. Malwr awyr llwfr ydoedd, meddai, ac un na wyddai ddim am ddygnwch diymarbed y gwir hanesydd: 'I know him only as an expert in hiding poverty of thought under a cloak of long-syllabled adjectives.'[98] Nid unwaith na dwywaith yn ystod ei oes faith yr ymgymerodd Doc Tom â gornest eiriol fel hon a hawdd credu iddo eu mwynhau i'r eithaf. Wedi'r cwbl, nid oedd ei debyg am 'ddweud y plaendra'.

Rhwng 1918 a 1930 enillodd Doc Tom ei le fel y prif awdurdod ar hanes Piwritaniaeth ac Anghydffurfiaeth gynnar yng Nghymru yn rhinwedd ei gyfrolau a'i ysgrifau sylweddol. I raddau helaeth iawn llafur cariad fu hyn i gyd ac y mae'n amheus a welwyd erioed weithiwr dycnach y tu allan i furiau Prifysgol Cymru. Ond cystal cyfaddef hefyd fod ei uchelgais yn ei yrru ymlaen. Credai ei fod wedi cael cam yn ei arholiadau gradd ym 1903 ac yr oedd yn benderfynol o brofi i'r byd a'r betws ei fod yn ysgolhaig cydnabyddedig. Yn ddistaw bach hefyd yr oedd yn awyddus i'w arwr J. E. Lloyd ei gymryd o ddifrif. Felly, nid digon ganddo radd anrhydedd yn yr ail ddosbarth a gradd MA â chlod uchel. Mor gynnar â mis Tachwedd 1919 – cyn iddo gyhoeddi cymaint ag un gyfrol – yr oedd ennill gradd Doethur mewn Llên Prifysgol Cymru yn nod ganddo. Meddai wrth J. E. Lloyd:

> I believe there is such a degree as D.Litt. (or Litt.D.) in the University of Wales, but I have not heard of any one having got it (unless it be Dr. E. A. Lewis). Nor have I the slightest idea of the *standard* required; whether, indeed, an ordinary mortal like myself should even think of it.[99]

Er i Lloyd lwyddo, am y tro beth bynnag, i daflu dŵr oer ar ei gynllun, nid un hawdd i'w ddarbwyllo oedd y Cardi uchelgeisiol hwn ac ymhen pedair blynedd, ac yntau erbyn hynny â dwy gyfrol drwchus i'w enw, rhoes gynnig arall arni. 'There is such a thing, I believe as a D.Litt. (Wales)', meddai wrth Lloyd, a'r tro hwn bu raid i Lloyd gyfaddef fod ganddo achos cryf ac y byddai'n cynnal ei freichiau.[100] Yr oedd J. H. Davies, prifathro Coleg Prifysgol Cymru, Aberystwyth, hefyd ar y pryd yn ei gymell i ymgeisio am radd doethur.[101] Wedi i Lloyd fraenaru'r tir ar ei gyfer, penderfynodd Doc

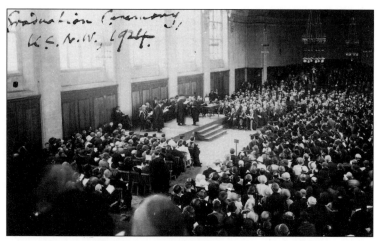

8.   Cynulliad Graddau Coleg Prifysgol Gogledd Cymru, Bangor, ym 1924 pan
gyflwynwyd gradd D.Litt. Prifysgol Cymru i Thomas Richards.
(Llun: Prifysgol Cymru, Bangor).

Tom ymgeisio am y radd drwy gyflwyno ei ddwy gyfrol Saesneg gyntaf, ynghyd â'i erthygl faith ar yrfa Dr Michael Roberts, prifathro Coleg Iesu, Rhydychen, rhwng 1645 a 1657.[102] Erbyn canol Ionawr 1924 yr oedd deg copi o'r cnwd tra dysgedig a sych hwn yn gorwedd yn glyd ar ddesg cofrestrydd Prifysgol Cymru yng Nghaerdydd.[103] Yr oedd Lloyd, ar awgrym Doc Tom, wedi gweithio pethau fel y byddai'r ddau arholwr – Dr William A. Shaw a'r Athro Charles H. Firth – yr awdurdodau pennaf ar hanes crefydd yn Lloegr yn oes y Stiwartiaid, yn gwybod am amgylchiadau'r ymgeisydd, ac ni synnwyd neb pan ddyfarnwyd iddo'r radd yn gwbl haeddiannol. Dim ond unwaith o'r blaen, sef yn achos Dr E. A. Lewis, y rhoddwyd yr anrhydedd hon i hanesydd yng Nghymru. Ond hyd yn oed ar ôl cyflawni'r gamp eithriadol hon ni ddarfu am uchelgais Doc Tom oherwydd ymhen dwy flynedd yr oedd yn gwasgu'n daer ar J. E. Lloyd i hyrwyddo'i gais am gael ei ethol yn Gymrawd o'r Gymdeithas Hanes Brenhinol.[104] O ganlyniad, erbyn diwedd mis Mawrth 1926 yr oedd y llythrennau MA, D.Litt. ac F.R.Hist.S. wrth ei gynffon. Ni allai neb mwyach amau ei deilyngdod na'i statws.

5 ∞ 'Y Boys'

Yᴺ ystod y cyfnod rhwng marw Syr John Morris-Jones ym 1929 ac ymddeoliad Doc Tom ym 1946 byddai cylch dethol o staff Coleg Bangor yn ymgynnull am bedwar o'r gloch ar brynhawn Llun yn 'Nymbar Tŵ', sef hen ystafell Syr John, i fwynhau te a thost a mwgyn ac i roi'r byd yn ei le. Byddai Doc Tom yn cyfeirio at 'y Saint cynulledig' hyn fel 'Y Boys' ac, yn ôl pob sôn, yr oedd y seiadau'n gymysgfa o ddifrifoldeb ac ysgafnder, o feirniadu a thynnu coes, o hogi min ar feddwl ac o ddwli plentynnaidd.[1] Honnwyd mai yn ystod y cyfryw achlysuron y gwelid rhai o fawrion y byd academaidd 'â'u gwalltiau i lawr ac mewn "undress"'.[2] Ac eithrio merched y te, ni châi'r un wraig ddod ar eu cyfyl. Ifor Williams oedd 'Llywydd' y seiadau ac ef yn unig a gâi arllwys y te. Yn y fath gwmnïaeth anffurfiol, un ffraeth a chellweirus oedd Ifor ac yr oedd ei sylwadau ar ei gyd-ddynion yn aml yn eithriadol o finiog. Nid oedd ei debyg am egluro enwau lleoedd ac, fel arfer, byddai stori ddifyr am ryw dro trwstan ynghlwm wrth bob esboniad. Credai Doc Tom ei fod yn dynerach dyn na'i ragflaenydd ac edmygai ei ysgolheictod a'i ddawn ymddiddan. Er gwaethaf ei ymddangosiad llym a'i dei-bow drwsiadus, yr oedd R. T. Jenkins hefyd yn gwmnïwr afieithus a chellweirus. Ef oedd y mwyaf diwylliedig ac amrywiol ei ddiddordebau yn eu plith, ac fe'i disgrifiwyd gan Doc Tom fel un o'r eneidiau prin hynny a allai hydreiddio ei wybodaeth ddwfn â 'rhyw *humanism* grasol' a barai edmygedd syn.[3] Er mai R. Williams Parry oedd y mwyaf swil a theimladwy yn eu plith, nid oedd ef ychwaith yn brin o hiwmor crafog wrth drin a thrafod y rhai a fwytâi'r 'academig dost'. Sgwrsiwr swynol a llawn doniolwch oedd Thomas Parry a chryn feistr hefyd ar yr ymadrodd deifiol. Yr oedd Doc Tom ac yntau'n dipyn o ffrindiau ac wrth eu bodd yn pryfocio'r lleill. Ymwelydd achlysurol oedd R. Alun Roberts, yr athro llysieueg, ac yr oedd yntau'n ben-campwr ar adrodd hanesion am gymeriadau ac arferion cefn gwlad. Yng nghanol cymylau o fwg baco afiach, byddai'r criw ffraeth hwn yn hel clecs, yn adrodd straeon, ac yn dynwared a thynnu ar ei gilydd. Pur anaml y trafodid pynciau dyfnddysg neu faterion o dragwyddol bwys, a nodwyd hynny gan R. Williams Parry ('yfed yn ddoeth, weithiau de,/Ac weithiau ddysg') yn ei soned gignoeth 'J.S.L.' a luniwyd yn sgil diswyddo Saunders Lewis ym 1937.[4] Gwamalwch, ffraethineb a hiwmor a nodweddai'r seiadau dethol hyn, ac er bod Bob Owen yn gormodieithu wrth honni fod sgwrs y 'saint' yn 'Nymbar Tŵ' yn fwy gwerinol na'r hyn a geid yng nghaban y chwarelwr, hawdd deall paham yr hiraethai o bryd i'w gilydd am gael '[g]weled y cwmni llawen, direidus, a diffaetha yn rŵm Ifor'.[5] Ar y llaw arall, ni theimlai Bob Owen bob amser yn gartrefol ymhlith ceiliogod y colegau. Drwgdybiai academia a bwriai ei lach yn rheolaidd ar Brifysgol Cymru am gefnu ar y werin-bobl. Porthai'r academyddion ei ragfarnau a gwyddai Bob eu bod yn cael sbort am ei ben yn ei gefn. 'Yr wyf cystal stiwdent ar un diawl ohonoch,' meddai wrth Doc Tom. 'Speitiwch. Speitiwch. Speitiwch. Nid oes arnaf ddim och ofn chwi ddiawliaid.'[6] Mewn llythyr arall, ffrwydrodd eto mewn dicter: 'myn cythraul, mi sgybyrneiddiai i chwi ryw ddiwrnod; Jenkins, Tom Richards a Tom Parry, mewn rhyw erthygl, neu ysgrif . . . Y mae'r dialydd gwaed ar y ffordd. Gwae chwi ddiawliaid.'[7]

Ar y cyfan, sôn am ei gilydd ac am bobl eraill a wnâi'r cylch hwyliog hwn, a hynny'n bur feirniadol. Fel y gwelsom eisoes, ymddiddori mewn pobl a wnâi Doc Tom yn bennaf, a thrwy ei lythyrau ef a'r catalogau a luniai yn rhinwedd ei swydd fel llyfrgellydd gallwn weld pa rai a oedd yn destun sgwrs ac yn aml yn gyff gwawd. Yr oedd Gwynedd y pryd hwnnw yn frith o hynafiaethwyr a chasglwyr llyfrau a llawysgrifau a allai draethu'n wybodus mewn Cymraeg cyhyrog am draddodiadau llenyddol a hanesyddol eu cynefin er na chawsent fawr ddim addysg ffurfiol. Cymeriadau od iawn oedd rhai ohonynt, ond gan fod ganddynt stôr ddihysbydd o wybodaeth am enwau lleoedd, llên gwerin, digwyddiadau hanesyddol, cerddi a phenillion, heb sôn am doreth o gylchgronau a llyfrau prin, byddai Doc Tom yn gohebu'n gyson â hwy. Un ohonynt oedd Richard Griffiths (Carneddog) o'r Carneddi, Nanmor, gŵr curiedig, pruddglwyfus a thra chwynfannus a fyddai o bryd i'w gilydd yn gwahodd Doc Tom – 'yr hen borthmon llyfrau cyfrwys o Fangor'[8] – i'w gartref i gynnig pris teg am y trysorau llenyddol a grynhoid ar ei gyfer mewn basged ddillad, basged fenyn a chist de enfawr. 'Dewch a llyfr siec mawr gyda chwi', meddai, 'a treiwn wneud bargen, os yn bosibl.'[9] Hawdd dychmygu Doc Tom yn diddanu'r saint yn 'Nymbar Tŵ' â straeon am Carneddog yn cwyno ar ei fyd, yn tuchan a bustachu wrth chwilio am ei 'drysorau', yn melltithio'r llygod a oedd yn eu bwyta, ac yn dwrdio'r llyfrgellydd am fod mor gyndyn i gynnig pris teg, chwedl Carneddog, i 'greadur rhyfedd fel myfi'.[10] Testun diddanwch hefyd oedd y ffraeon tanllyd a ddigwyddai rhwng Carneddog a Bob Owen. Pan fu cweryl rhyngddynt ryw dro ynglŷn ag achos Tom Nefyn, meddai Bob wrth Carneddog: 'Y mae eisiau eich rhostio yng Nghoelcerth y pwll diwaelod a serio eich tafod yn golsyn a brwmstan uffern.'[11] Cyn i'r ddau newyddiadur uno ym 1937, byddai tipyn o gystadlu rhwng Carneddog, a luniai'r golofn 'Manion' ar gyfer Yr Herald Cymraeg a Bob, a oedd yn gyfrifol am y golofn lloffion 'Ddoe a Heddiw' yn Y Genedl Gymreig, a thynnai Doc Tom yn drwm ar y darnau mwyaf blasus uwchben ei de-a-thost chwe cheiniog ar brynhawniau Llun.

Ceid cryn hwyl a sbri yn 'Nymbar Tŵ' hefyd ar gorn Dafydd Hugh Jones, Y Prysau, Llanuwchllyn, cymeriad brith a diddorol a anfonai, yn ôl Doc Tom, 'lythyrau doniol, ac i raddau dieithr ac annirnadwy' ato yn brolio ei ddoniau digymar.[12] Gwas fferm dibriod, hunanaddysgedig ydoedd ac, yn ôl ei ddisgrifiad ef ei hun, 'exceedingly inventive and resourceful'.[13] Byddai'n ysgrifennu'n aml at reolwr siop Harrods yn Llundain yn cynnig ei wasanaeth, gan honni ei fod yn 'very quick with knives, quarterstaff, Papuan loopstick, bolas, kerats, katars, parangs, bumerangs and barongs. Expert in stalking persons unseen on very open terrain', ac at wŷr bonheddig lleol yn eu hannog i waddoli cadair brifysgol mewn cosmoleg a'i wahodd ef i'w llenwi. Tynnai Doc Tom arno er mwyn cael mwy o'i hanes i'w adrodd gerbron 'Y Boys'. Honnodd Jones ei fod wedi dyfeisio 'awyrlong galetsyth' pan oedd yn 7–8 oed, 'balwnau amddiffyn' yn 8–9 oed, 'cordyn cyswllt' ar gyfer trenau yn 10–11 oed, 'ag os rhyw bryd y cyhoeddir fy mywgraffiad a phethau neillduol ynddo, bydd Pepys ac Evelyn yn ddiddim o gydmariaeth'. Dyheai am gyfle (a thâl teilwng am wneud hynny) i draddodi cyfres o ddarlithiau yn y coleg ar bynciau megis 'Cenedlaetholdeb a Gwladgarwch yn ngoleuni Gwyddoniaeth' ('fuasai'n rhoddi llawer pilsen chwerw i Genedlaetholwyr'), 'Cefnfor y Sêr', 'Mangre'r Tywyllwch Eithaf', 'Rhamant Buono a Pélé' ac 'Ynys Eidduniad y Diawl' er mwyn 'ysgyttio cysglyd golegwyr Bangor'.[14] Os cyfrifid Bob Owen 'y broliwr mwyaf yng Nghred',[15] nid oedd Dafydd Hugh Jones ymhell ar ei ôl, a bu'n destun sawl sgwrs afieithus ar brynhawn Llun yn 'Nymbar Tŵ'.

Pwnc arall a gâi sylw cyson oedd troeon trwstan R. Williams

Parry fel darlithydd allanol. Fel Doc Tom, bu Williams Parry yn 'rhodio'r byd' yn rhinwedd ei swydd fel athro mewn amrywiol ysgolion cyn derbyn swydd, ac yntau erbyn hynny'n 38 oed, yn Adran y Gymraeg Bangor ym 1922. Dysgai Gymraeg a Llydaweg i fyfyrwyr yn y coleg a llenyddiaeth Gymraeg i'r werin ddarllengar mewn dosbarthiadau nos. Ond nid oedd y fath swydd hanner-yn-hanner yn rhyngu ei fodd a chwynai'n ddi-baid wrth 'Y Boys' am y driniaeth a gâi gan Brifysgol Cymru.[16] Pan ddigwyddai hynny, byddai Ifor Williams a Doc Tom yn ceisio newid y pwnc a'i gymell i adrodd hanes ei gampau fel gyrrwr car a'r modd y byddai Mary Silyn Roberts, trefnydd Cymdeithas Addysg y Gweithwyr yng ngogledd Cymru, yn pwyso arno ef a Doc Tom i ddeffro diddordeb y brodorion 'a chreu awyrgylch' a galw am ragor o ddarlithiau.[17] Weithiau, yn enwedig pan fyddai Williams Parry mewn hwyliau drwg, byddai Doc Tom yn rhoi sgwrs fyrfyfyr yn ei le ac yn ennyn llid 'Bardd yr Haf' trwy gyhuddo pobl Rhoshirwaun o fod yn 'rabsgaliwns' o dras Wyddelig neu Lychlynaidd.[18]

Byddai cryn herian hefyd yn sgil cyhoeddi adolygiadau beirniadol o'u gweithiau. Pan luniodd Doc Tom adolygiad o *Hanes Cymru yn y Ddeunawfed Ganrif* gan ei gyfaill R. T. Jenkins, dywedodd mai hwn oedd y llyfr mwyaf diddorol ar unrhyw agwedd ar hanes Cymru iddo

9. Thomas Richards, Rhiannon Richards (ei ferch), R. T. Jenkins (yn y rhes gefn). Chwaer Mrs R. T. Jenkins, Mrs R. T. Jenkins, Mrs Mary Richards (yn eistedd). (Llun: Nest a Gwilym Beynon Owen).

ei ddarllen erioed. Ond aeth yn ei flaen i wneud môr a mynydd o'r ffaith iddo ddarganfod pedwar gwall ffeithiol yn y gyfrol, a hefyd ddannod na wnaeth alw ei lyfr yn 'Hanes Crefydd yn y 18fed ganrif, gyda nodiad neu ddau ar wau a nyddu!!'[19] Wrth adolygu *Hanes Cynulleidfa Hen Gapel Llanuwchllyn*, nododd mai man gwan R.T. oedd 'arfer y gromfach yn rhy aml o lawer' (enghraifft deg o'r cythraul yn gweld bai ar bechod!) a mynegodd syndod am na roddasai enw gwraig Abraham Tibbott yn y gyfrol er gwaetha'r ffaith fod Bob Owen wedi talu swllt neu fwy am gopïo'r union ffaith honno yn Swyddfa'r Ewyllysiau ym Mangor.[20] Yn eu tro, ni chollai R.T. a'i gyfeillion unrhyw gyfle i edliw i Doc Tom ei arddull Saesneg ryfedd ac ofnadwy a'i ddull unigryw o gystrawennu, treiglo ac ymadroddi yn Gymraeg. Buan y canfuwyd ei wendid fel beirniad llenyddol, a phan draddododd ddarlith ar 'Beirdd Cymru Heddiw' gerbron staff a myfyrwyr Bangor ni allai R.T. a Thomas Parry lai na gwenu. Fel hyn y cofnodwyd perfformiad y llyfrgellydd gan R.T.:

> Wrth raid, yr oedd dyfyniadau helaeth ynddi. Ac fe ddarllenai'r rheini yn ystum a dull areithiol yr hen 'adroddwyr' Eisteddfodol o gyfleu 'ysbryd y darn', gyda sylw neu ddau, an-Eisteddfodol, yn dilyn. Wedi llafarganu darn gwych o waith T. Gwynn Jones ar hyfrydwch llys Arthur Frenin, '. . . neu yng ngerddi Caer Llion, ag yntau'n hardd gynt yn hon', tawodd am ysbaid, ac wedyn: 'wel, dyna ichwi fywyd dedwydd, yntê?' Daeth pruddglwyf dros ei wyneb; disgynnodd ei lais o radd i radd, nes troi bron yn sibrwd yn y diwedd: 'O, . . . na . . . na . . . Beth oedd yn bod? meddech chi . . . O, gwraig anffyddlon . . . gwraig . . . anffyddlon.'[21]

Beirniadwyd y datganiad hwn yn ddidrugaredd y prynhawn Llun canlynol ac ni thraddodwyd y ddarlith honno byth wedyn.

Er bod Doc Tom yn ben-campwr ar sgwrsio a dychanu, ef oedd y bardd salaf o gryn dipyn ymhlith 'Y Boys'. Yn ôl Ifor Williams, canu 'ar y pumed mesur ar hugain' a wnâi, a gwaith cymharol hawdd oedd cael y gorau arno. Rhoddai'r prydyddu gyfle iddynt nid yn unig i gellwair a thynnu coes ond hefyd i ymosod yn bersonol, ac eto'n ddifalais, ar ei gilydd ac ar eraill. Gorchmynnwyd i'r llyfrgellydd gasglu ffrwyth yr awen ar gyfer cylchgrawn dychmygol o'r enw *Fy Nain*, dan olygyddiaeth Ifor Williams. Fel y tyfai'r cynnyrch yn gyfrol, penderfynwyd ei galw'n *Ffa'r Gors*, ergyd chwareus i gyfeiriad Iorwerth C. Peate, awdur *Plu'r Gweunydd*, casgliad o gerddi a sonedau a gyhoeddwyd ym 1933. 'Oes gen ti *ffeuen* heno?' gofynnai Ifor Williams i bob ymwelydd ar brynhawn Llun, a disgwylid iddynt ddarllen yn uchel yng ngŵydd ei gilydd ganeuon digrif a chellweirus.[22] Trwy drugaredd, ni chyhoeddwyd gwaith y beirdd bol clawdd hyn, ond diogelwyd pump ar hugain o'u cerddi gan y llyfrgellydd. 'Meddyliwyd unwaith', meddai, 'eu hargraffu dan y teitl *Maip y Dalar*; cafwyd enw gwell (yn ôl rhai), *Ffa'r Gors*; ond ni fu argraffu . . . oherwydd pryderon y dyddiau a marw'r awen.'[23] Cyfansoddwyd y cerddi yn ystod y blynyddoedd 1932–5, y rhan fwyaf ohonynt – yn annisgwyl braidd – gan R. T. Jenkins (naw) a'r Athro T. Hudson-Williams (wyth). Saernïwyd pedair cerdd (wael iawn) gan Doc Tom, tair gan Thomas Parry ac un yn unig gan Ifor Williams, er y gwyddys iddo lunio sawl englyn bachog, gan gynnwys y canlynol:

> Tom Rhisiart roes start fel Doc – ac Ifor
> A gafwyd yn eil-ddoc;
> Clywais ı mai R. T. toc
> Fydd y trydydd o'r tri-doc.[24]

Paldaruo lol a wneid yn y cerddi hyn a chan eu bod mor frith o gyfeiriadau personol cynnil, o chwarae ar eiriau ac ystyron cudd gwelodd Doc Tom yn dda i ychwanegu nodiadau atynt rhag i ddarllenwyr y dyfodol anobeithio yng nghanol y fath 'gaddug tywyll'. Mewn sawl cerdd, ef ei hun oedd y cocyn hitio. Canodd Thomas Parry am hiraeth y llyfrgellydd am blwyf ei febyd, sef Llangynfelyn, ac R. T. Jenkins, yntau, am ei ymlyniad wrth 'Hwndrwd Geneu'r Glyn'. Dychanwyd yn ddidrugaredd ei hoffter o ddweud pethau carlamus mewn darlithiau cyhoeddus mewn cerdd (gan R.T.) ar 'Caib y Doctor Tom', a gogleisiol iawn yw'r portread, eto gan R.T., o Mrs J. Hobley Griffith, chwaer y diweddar Barchedig William Hobley, yn anfon llyfrgellydd Bangor adre'n waglaw o'r Bontnewydd:

> 'Glywi di'r gloch 'na'n canu, John?
> A hithau'n amsar te –
> Diffodd bob gola ar unwath, John,
> Mi gân' bawb fynd adra i'r dre;
> Paid ar un cyfri' ag agor y drws;
> Paid â symud bys na bawd –
> Ma' nghalon i'n dweud ma' rhyw lymgi sy'n dod
> I fachu llyfra 'mrawd.
>   . . .

Ma'r hen gloch yn dal i ganu, John,
A'r nocar yn mynd, rat-tat-tat;
Wel' di'r hen 'sglyfath o Fangor 'na eto
Yn sefyll yn stond ar y mat?
A'i getyn yn mygu, a bag ym mhob llaw
('Fasa neb yn i alw fo'n swil);
Mi geiff ganu'r gloch tan fora'r Farn, John,
Cyn twtsiad ar lyfrau Wil!²⁵

Un tro cyfaddefodd R. T. Jenkins fod lymbago yn ei boeni'n ddirfawr a phenderfynwyd llunio ffeuen. Mentrodd Doc Tom ddweud yr âi'n nos ar ei gyfeillion gan mai'r unig air a odlai â 'lymbago' oedd 'sêgo', ond ymhen wythnos yr oedd R. T. wedi cyfansoddi 'Cân o sen i Domos Rhisiart' ac iddi bum pennill yn cynnwys odlau megis 'Santiago', 'Tobago', 'dago', 'mago' a 'gratias ago'.²⁶ Ond y gerdd fwyaf bachog oedd efelychiad Ifor Williams o waith Bardd yr Haf:

Pe'm rhoddid innau i eiste' 'nghadair Tom,
I smocio pibell chwech (o'r sirian drud),
A'm traed yn claddu'n ddwfn mewn sinach lom,
Coflyfrau chwarel, rwbel bonedd mud,
Y pentwr llychlyd, sych, sy dan y bwrdd;
A llwyr alaru ffeinio plant y Col
Am gelcio llyfrau'r Leib, neu gadw twrdd
Mewn alcof gudd, neu ryw gariadus lol,
Ond odid na chawn innau beth mwynhad
O droi fy hynt o helynt yr hen siop
I gyfair stafell lle cawn sipio'n rhad
Gwpanaid te, a chrystyn ar ei thop,
A gwrando bwrlwm chwerthin cwmni ffri
Tom Parri yn ei afiaith, ac R. T.²⁷

Mewn cyferbyniad llwyr, prydyddiaeth ystrydebol a phrennaidd a geir ym mhedair cerdd Doc Tom, a chymwynas â'i goffadwriaeth yw peidio â gwneud dim amgenach yma na nodi eu teitlau: 'Etifeddeg. Cân Seicolegol', 'Meddwdod. Cân Sinematig', 'Beirdd. Cân Gromfach' ac 'Ifor. Soned Afrosgo'.

Dengys y cyfansoddiadau hyn nid yn unig y direidi a'r pryfôc a nodweddai'r seiadwyr yn 'Nymbar Tŵ' ond hefyd eu diddordeb ysol mewn pobl ac mewn geiriau. Synnai'r aelodau at allu Doc Tom i draethu'n wybodus-ddifyr am gymeriadau mor wahanol i'w gilydd â

Sorobabel neu Zerubbabel Davies, ysgolfeistr o Sanclêr, Mustafa Kemal Atatürk, y trydydd Barwn Stanley a gododd fosg yn Nhalybolion, a'r pêl-droediwr dewinol Billy Meredith, heb sôn am yr wyth John Williams a oedd yn digwydd byw yn yr un cyfnod. Faint o drafod, tybed, a fu ar ystyr ac arwyddocâd rhai o'i hoff ymadroddion fel 'sutryn gwlyb swta', 'gwneud gwep ac owdwl' a 'braddug didoriad'? Beth bynnag am ei ddoniau fel bardd, ni allai'r *Boys*' lai na rhyfeddu at ei 'eirfa hynod liwgar'[28] a'i arabedd cellweirus.

Er na chyfrifid ef yn un o'r *Boys*' go iawn, câi Bob Owen groeso twymgalon gan y cylch dethol hwn pan dywysid ef yn achlysurol i 'Nymbar Tŵ' gan y llyfrgellydd. Ymddengys ei fod yn ymddwyn yn dra pharchus yng ngŵydd y 'Proff' (fel y galwai Ifor Williams) ac ymfalchïai fod rhai o ddysgedigion pennaf y genedl yn tynnu'n drwm ar wybodaeth 'rhyw ditw o Groesor'.[29] Pan wnaed Bob Owen yn ddiwaith yn sgil cau chwarel y Parc a Chroesor ym 1930 trugarhaodd Doc Tom wrtho trwy ei benodi am dri mis yn drefnydd llyfrau Cymraeg y coleg. Nid honno oedd unig gymwynas Doc Tom ag ef. Buan yr aeth y stori ar led yn 'Nymbar Tŵ' am y modd y llwyddodd i'w arwain gerfydd ei glustiau i siop farbwr ym Mangor er mwyn torri ei wallt. 'Nid yw'r gwallt yna yn deilwng o'r coleg hwn, frawd,' oedd sylw awdurdodol y llyfrgellydd.[30] Er nad oes unrhyw brawf pendant, hawdd credu mai Doc Tom a oedd yn bennaf cyfrifol am gynnig enw Bob Owen fel ymgeisydd teilwng ar gyfer gradd MA er anrhydedd Prifysgol Cymru ac am ddwyn perswâd ar 'Y Boys' i dalu am logi cap a gŵn academaidd gan Ede a Ravenscroft ac am ei gostau teithio i'r seremoni yn Abertawe ar 21 Gorffennaf 1932.[31] Lawer gwaith wedi hynny difyrrwyd ceiliogod Coleg Bangor gan hanes y gymeradwyaeth fyddarol a roddwyd i Bob gan y gynulleidfa.

Yn Eisteddfod Genedlaethol Caernarfon ym 1921 y cyfarfu Doc Tom â Bob Owen am y tro cyntaf, ac o'r diwrnod hwnnw hyd at 1962, yn ôl Bob, 'bu Dr. Tom a minnau yn ffrindiau calon'.[32] Bob haf bron treuliai Doc Tom a'i wraig bythefnos o wyliau yn Ael-y-bryn, cartref Bob Owen yng Nghroesor, ac fe'u gwelid yn aml yng nghwmni ei gilydd ar faes yr Eisteddfod Genedlaethol, ac yn enwedig yn y Babell Lên. Cyfeiriodd Sam Jones, Bangor, atynt fel 'Laurel a Hardy Cymru'[33] ac, o ran pryd a gwedd a chorffolaeth, rhaid cyfaddef eu bod yn bur annhebyg i'w gilydd. Un byr, cydnerth ac anniben oedd Bob Owen, a chanddo wallt na welsai grib, mwstàs cribog, dim un dant yn ei ben, a sigarét a oedd mor fynych yn ei geg a'i law fel bod ei fysedd yn felyn. Gweiddi a wnâi Bob Owen ymhobman, ac mewn bws, ar groesffordd, mewn llyfrgell ac yn 'Nymbar Tŵ', ei lais ef fyddai uchaf bob amser. Un aflonydd, trwstan a thrafferthus ydoedd; rhegai fel trwper a phan gynddeiriogai Doc Tom fe'i galwai 'y sbarblis mwyaf sbarbliaidd'. Gŵr tal, tenau ac esgyrnog oedd Doc Tom, a thu ôl i'w sbectol rimyn-aur yr oedd dau lygad llym a fyddai weithiau'n pefrio'n ddireidus. Gwisgai siwt dywyll ac yr oedd coler wen galed bob amser yn sownd wrth ei grys. Nid un i frathu ei dafod mohono nac i ddioddef ffyliaid yn llawen. Eto i gyd, yr oedd gan y ddau gefndir a diddordebau cyffelyb. Fel y gwelsom, ganed Doc Tom ym 1878, yn fab i dyddynnwr uniaith Gymraeg o gefn gwlad Ceredigion. Ym 1885 y ganed Bob Owen ac fe'i magwyd gan ei nain uniaith Gymraeg ym Meirionnydd. Ni fu'r naill na'r llall ar gyfyl ysgol uwchradd. Yr oedd y ddau yn caru llawysgrifau, llyfrau, llaeth enwyn sur, ysmygu (Doc Tom yn tynnu ar bibell a Bob Owen yn smocio Woodbines yn ddi-baid), pêl-droed a thynnu coes. Am dros ddeugain mlynedd bu'r ddau gymeriad anghyffredin hyn yn gyfeillion mynwesol ac, yn briodol iawn, trefnodd rhagluniaeth eu bod yn marw ymhen ychydig wythnosau i'w gilydd ym 1962.[34] Y mae'r ohebiaeth odidog rhyngddynt yn ystod y cyfnod hwnnw nid yn unig yn drysorfa gyfoethog o wybodaeth am fywyd diwylliannol Coleg Bangor a Chymru gyfan ond hefyd yn ddrych difyr i ragfarnau'r ddau.[35] At hynny, y maent yn llythyrau nodedig oherwydd eu ffraethineb gwreiddiol a'u dawn dweud. Ac eithrio'r adegau pan fyddai wedi gwylltio'n lân, llythyrau byrion a luniai Doc Tom, a'r wybodaeth gryno bron yn ddieithriad wedi ei chyflwyno yn stacato. Fel hyn, er enghraifft, y dwrdiodd Bob Owen ryw dro am anfon ysgrif flêr a gwallus ato:

> Gadewch i mi siarad gydag acenion awdurdod:–
> 1. Miloedd o wallau yn hwn.
> 2. Ewch drosto . . . bum waith solet.
> 3. Yn ôl i mi yn berffaith fore Mercher.[36]

Weithiau ceid dim mwy na rheg neu gollfarn neu siars ar gerdyn post. Mynych y derbyniai Bob Owen nodyn yn dweud 'Y Diawl! . . . (a diolch hefyd)' neu 'Gresyn. Piti. Rhegi' neu 'O damia . . . O drapia!' Ambell dro anfonid amlen maint ffwlsgap i Ael-y-bryn ac ynddi lythyr ar bapur o faint stamp ceiniog. Gan ddibynnu ar ei hwyliau ar y pryd, byddai'r cyfarchiad yn amrywio o 'Annwyl lyfrbryf' i 'Fawgi!' ac o 'Annwyl gyfaill' i 'O! Robert'. Gŵr plaen ei dafod oedd Doc Tom a byddai Bob Owen a sawl un arall yn dioddef yn aml yn sgil ei ergydion crafog. Dychrynwyd Dafydd Hugh Jones gan un epistol o'i eiddo: 'ni wyddwn am fomment pa un ai gwyss twrnai'n blaenorri sefyll fy mhrawf am fy einioes oedd, ynte rhywun yn ceisio bod yn ysmala'.[37] Byddai ei lythyrau mwyaf brwmstanaidd yn peri i rai myfyrwyr ymchwil di-glem roi'r ffidil yn y to, ac nid oedd ei debyg am dynnu gwynt o hwyliau'r sawl a feiddiai ymosod arno. Fel hyn, er enghraifft, yr atebodd lythyr milain gan ryw frawd anhydrin: 'A.G. – Diolch am eich llythyr, llawn o hiwmor iach. – T.R.'[38] Defnyddiai'r un dull swta hefyd wrth ymateb i gais am gymorth gan gyfaill. Pan anfonodd R. Tudur Jones air yn gofyn rhyw gymwynas ganddo, dyma'r ateb a ddaeth yn ôl: 'B.A. [h.y. Bryn Awel], A.G., O.K., Y.g., T.R.'[39]

Ac yntau'n llythyrwr mor gwta, nid yw'n rhyfedd yn y byd fod Doc Tom yn anobeithio'n aml wrth ddarllen 'hir huawdleddu' ac 'ufferneiddio brwd' Bob Owen.[40] Ceid cyfoeth o wybodaeth amrywiol yn llythyrau Bob Owen, ac yn aml byddent yn ymestyn i ddeuddeg neu bymtheg tudalen, a'r cyfan wedi ei ysgrifennu mewn llawysgrifen eithriadol o daclus a phrydferth. Soniai'n gyson am ei anhwylderau, ei berthynas â phobl eraill, ei brofiadau fel darlithydd, copïwr llawysgrifau a chasglwr llyfrau, ac am gyflwr gwleidyddol y wlad. Gwibiai o bwnc i bwnc ac o'r llon i'r lleddf. Ceir ganddo lythyrau pigog a gwamal, ffeithiol a direidus, cwynfannus a phryfoclyd, a phob un wedi ei ysgrifennu mewn Cymraeg cyhyrog, graenus. Wrth ddarllen y llithiau bywiog a diflewyn-ar-dafod hyn, bron nad yw dyn yn clywed llais Bob Owen, ac anodd peidio â chwerthin wrth daro ar ambell air Saesneg wedi ei sillafu fel hyn – 'archaelogical', 'encycopleadia', 'exagerating' ac 'orthnologist' – geiriau y byddai, yn ôl Doc Tom, yn eu hynganu ag acen 'anghredadwy . . . ac i raddau pell anesgusodol'.[41] Ni allai llyfrgellydd Bangor lai na synnu a rhyfeddu at 'y carlamu lloerig – y rhagrithio dwys – y diawledigrwydd cyff-redinol'[42] a geid yn llythyrau Bob Owen, a rhan o gyfrinach eu hapêl yw'r ffaith eu bod yn cyfleu mor odidog ei ragfarnau a'i anghysonderau.

Er bod y ddau yn ffrindiau pennaf, aent i'r afael yn ffyrnig â'i gilydd ar brydiau, yn enwedig wrth drafod pynciau megis prynu hen lawysgrifau a llyfrau, cynnwys ac arddull darlithiau, cystadlu mewn eisteddfodau, a thaeogrwydd Saisaddolgar y Cymry. A chan fod y pynciau hyn yn taflu goleuni ar deithi meddwl, heb sôn am ragfarnau Doc Tom, ynghyd â'i berthynas â'r 'Boys', fe'u trafodir yma yn eu tro.

Gwyddai pawb am Bob Owen fel ymchwilydd a llyfrbryf, ac erbyn diwedd y 1950au ymddengys fod ganddo oddeutu 47,000 o lyfrau yn ei dŷ. Rhaid bod Ael-y-bryn yn ymdebygu y pryd hwnnw i gartref yr athrylithgar Iolo Morganwg, gan fod llyfrau, pamffledi ac ysgrifau – llawer ohonynt yn cael eu storio mewn bocsys *Shredded Wheat* a *Tate and Lyle* gwag – i'w gweld ym mhob ystafell ac eithrio'r parlwr. Meddai Bob Owen wrth Doc Tom ym 1948: 'Dim ond syllu ar yr alanas lyfrynnol . . . A beth am y miloedd llythyrau . . . Bydd yma helynt ddiawledig ar ôl i mi farw.'[43] Lawer gwaith byddai ymwelwyr, gan gynnwys Doc Tom ei hun, yn baglu dros sacheidiau neu becynnau o lyfrau a lenwai bob twll a chornel. Yn naturiol ddigon, yr oedd llyfrgellydd Bangor yn llygadu'r trysorau hyn ac yn awyddus i brynu cynifer ohonynt ag y gallai'r coleg eu fforddio. Gwyddai Bob Owen yn dda pa fylchau a geid yng nghasgliadau Bangor oherwydd, fel y nodwyd eisoes, ar ôl cau'r chwarel ym 1931 fe'i cyflogwyd gan Doc Tom i gatalogio llyfrau. Am chwe mis cyfan yr oedd ar ben ei ddigon. Lletyai yn rhad ac am ddim gyda Doc Tom a'i wraig yn Ffordd Deiniol, Bangor, ac o bryd i'w gilydd fe'i hanfonid ar daith 'casglu a phrynu llyfrau'.[44] Yn un o'i lythyrau mwyaf gorchestol a maith, dyry hanes taith ar gefn beic modur trwy siroedd Dinbych a Meirionnydd yn chwilio am lawysgrifau a llyfrau prin mewn ffermdai ac ysguboriau. Rhoes y pennawd canlynol i'w lythyr i'r 'Giaffer' ym Mangor: 'The Romantic Itinerant (*sic*) of a Booklover through Merioneth & Denbighshire in the summer of 1931, in search of rare books.'[45] Yn ei flys am lyfrau, byddai Bob Owen yn ymddwyn yn dra chywilyddus ar brydiau. Ac yntau ar drywydd rhyw hen lawysgrifau yn Llanfair Dyffryn Clwyd, ni allai agor cwpwrdd lle y cedwid llyfrau cownt oherwydd fod eu perchennog yn ddifrifol wael yn ei wely. Heb droi blewyn, dechreuodd Bob chwilio am y goriad yn nhrowsusau'r claf![46] Dro arall, cafodd siars gan Doc Tom i fargeinio am lyfrau Richard ab Hugh o'r Bala, ond erbyn iddo gyrraedd yr oedd yr henwr eisoes wedi ei gladdu. Er iddo geisio cydymdeimlo â'r weddw ddagreuol, yr oedd 'ar bigau eisiau ymestyn fy nghrafanc at y llyfrau oedd mewn tri cwpwrdd oedd yn yr olwg' ac ymhen chwinciad yr oedd wedi cydio yn y prif drysorau llenyddol ac yn eu bodio'n awchus.[47] Cyfaddefodd ryw dro ei fod yn gallu synhwyro llyfrau prin o hirbell 'megis y mae'r meddwyn yn arogli cwrw'[48] a da y'i disgrifiwyd gan Doc Tom fel 'ffroeniwr pethau prinion'.[49] Yn aml byddai llyfrgellwyr eraill (ac weithiau lygod) wedi achub y blaen arno, ond gymaint oedd ei awydd i ddarganfod trysorau printiedig fel yr oedd yn fodlon eistedd am oriau mewn seleri a llofftydd drafftiog a digysur yn mynd drwy bentyrrau o hen lyfrau llychlyd.

Hyd yn oed ar ôl iddo gael swydd fel clerc yn Swyddfa'r Cyngor Gwlad ym Mhorthmadog ac wedi hynny fel darlithydd gyda Chymdeithas Addysg y Gweithwyr, daliai i weithredu fel asiant dros Doc Tom. Ni allai beidio â bargeinio a gwario'n helaeth ar lyfrau, a phan ddeuai i Goleg Bangor â sypyn o hen bethau dan ei gesail byddai ef a'r llyfrgellydd yn dechrau bargeinio fel dau borthmon. Er mwyn tynnu ar ei gyfaill, byddai Doc Tom yn cynnig swm afresymol o fach am yr ysbail. Fel hyn, yn amlach na pheidio, yr âi'r sgwrs:

'Faint rowch chi am hwn?' meddai Bob.
Saib hir.
'Deg swllt,' meddai Doc Tom.
'Deg swllt! . . . y diawl uffarn . . . mae hwn yn werth decpunt o leiaf.'[50]

Sioe ar gyfer 'Y Boys' oedd y cecru hwn a phur anaml y câi Bob Owen ddâl annheilwng. Ond er mwyn sicrhau gwobr haeddiannol am ei lafur, byddai'n pryfocio Doc Tom trwy fygwth anfon ei drysorau

10. Thomas Richards, T. Gwynn Jones a Bob Owen yn Eisteddfod
Genedlaethol Wrecsam ym 1933.
(Llun: Mrs Annie Jones, Croesor).

i'r Llyfrgell Genedlaethol. Er y gwyddai fod Doc Tom o'r farn mai 'siop siafins' oedd y Llyfrgell Genedlaethol a'i fod yn ysgornllyd iawn o 'Willie Dandelion', sef William Llewelyn Davies, a ddewiswyd yn Llyfrgellydd Cenedlaethol ar ymddeoliad Syr John Ballinger ym 1930, rhoes brawf ar ei amynedd yn Ionawr 1932 drwy werthu rhifynnau o'r *Glorian* i'r Llyfrgell Genedlaethol heb roi cyfle teg i Goleg Bangor i gynnig amdanynt. 'Yr wyf yn crynu o siom a thempar ddrwg,' meddai Doc Tom, 'waeth dweud yn blaen wrthych – yr wyf wedi digio yn go sownd wrthych, wedi digio digon i beidio yngan gair am y fusnes wrth y *boys*. Ac i chi, sydd yn ein hadnabod y cwmni yma mor dda ac mor eofn yr ydym ar ein gilydd, dyna ddweud go fawr.'[51] Eto i gyd, buan y cymodwyd y ddau oherwydd ni allent wneud cam â'i gilydd. Ond er mwyn pryfocio ei gyfaill, daliai Bob Owen o bryd i'w gilydd i roi'r argraff ei fod yn cloffi rhwng dau feddwl: 'I bwy y gyrir y rhai hyn, W. Ll. Davies ynte Tom Richards. Ie i bwy?'[52] Ac ymunai R. Williams Parry yn yr hwyl trwy gyhuddo'r ddau o fod yn 'Scavengers diawl, neu botwyr yn hel sparion a baw pobl'.[53] Ond nid un hawdd ei lorio oedd Doc Tom, a thalodd y pwyth yn ôl drwy beri i Bob Owen wastraffu oriau lawer yn chwilio am gylchgrawn lledrithiol o'r enw 'Cleddyf yr Arglwydd'.[54] Er bod trwst a helbul yn dilyn Bob Owen i bobman, hawdd tosturio wrtho, yn enwedig o gofio ei bod yn bur fain arno. Loes calon iddo oedd gorfod ffarwelio â hen lawysgrif neu lyfr er mwyn gallu cynnal ei deulu:

> Syrth deigryn om llygad y funud hon wrth ffarwelio ar hen gyfaill. Os bratiog a charpiog yw, y mae ganddo enaid . . . Hyderaf yr hoffi dy le newydd ac y cei di dy barchu gan y Doctoriaid Bangoraidd.[55]

Hawdd y gallai Lewis Morris neu Iolo Morganwg fod wedi ysgrifennu'r darn uchod. Fe'i taflodd ei hun, gorff ac enaid, i'r gwaith o gasglu llyfrau ac achub llawysgrifau rhag cael eu difetha gan lygod, lleithder a diofalwch perchenogion, ac elwodd casgliadau llyfrgellydd Bangor yn fawr ar ei chwilota dygn.

'Colofn fawr y WEA yn siroedd y Gogledd.'[56] Felly y disgrifiwyd Bob Owen y darlithydd gan Doc Tom, ac ni wnaeth neb fwy nag ef i wireddu nod Cymdeithas Addysg y Gweithwyr, sef 'symbylu a diwallu dyheadau gweithwyr am addysg'. Er bod Rhanbarth De Cymru a Mynwy o Gymdeithas Addysg y Gweithwyr wedi ei sefydlu mor gynnar â 1907, nid tan Mehefin 1925 y crëwyd Rhanbarth y Gogledd.[57] I R. Silyn Roberts, ysgrifennydd y Gymdeithas, yr oedd y diolch pennaf am hynny, ac ymhen pum mlynedd yr oedd nifer y dosbarthiadau wedi cynyddu i 63 a chyfanswm y myfyrwyr wedi cyrraedd 1,386.[58] Gwaetha'r modd, bu farw Silyn yn 59 oed ym 1930 ar ôl cael ei frathu gan fosgito heintus yn Rwsia. Ond erbyn hynny yr oedd wedi gosod seiliau cadarn i 'Brifysgol y Gweithiwr' (fel y gelwid hi gan O. M. Edwards), a chan fod Coleg Harlech hefyd wedi agor ei ddrysau er 1927 ac Adran Allanol Coleg Bangor yn darparu ar gyfer addysg oedolion yr oedd mwy o gyfle nag erioed o'r blaen i weithwyr difreintiedig i sylweddoli fod addysg yn rhywbeth i'w brisio a'i fwynhau. Olynydd Silyn fel ysgrifennydd y Rhanbarth oedd ei weddw, Mary Silyn Roberts, ac ymroes yn egnïol i hybu cenhadaeth ei gŵr. Gwraig dra diddorol oedd hi ac ymddengys fod 'corff o sagàu a mirabilia wedi . . . ymhel o['i] chwmpas'.[59] Pan oedd yn fyfyrwraig yn Aberystwyth fe'i cyfrifid y brydferthaf un, ac yr oedd yn dal yn hardd pan fu farw yn 95 oed ym 1972. Ond i ddarlithwyr y WEA, ac yn enwedig rai Coleg Bangor, nid ei harddwch oedd ei phennaf nodwedd, eithr ei thaerineb. Nid un hawdd ei throi ymaith na'i hanwybyddu oedd Mary Silyn Roberts. 'Pan fyddwch chi bobol y Coleg yn fy ngweld i'n dŵad', meddai wrth R. T. Jenkins ryw dro, ''rydech chi'n rhedeg i ffwrdd am eich bywydau!'[60] 'A fu erioed', gofynnodd Doc Tom – un arall o'r erlidiedig rai – 'y fath ddynes *gonsequential?*'[61] Buan y canfu'r ddau hyn, ynghyd â'u cyfeillion, na ellid peidio ag ufuddhau'n llywaeth i'w gwŷs i fynd i'r fan a fan i draddodi darlith. Ond er eu bod yn aml yn arswydo rhagddi, gwyddent o'r gorau ei bod yn gweithio'n ddiarbed dros hawliau a lles gwerinbobl a'i bod yn argyhoeddedig mai hawl i'w mynnu rhagor na chardod oedd addysg.

Ar adeg pan oedd hi'n eithriadol o lwm arno, gwahoddwyd Bob Owen gan Mary Silyn Roberts i gynnal dosbarth blynyddol ar lenyddiaeth Gymraeg yn Nhanygrisiau, gan ddechrau ym mis Tachwedd 1930.[62] Yr oedd uwchben ei ddigon. Dyma gychwyn ar flynyddoedd a fyddai'n gymysg o 'ysgolheictod ac ysgubolrwydd; haeriadau cywir ac eithafol; mynegi huawdl, taeru enbyd, fflamio ysol a gwylltio caclwm; ffraeo a chwerthin a chrio'.[63] Yn nhyb Bob, braint aruthrol fawr oedd agor llygaid cyd-werinwyr i werth gwrando, darllen, myfyrio a dadlau. Yr oedd yn adnabod Albert Mansbridge, sefydlydd y WEA ym 1903, ac yn awyddus i'w gynorthwyo i roi cyfle i bobl fod yn fwy diwylliedig a defnyddiol yn eu broydd, yn enwedig mewn cyfnod o ddiweithdra enbyd.[64] Er bod darlithwyr penigamp megis A. H. Dodd, A. O. H. Jarman. T. Jones Pierce, William Morris,

Thomas Parry, R. Williams Parry a Doc Tom ei hun yn dwyn addysg brifysgol i gorneli diarffordd gogledd Cymru, ni allai'r un ohonynt ddenu cynulleidfa luosocach na Bob Owen na'i swyno cymaint. Eto i gyd, nid pawb a oedd yn cymeradwyo gwaith Cymdeithas Addysg y Gweithwyr. Honnai rhai capelwyr cibddall ei bod yn tanseilio crefydd oherwydd fod un o'i darlithwyr wedi datgan bod pobl yn byw yng Nghymru wyth mil o flynyddoedd cyn Crist, er bod y dyddiad 4004 CC yn argraffedig ar ymyl y ddalen wrth ddechrau'r bennod gyntaf yn Llyfr Genesis. Ofnai eraill mai llawforwyn i'r Blaid Genedlaethol oedd y WEA gan fod ei chenhadon yn trafod pynciau 'peryglus' fel economi Cymru trwy gyfrwng y Gymraeg. Ond eithriadau oedd y deinosoriaid philistaidd hyn, ac ni allwn lai nag edmygu parodrwydd gwerin gwlad i ymddiwyllio drwy eistedd am ddwy awr gron ar feinciau cul ac anghyfforddus mewn festrïoedd rhynllyd berfedd gaeaf. Nid gormodiaith fyddai dweud mai cenhadaeth glodwiw oedd hyn oll i Bob Owen.

Am dâl blynyddol o £11 4s disgwylid i Bob Owen annerch dosbarth am awr ac yna gynnal awr arall o holi a thrafod. Fel arfer, wrth gwrs, traethai am o leiaf awr a hanner, gan weiddi nerth esgyrn ei ben. Yn ystod gaeaf 1930–1 cerddai bob cam o Groesor i Danygrisiau, taith a gymerai awr a hanner i gyrraedd y dosbarth ac awr a hanner arall (wedi deg y nos fel arfer) i gyrraedd adref. Er i Mary Silyn Roberts ei ddwrdio'n hallt am daflu ffeithiau carlamus at y chwarelwyr syn, yr oedd Bob Owen wrth ei fodd yng nghanol yr 'hen hogiau ardderchog'.[65] Ceisiai Doc Tom, yntau, ei berswadio i arafu ac i beidio â thraddodi cynnwys gwaith tymor mewn dosbarth dwy awr. Honnodd ym 1933 fod Mary Silyn Roberts yn dal i bryderu ei fod yn '*dychryn* y bobl a ffigyrau anrheuliadwy, jôcs tramgwyddus, siarad traethodol cyflym yn lle *discussion* tawel sobr'.[66] Ond tyrrai'r di-waith i wrando ar Bob Owen yn darlithio ar 'Hanes Lleol' neu 'Llenyddiaeth Gymraeg', ac yn ystod y tridegau bu'n diddori dosbarthiadau yng Nghroesor, Llanfrothen, Penmorfa, Trawsfynydd, Nant Gwynant, Nebo, Llan-ystumdwy, Brynbachau, Tywyn, Cwm Pennant, Caeathro, Deiniolen, Waunfawr, Llangybi, Llanaelhaearn a sawl pentref arall.[67] Llosgai ddeupen y gannwyll er mwyn paratoi darlithiau newydd a difyr. Yr oedd yn benderfynol o ddal ei dir yn erbyn darlithwyr pennaf y brifysgol ac atgoffai Doc Tom yn aml fod mwy o ôl paratoi gwreiddiol ar ei ddeunydd ef nag eiddo ceiliogod y colegau:

Chwilio am stwff at Ddosbarthiadau Llanaelhaiarn, Pennant, Cwm Penmachno a Brynbachau ar hanes eu gwahanol ardaloedd – darlith newydd danlli bob nos ar gyfer 48 o nosweithiau, ac nid byw ar draddodi yr un hen ddarlithiau steroteipaidd fel y gwnewch chi tua'r Colegau, sydd fel Tabl o Logarithms, 20 mlwydd oed, yn barod at bob tymor a dosbarth.[68]

Yr oedd galw eithriadol am ei wasanaeth ac ni fyddai byth yn gwrthod gwahoddiad. Y mae hanes ei deithiau ym modur tair-olwyn Griffith Williams trwy wynt a glaw ac eira yn rhan o lên gwerin sir Feirionnydd, ac am gyfnodau mentrai allan bron bob nos i ddarlithio. 'Finnau', meddai wrth Doc Tom ym mis Rhagfyr 1931, 'yn gorfod myned i Lŷn heno yn unllygeidiog [cawsai ddrafft yn ei lygad wrth sefyllian yng ngorsafoedd Caer a Manceinion] i ddarlithio *am ddim* i helpu gwraig weddw a gollodd ei buwch.'[69] Ac er i lyfrgellydd Bangor ei watwar yn aml am ei 'hir huawdleddu', da y gwyddai am aberth sobreiddiol ei gyfaill.

Er mai 'Hanes Lleol' oedd hoff bwnc Bob Owen, gwyddai pawb am ei duedd i grwydro'n aml ac yn bell oddi wrth ei destun. A hwyrach mai dyna oedd cyfrinach ei apêl, oherwydd wrth gwrso'r sgwarnogod y deuai'r perlau. Ni wyddai neb beth a ddywedai nesaf. Ar y llaw arall, ni châi gymeradwyaeth gan bawb am garlamu'n wyllt trwy ddarlith neu am sboncio'n ddirybudd o'r naill bwnc i'r llall. Meddai ei gyfaill Carneddog:

> Wel, bu Bob Owen yma yn darlithio ar y 'Morwyr Cymreig' nos Wener . . . Cymysglyd ofnadwy ydoedd. Gresyn na fuasai yn fwy trefnus. Cybolai ormod o lawer. Codai sgwarnog bob dau funud, ac ar ôl hwnnw wedyn yn hir. Felly o hyd. Ofnaf na phlesiodd . . .[70]

Ceisiai rhai o'r *'Boys'* ei gadw ar y llwybr cul trwy fynychu ei ddarlithiau. Un tro pan oedd yn darlithio ym Mhorthaethwy, daeth Doc Tom, R. T. Jenkins a Thomas Parry i wrando arno, gan eistedd yn dawel yng nghefn yr ystafell. Er mai Thomas Jones yr Almanaciwr oedd y testun dan sylw, buan yr aeth Bob ar drywydd hanes Morgan Llwyd yn Wrecsam, gan drethu amynedd y tri gŵr doeth. Cododd Doc Tom ar ei draed gan floeddio o'r llawr 'Cwestiwn!' cyn mynd ati i groesholi'r darlithydd yn fanwl.[71] Ceisiai Mary Silyn Roberts hefyd ei wastrodi trwy ei rybuddio rhag trethu amynedd ei ddosbarthiadau drwy orlwytho'i ddarlithiau â ffeithiau ac ystadegau, ond wfftio at y cynghorion hyn a wnâi Bob Owen.

Yn ystod y mynych grwydradau hyn byddai'n mynegi ei farn a'i ragfarn yn ddiflewyn-ar-dafod. Defnyddiai iaith hynod liwgar i gystwyo ei gaseion – yn eu plith y Dug Wellington, y Frenhines Victoria a'r 'cynllwyniwr twyllodrus' Syr John Wynn o Wedir – ac i ddryllio delwau. Bwriai ei lach yn gyson ar John Elias, y 'Pab' Methodistaidd o Fôn. Ymhlith rhai llawysgrifau yn cofnodi atgofion hen bobl, daeth ar draws hanes John Elias yn pregethu mewn ysgubor lle'r oedd ieir yn clwydo. 'Dychryn[odd yr ieir] gymaint', meddai Bob yn orfoleddus, 'pan gododd John Elias ei lais nes cachu or ieir ar bennau'r Saint oedd yn yr oedfa.'[72] Mewn ysgrif a luniodd ar O. O. Roberts yn *Yr Efrydydd*, ni allai ymatal rhag rhoi 'clepan lawchwith wrth basio i'r teyrn o Fôn', ac wrth restru rhai hen gerddi nododd ar ymyl y ddalen 'Marwnad [ir *diawl*] John Elias o Fôn'.[73] Yr oedd Doc Tom yn gyndyn iawn i esgusodi ymddygiad fel hwn ac fe'i melltithiai yn aml am gollfarnu pobl nodedig er mwyn difyrru'r werin-bobl: 'Awr a deg munud, fan bellaf' oedd ei siars rhyw dro, 'dim crwydro, dim sgwarnogod – *dead on the target*. A dim diawlio ar J[ohn] Elias ychwaith.'[74] Ond gwyddai cystal â neb nad oedd cynildeb diragfarn yn reddf gynhenid yn Bob Owen.

Un arall a gâi ddyrnod hallt yn gyson ganddo oedd 'yr hen sopen' Mary Jones, y ferch – fe ddywedir – a gerddodd yn droednoeth bum milltir ar hugain i'r Bala er mwyn prynu Beibl gan Thomas Charles. Dadleuai Bob mai un ymhlith llaweroedd a ddeisyfai Feibl yn y ddeunawfed ganrif oedd Mary Jones ac nad oedd ganddi ddim i'w wneud â sefydlu'r Feibl Gymdeithas. Câi ei gollfarnu'n aml gan chwarelwyr Corris, Ffestiniog ac Abergynolwyn am geisio tanseilio cyfraniad arwres leol ('mae eisiau saethu'r diawl' oedd un bygythiad a glywyd)[75] ac o'i anfodd yr âi Bob i ddarlithio yn Llanfihangel-y-Pennant oherwydd gwyddai y byddai newyddiadurwyr *Y Faner* a'r *Cambrian News* yn heidio yno i'w blagio a'r 'perygl yw i mi wylltio a hyrddio'.[76] Wrth ei weld yn ymfflamychu ac yn mynd i hwyl ar y pwnc hwn, byddai'r '*Boys*' yn ei bryfocio'n ddidrugaredd a diau mai un ohonynt hwy (Doc Tom efallai) a anfonodd ato gerdyn post ac arno ddigriflun o Mary Jones, yn ferch flonegog droednoeth, yn sefyll wrth ymyl carreg filltir yn dwyn y geiriau 'To Bala 1000 Miles'.[77]

Yr oedd barn fympwyol Bob Owen am ferched yn destun trafod rheolaidd yn 'Nymbar Tŵ'. Chwarddai'r brodyr yn aflywodraethus pan soniai Bob am chwantau rhywiol y Methodist Howel Harris ac am chwain yn brathu bochau merched yn y ddeunawfed ganrif. 'Hen bitsh' oedd gwraig John Wesley, meddai, a'i natur biwis hi a barodd iddo deithio mor bell i genhadu. Diarhebai ynghylch safon gwaith rhai clercod benywaidd:

> Daeth geneth yn ddiweddar ir Office yma . . . oedd yn suppose o fod yn First Class Typist ac yn champion fel Book-Keeper. Perthyn ir stiwart. Cafodd sack ymhen wythnos yn hopeless. Ni wyddai ddim yn un peth am artistrwydd gwaith Offis. Colofnau o ffigyrau fel piso hwch.[78]

'Fel pob merch', meddai am Mrs Lewis, perchennog llawysgrifau Talhenbont, 'yn berygl iddi fod yn chwim-chwam.'[79] Porthai Doc Tom ei ragfarn yn erbyn merched a fyddai'n 'gorymbincio' ac yn traethu'n hunandybus, a hawdd dychmygu'r miri ym Mangor pan fwriodd Bob Owen ei linyn mesur dros seiat holi a glywsai ar y radio:

> [Ni allwn ddioddef] ysgrechlais aflafar Elsbeth Evans, oedd fel swn rhwbiadau hoelion ar gerrig; wedi merwino clustiau gwrandawyr Dyffryn Madog o odre'r Cnicht i'r Graig Ddu Morfa Bychan. Yr oedd llais cwynfanus, hirllaes melancolaidd Kate Roberts yn fwynder oi gydmaru ar annaearol wichiadau yr eneth rodresgar o Landudno.[80]

Sgwarnog arall yr âi Bob yn ddyfal ar ei hôl, yn enwedig yn ystod hirlwm y 1930au, oedd fod yr oes wedi newid er gwaeth. 'Y mae popeth Meirionydd yn ddiddorol i mi',[81] meddai wrth Doc Tom, wrth gollfarnu pobl ifainc am ddiystyru hanes eu milltir sgwâr. Yr oedd yn bur hyddysg yng ngwleidyddiaeth yr oes a tharanai'n gyson yn erbyn 'Clicyddiaeth, Weirpwlyddiaeth, hymbygiaeth, spidyddiaeth, cenaw-yddiaeth'.[82] 'Hawdd ryfeddol tynnu dadl boeth ag ef mewn *bus*', meddai Doc Tom amdano, a phe credai Bob nad oedd digon o wrandawyr yn ei ddosbarth nos wedi ei glywed yn dweud bod angen saethu Neville Chamberlain byddai'n ailadrodd ei neges drannoeth yng ngŵydd llond bws o deithwyr rhwng Porthmadog a Phenrhyndeudraeth.[83] Nid oedd ganddo ddim i'w ddweud wrth 'conchies diawledig', 'Iddewon rheibus' ac 'egsploitwyr diwydiannol'. O ran moes a buchedd, tybiai fod yr oes ar y goriwaered:

> Nid oes ini iachawdwr yn unman. Myn pawb wneuthur fel y myno. Meddwi, puteinio, gamblio, jazio, derbyn cyflogau mawrion ar draul y gweithiwr gonest, – rheibio, cenfigenu, diogi, dodgio, breibio, etc.

sydd yn myned ymlaen yma. Goreu po gyntaf i Gymru ymddihatru oddiwrth lywodraeth mor bwdr ag y sydd gennym.[84]

Ceisiai Doc Tom ddwyn perswâd arno i arfer 'gras, tact, synnwyr cyffredin' wrth ddarlithio,[85] ac arswydodd pan glywodd am fwriad Bob Owen i ymweld â'r hanesydd enwog J. Goronwy Edwards yng Ngholeg Iesu ac â Llyfrgell Bodley yn Rhydychen ym 1945. 'Dim ansoddeiriau na bytheirio' oedd ei rybudd i Bob ond,[86] fel y dengys ei sylwadau mewn llythyr at ei fyfyriwr R. Tudur Jones, ni chredai am eiliad y byddai ei hen gyfaill yn ffrwyno'i dafod:

A wyddoch fod Bob Owen yn Rhydychen ddydd Llun diweddaf (29ain) yn eistedd am awr yn nosbarth Goronwy Edwards yng Ngholeg yr Iesu, ar ei ffordd (gyda Goronwy) i'r Bodleian? Maes toreithiog i arlunydd da, neu i ddychanwr . . .[87]

Fel y dywedodd Bob wrth Dyfed Evans pan oedd llaw hwnnw yn prysur gyffio wrth gofnodi ei barablu di-baid: 'Fydda i byth yn blino siarad, wsti'![88]

Er nad oedd llawer o drefn ar ddarlithiau cyhoeddus Bob Owen, yr oedd ei frwdfrydedd heintus a'i ddywediadau ysgubol yn ennyn diddordeb cynulleidfaoedd yn hanes eu broydd a'u gwlad. Hanes lleol oedd ei gryfder pennaf a rhyfeddai hyd yn oed ymchwilydd mor ddygn a chwilfrydig â Doc Tom at ei barodrwydd i deithio milltiroedd lawer er mwyn sicrhau cymaint ag un ffaith yn ymwneud â'i fam sir. Ond nid gŵr cyfyng ei orwelion oedd y 'quaint little fellow' hwn (felly y'i disgrifiwyd gan 'un lwmpyn o Americanwr')[89] oherwydd traethai'n ddiddan a diddorol ar bynciau megis 'Y Morwyr Anturiaethol Cymreig', 'Cyfraniad Cymru i'r Ymerodraeth Brydeinig a'r Unol Daleithiau' a 'Cyfraniad Ynys Môn i'r Byd'. Ni wyddai'r un hanesydd fwy nag ef am Gymry'r Unol Daleithiau ac y mae ei gyfrol anghyhoeddedig 'Bywgraffiadau Cymry – Americanaidd' yn wledd i'r llygad.[90] Lle bynnag yr âi, byddai ystafell orlawn yn ei ddisgwyl a rhyw drydar disgwylgar yn cyniwair. Yn ei lythyrau at Doc Tom cyfeiriai'n aml at ymateb gwahanol gynulleidfaoedd. Canmolai ei ddisgyblion yn Llangybi, Eifionydd: 'cynulleidfa dda ohonynt yn dod ynghyd bob wythnos . . . Golwg effro arnynt i gyd'.[91] Deuai 80 ynghyd i'w ddosbarth ar hanes lleol yn Nhrawsfynydd: 'Merched mewn oed ac ifainc yno, a llawer yn gorfod sefyll ar eu traed, ac ar sils y ffenestri, yn gwasgu o gylch y drws; ac mor boeth a phetaem mewn ffwrnes'. Ceid yno ddigonedd o hwyl a thynnu coes, a'r hen a'r ifainc fel ei gilydd 'yn pletio cwestiynnau'.[92] Gan fod golau'r lamp ym Mhentrefoelas mor wan, bu raid iddo siarad o'r frest, 'ond cefais cheers byddarol serch hynny'.[93] Yr oedd derbyn *cheers* yn bwysig iawn i Bob Owen. Er ei fod yn froliwr wrth reddf, dyn dihyder a oedd am brofi ei deilyngdod ydoedd yn y bôn. Oni châi groeso afieithus a chymeradwyaeth fyddarol, byddai'n dra siomedig. 'Hwyl dda yn Bermo neithiwr', meddai ym mis Chwefror 1946, 'ond nid cheers.'[94] Wrth reswm hefyd, o gofio ei duedd i ymfflamychu, digwyddai troeon trwstan yn ei ddosbarthiadau nos. Pan ddigwyddodd Bob ddweud ar ganol ei hoff ddarlith ar 'Tomos Jôs yr Almanaciwr' mai bendith i Gymru fu agor y tafarnau llewygodd gwraig yn un o seddau blaen Capel y Manod, Blaenau Ffestiniog.[95] Ochneidiai chwarelwyr Tanygrisiau wrth wrando'n gysglyd ar werth dwy awr o ystadegau yn ymwneud ag allforio llechi'r Llechwedd i bedwar ban byd, a bu'r darlithydd yn hir yn maddau i bobl ifainc Llaniestyn am fentro caru yng nghanol ei sgwrs ar hanes Ymneilltuaeth Llŷn.[96] Ond er gwaetha'r gwendidau hyn, ni allai Doc Tom ac academwyr Coleg Bangor lai na rhyfeddu at ymroddiad brwd Bob Owen. Bu'n gennad triw a diorffwys dros Gymdeithas Addysg y Gweithwyr, ac er bod gwynegon arteithiol yn ei luddias o'r 1940au ymlaen daliai i rannu ei wybodaeth yn hael â chymdeithasau hanes, cymdeithasau coleg, a dosbarthiadau allanol. 'Nid wyf am ildio i'r gwalch', meddai am y cryd cymalau, 'gwell gennyf farw mewn harnes, na diogi a chyffio mewn diogi.'[97] Llyncai *aspirins* di-rif yn y Llyfrgell Genedlaethol wrth gofnodi miloedd o ffeithiau mawr a mân, a phan suddai i bwll anobaith ceisiai Doc Tom ei galonogi drwy ddweud 'Buck up!' 'Frawd annwyl,' meddai wrth Doc Tom ar noswyl Nadolig 1941, 'oni wyddoch fy mod fwy oddicartref o 250% nag ydwyf gartref; a phan ddeuaf adref oni wyddoch chwi fod yn rhaid i mi baratoi llith awr a chwarter i siaradwr cyflym ar gyfer 36 o nosweithiau? Cofiwch mai nid stwff *ready made* fel mae tua 70% o athrawon WEA yn ei roi.'[98] Ni ellir amau na wyddai Doc Tom fod Bob Owen, o ran ymroddiad a brwdfrydedd, yn uwch ei barch ymhlith gwerin-bobl na cheiliogod y colegau. Fel y dywedodd Tegid amdano:

> Mr Bob Owen must occupy a unique position as a lecturer. There is nobody quite like him . . . He has a sensation in each lecture and he rampages along, knocking heroes off their pedestals, and shattering fond traditions, until he leaves his audience gasping in despair.[99]

Os oedd dawn dweud carlamus Bob Owen yn destun trafod cyson, ni flinai'r 'saint' yn 'Nymbar Tŵ' ychwaith ar drafod swyddogaeth a chynnyrch yr Eisteddfod Genedlaethol. Yn sgil dylanwad grymus John Morris-Jones tyfodd cysylltiad agos rhwng gweithgareddau llenyddol yr Eisteddfod a staff Coleg Bangor. Pan gynhaliwyd yr Eisteddfod ym Mangor ym 1931, lluniwyd gair o groeso ar gyfer rhaglen y dydd yn Gymraeg gan Doc Tom[100] ac yn Saesneg gan J. E. Lloyd, a bu academyddion y Coleg yn feirniaid ar sawl cystadleuaeth. Yn ystod cyfarfodydd y Sadwrn yn Eisteddfod Caernarfon ym 1935, llywyddwyd gan y Prifathro Emrys Evans, yr Athro T. Hudson-Williams a'r Athro Ifor Williams, ac wrth glodfori Coleg Bangor honnodd Ifor Williams mai 'yn ein siop ni y mae'r gwir i'w gael'.[101] A chan fod Doc Tom a Bob Owen yn enillwyr eisteddfodol, yr oedd ffyniant a delwedd gyhoeddus prif sefydliad cenedlaethol Cymru yn bwysig iddynt. Mawr fyddai'r herio a'r taeru ymhlith 'Y Boys' pan fyddai Bob Owen yn cystadlu a Doc Tom yn beirniadu. Yr oedd Bob yn gystadleuydd diedifar ac o dan ffugenwau cyfarwydd megis 'Brothen', 'Brido', 'Bugail y Wern', 'Hen Fugail' ac 'Iseryri' (rhag ofn nad oedd pob beirniad yn adnabod ei lawysgrifen!) lluniodd liaws o ddraethodau meithion ar bynciau megis 'Ychwanegiadau at lyfryddiaeth sir Ddinbych', 'Diwydiannau coll unrhyw ardal', 'Hanes unrhyw blwyf gwledig yng Nghymru' ac 'Ymfudiadau o Gymru i'r Unol Daleithiau rhwng 1760 ac 1860', gan foddi wrth ymyl y lan yn amlach na pheidio oherwydd fod ei waith mor flêr a digynllun. Yn yr Eisteddfod Genedlaethol yn Nhreorci ym 1928 fe'i rhoddwyd drwy'r felin gan Doc Tom am ei draethawd ar 'Morgan John Rhys a'i Amserau'. 'Hereticus' oedd ffugenw Bob Owen a buan y canfu'r beirniad mai heretig o'r iawn ryw ydoedd gan iddo ladd ar Bwyllgor Gwaith yr Eisteddfod ac ar y Bedyddiwr Christmas Evans, heb sôn am gynnwys 'afiaeth a rhysedd' ym mhob pennod. Fel hyn y cloriannwyd y traethawd:

O ran gwybodaeth, godidog ragorol . . . ond buasai raid i'r beirniad fod yn fwy o heretic nac yntau i roddi'r wobr iddo. Fel traethodwr mae'n euog o bechodau rhyfygus ac anfaddeuol. Brys direol, aflerwch di-esgus, dim ymgais ar arddull lenyddol – dyna'r prif bechodau. Y teipio yn sobr i edrych arno, yn sobrach fyth i'w ddarllen; rhyfeddnodau ymron ar bob tudalen . . . cam-sillebu mynych, ffrwyth marwol y brys: cannoedd o baragraffau un frawddeg, gwrthuni anesgusodol arall . . . Dylai fod wedi eistedd i lawr yn hamddenol, nid i ysgrifennu rhagair doniol ond dianghenraid ond i fwrw'r draul, toddi llawer o'i baragraffau byrwyntog yn un paragraff cryno cydnerth, a gwau ei ffeithiau yn un ddrama resymegol, ystwyth ei chymalau, gydag arddeliad arddull ar ei chenadwri.[102]

Yn sgil y gurfa gyhoeddus hon, pwdodd Bob Owen wrth ei gyfaill a bu llythyru pur finiog rhyngddynt. 'Rhai anodd ddiawledig ich plesio ydych fel beirniaid,' meddai, 'byddaf yn poeri mellt aniffodd arnoch pan y'ch gwelaf. Ac yn tyllu eich beirniadaeth nes bydd fel rhidyll.' Ymddengys ei fod wedi treulio pedwar mis cyfan yn astudio a chopïo 'stwff' a mis arall yn teipio'r llith, ac yn ei ddicter gorchmynnodd ei wraig Nel i roi halen yn nhe Doc Tom pan ddeuai i Groesor y tro nesaf![103] Ni chafodd Doc Tom faddeuant llawn tan 1931 pan ddyfarnodd i Bob y wobr gyntaf am draethawd ar 'Hanes Crefydd ym Môn, 1700–1760' yn Eisteddfod Môn. Rhoes ganmoliaeth uchel i 'Veritus' (aeth y llysenw 'Hereticus' i ebargofiant!) am ei 'gloddio dwfn' a'i 'ddychymyg byw', ac yr oedd Bob wedi ymgyffroi cymaint fel y bu bron iddo golli'r wobr 'drwy i'r siec gwympo o dan draed y gynulleidfa' wrth iddo ymadael â'r llwyfan.[104]

Erbyn hynny yr oedd Doc Tom y beirniad yn gryn atyniad. Dylifai eisteddfodwyr i'r Babell Lên i wrando'n astud ar ei berfformiadau ffraeth a deifiol. Dwrdiai ymgeiswyr gwan neu anniben yn ddi-drugaredd. Cystwywyd 'Mab y Llan' yn yr Eisteddfod Genedlaethol yn Llanelli ym 1930 am 'wneud y text yn ddim ond *peg* i hongian dyfyniadau wrtho, fel rhaff wynwyn gwr o Lydaw',[105] a'i sylw bachog ar waith ymgeisydd yn dwyn y ffugenw 'Only Seventy-Two' yn yr Eisteddfod Genedlaethol yng Nghaernarfon ym 1935 oedd 'Gwell ei gymeryd ar ei air, gan fod amryw brofion ei fod yn dywedyd y gwir'.[106] A phan ddaeth ymgais alaethus o dila i'w law ar gyfer yr Eisteddfod Genedlaethol yn Aberafan ym 1932, bloeddiodd 'Pa obaith gwobr o ganpunt sydd i waith fel hwn? Dim.'[107] Arthiai ar ymgeiswyr diniwed am ddweud bod Abraham yn un o drigolion Sodom, am gyfeirio at un o Feirdd yr Uchelwyr fel 'Aled Tudor', ac am honni mai esgob Caernarfon oedd yr Archesgob John Williams a'i fod, yn sgil cweryl ag Oliver Cromwell, wedi ymfudo gyda'i deulu i Tennessee![108] Heb gofio dim am ddiffygion ei gyfrolau Saesneg trwchus ef ei hun, byddai'n drwm ei lach ar y sawl yr oedd ei arddull yn hynod, ei grap ar y treigladau yn fregus a'i droednodiadau wedi eu pentyrru ar odre pob tudalen. Tybed pa sawl ymgeisydd di-glem a fu'n gwingo yn y Babell Lên wrth i lyfrgellydd Coleg Bangor oedi uwchben pob diffyg a gwendid? Ar y llaw arall, byddai'n rhyfeddol o drugarog wrth rannu gwobrau. Rhoes hanner y wobr i 'Mab y Llan' am draethawd tra amherffaith ar Thomas Shankland, ac ar ôl 'dywedyd y pleindra' wrth 'Only Seventy-Two' rhoes £20 iddo am ei lafur a'i ludded fel mynegeiwr ac argymell rhoi'r £30 a oedd yn weddill iddo wedi iddo ailwampio'r gwaith, copïo'r deunydd yn gywirach, trefnu a dosbarthu ei ddeunydd yn ddoethach, a 'syrthio o flaen un o'r beirniaid [sef Doc Tom ei hun] mewn sachliain a llawer o ludw' am gamsillafu ei enw a phenawdau ei ysgrifau.[109] Pur anaml y gadawai i'r rhai a wnaethai ymdrech deg i fynd adre'n gwbl waglaw.

Ond nid pawb a gymeradwyai duedd Doc Tom at wamalrwydd ar lwyfan y Babell Lên nac ychwaith ei arfer o hidlo gwybed. Un o'r rheini oedd T. J. Morgan, a oedd yng nghanol y tridegau yn ddarlithydd cymharol ddibrofiad yn Adran y Gymraeg, Coleg Prifysgol Cymru, Caerdydd. Yn ddirybudd, cyhoeddwyd yn Y Llenor yng ngwanwyn 1936 adolygiad deifiol gan Morgan ar nofel arobryn Eisteddfod Castell-nedd ddwy flynedd ynghynt.[110] Gwahoddasid Doc Tom ym 1934 i feirniadu cystadleuaeth yn yr eisteddfod honno am nofel yn seiliedig ar y testun 'Tair Cenhedlaeth'. Daeth chwe nofel i law, sef cyfanswm o 1,500 o ddudalennau, a bu raid i Doc Tom 'wregysu'r lwynau at y "contract"'. Ar ôl dweud y drefn wrth yr ymgeiswyr am gynnwys ugeiniau o wallau iaith, cystrawen a theipio yn eu gwaith, dywedodd fod dwy nofel hirfaith gan 'Dorti Llwyd' (323 tt.) a 'Charis' (447 tt.) yn sefyll ben ac ysgwydd uwchlaw'r lleill. Cydnabu gamp 'Dorti Llwyd', yn enwedig cynildeb huawdl a dychan crafog y nofel, ond tybiai ei bod yn symud yn rhy araf: 'Yn iaith y bêl-droed, dyma beth yw troi rownd i bisin tair yn lle mynd â'r bêl i gyfeiriad y pŷst.' Erbyn hyn yr oedd selogion y Babell Lên yn rhuo chwerthin. Am 'Charis', honnodd mai ei gogoniant pennaf oedd ei gallu i weld 'y ffrâm fawr' a'i 'beiddgarwch haerllug'.[111] Penderfynodd rannu'r wobr o £50 rhwng y ddwy, a chafwyd mai'r buddugwyr oedd Mrs Grace Wynne Griffith o Fangor a Mrs Morris T. Williams o Donypandy, sef Kate Roberts, nofelydd a oedd eisoes wedi ennill clod eang am ei chyfrolau o storïau byrion a nofelau, O Gors y Bryniau (1925), Deian a Loli (1927), Rhigolau Bywyd (1929) a Laura Jones (1930). Traed mewn Cyffion (1936) oedd y nofel a gyflwynwyd gan Kate Roberts i'r gystadleuaeth yn Eisteddfod Castell-nedd ac y mae'n amhosibl credu na wyddai Doc Tom mai hi oedd 'Dorti Llwyd'. Ond er bod y gwybodusion o'r farn i Kate Roberts gael cam gan y beirniad, ni chododd neb ei lais nes i T. J. Morgan fanteisio ar ei gyfle i roi cosfa gyhoeddus a haeddiannol i Doc Tom wrth adolygu *Creigiau Milgwyn*, nofel Grace Wynne Griffith:

Mae'n hen bryd i rywun brotestio yn erbyn beirniadaethau Dr. Tom Richards ar gystadleuaeth y nofel. Yn Llanelli, cynigiwyd gwobr am nofel yn ymwneuthur â chyfnod Morgan Llwyd. Dewiswyd Dr. Tom Richards yn feirniad, ac nid oes neb yn amau nad efô a ŵyr fwyaf am y cyfnod hwnnw. Rhoddodd feirniadaeth ddigrif iawn, a byth er hynny yn Eisteddfodau'r De, y mae'r 'apiau' a'r awenyddion a'r ofyddion sy'n tyrru i dorheulo yn y Babell Lên gyda'r mawrion, yn gofalu bod yno i glywed traddodi'r feirniadaeth ar y nofel, i gyfranogi o'r perlau a wasgerir, sef yw'r rheini, yr 'howlers' a ddigwydd yng ngwaith pob ymgeisydd, yn enwedig y rhai dibrofiad a'r rhai brysiog, ynghyd â sylwadau ffraeth y beirniad arnynt. Oblegid dyna'n syml yw hanner beirniadaeth Dr. Tom Richards, dyfynnu 'howlers' o bob math, rhai diniwed a rhai ffôl, rhai y gellid yn hawdd eu cywiro, cysylltu dalennau ynghyd â phiniau bach, camrifo'r tudalennau, newid enw neu gamenwi cymeriad mewn pennod newydd, orgraff a dyddiadau gwallus, a rhyw betheuach felly . . .[112]

Honnodd hefyd petai unrhyw bregethwr cyffredin wedi peidio â rhoi'r wobr lawn i Kate Roberts y byddai ef a'i fath wedi ei ddarnladd yn y fan a'r lle.

Profiad annifyr iawn i Doc Tom oedd darllen y geiriau brathog hyn ym mhrif gylchgrawn y Cymry darllengar, ond hawdd dyfalu bod ymosodiad T. J. Morgan wedi goglais 'Y Boys' a'u bod wedi ei bryfocio'n ddidrugaredd. Ffromodd Doc Tom ac er i Lewis Valentine ddweud wrtho, 'Yli, Tom, cymer dy gweir yn dawel',[113] ysgrifennodd lythyr miniog at T. J. Morgan yn ei alw'n 'fawgi anonest', yn 'ben celwyddgi'r Brifysgol' a'r 'philologyn preneiddia sydd yn y Brifysgol i gyd'.[114] At hynny, lluniodd lythyr casach fyth (ond nas anfonwyd) i'r *Genedl Gymreig* yn cyhuddo Morgan o raffu ynghyd 'ystrydebau penllwyd' ac o geisio 'torchi ei lewys am orchest' yn ei adolygiad rhagrithiol a chelwyddog.[115] Ond er i Doc Tom wasanaethu fel beirniad yn yr Eisteddfod Genedlaethol lawer gwaith wedi hynny (lluniodd ei feirniadaeth olaf pan oedd yn 82 mlwydd oed), nis gwahoddwyd i roi ei linyn mesur ar unrhyw nofel Gymraeg. Ac, fel y gellid dychmygu, bu'r cam a wnaed â Kate Roberts a geiriau cryfion T. J. Morgan yn fêl ar fysedd Bob Owen. Ac yntau wedi dioddef ar law Doc Tom y beirniad lawer gwaith, cafodd fodd i fyw wrth weld ei hen gyfaill yn cael, o leiaf yn ei dyb ef, ei haeddiant o'r diwedd.

Y pedwerydd pwnc trafod a oedd yn faes brwydr i'r ddau oedd cenedlaetholdeb. Fel y gwelsom eisoes, Rhyddfrydwr oedd Doc Tom a'i egwyddorion gwleidyddol yn seiliedig ar faniffesto Cymru Fydd. Wrth reswm, ni allai neb amau ei Gymreictod na'i ymrwymiad i'w wlad. Ac eithrio'r adegau pan sgwrsiai â'i arwr J. E. Lloyd, yn Gymraeg y siaradai â phawb ym Mangor a fedrai'r Gymraeg, er ei bod yn deg dweud hefyd fod ei acen Saesneg, fel cynifer o'r Cymry Cymraeg a oedd ar staff Prifysgol Cymru y dwthwn hwnnw, yn eithriadol o findlws. Y mae'n werth cofio ei fod wedi perswadio Lloyd i anwybyddu cais Gwasg Prifysgol Rhydychen iddo newid pob cyfeiriad at 'Glyndŵr' yn 'Glendower' ym mhroflenni ei lyfr enwog ar Owain Glyndŵr.[116] At hynny, darlithiai mewn Cymraeg rhugl a rhywiog mewn dosbarthiadau nos ac ysgolion haf. Ond er ei fod yn awyddus i gynnal hunaniaeth ddiwylliannol y genedl, ni fynnai gryfhau ei hunaniaeth wleidyddol. Yn wir, casâi genedlaetholdeb â chas perffaith. Llais gŵr a oedd am gynnal nerth y wladwriaeth Brydeinig a glywir yn ei lythyrau, a phan gythruddid ef gan Bob Owen bwriai ei lach yn ddidrugaredd ar arweinwyr Plaid Genedlaethol Cymru, yn enwedig Saunders Lewis, ei llywydd rhwng 1926 a 1939.

Am ddeunaw mlynedd, sef rhwng 1906 a 1924, bu Bob Owen, yntau, yn Rhyddfrydwr twymgalon a byddai ei fam yn diarhebu ynghylch ei ymlyniad wrth Lloyd George: 'chdi a dy hen Lloyd George', meddai.[117] Hyd yn oed ar ôl iddo ymuno â'r mudiad cenedlaethol ym 1925, daliai Bob i eilunaddoli Lloyd George a'i lun ef yn unig a geid ar bared y parlwr yn Ael-y-bryn. Ond erbyn i'r Blaid Geidwadol gipio buddugoliaeth yn etholiad cyffredinol 1922 yr oedd llawer o'r farn na ellid ymddiried mwyach yn Lloyd George. Yr oedd y Blaid Ryddfrydol yn prysur ddadfeilio a'r Blaid Lafur yn ennill tir. Yr un pryd tybiai carfan fechan o genedlaetholwyr yng Ngholeg Bangor nad cymwynas â Chymru fyddai caniatáu i'r pleidiau gwleidyddol hyn gynnal grym y wladwriaeth Brydeinig, ac ym mis Mawrth 1922 ffurfiwyd Cymdeithas y Tair G – Y Gymdeithas Genedlaethol Gymreig – un o'r cymdeithasau a fu'n rhagredegydd i Blaid Genedlaethol Cymru a sefydlwyd ym 1925.[118] Flwyddyn cyn i Doc Tom ddychwelyd i Fangor yr oedd Bob Owen wedi ymuno â'r blaid newydd hon ac fel yr âi'r blynyddoedd heibio tyfu'n fwyfwy cenedlaetholgar a gwrth-Seisnig a wnâi. Nid da gan Doc Tom y mudiad cenedlaethol, a mwy diddorol a phwysig, yn ei dyb ef, oedd twf comiwnyddiaeth, ffasgiaeth a militariaeth. O ganlyniad brithid llythyrau'r ddau â dadleuon gwleidyddol mor ffyrnig fel yr oerai'r berthynas rhyngddynt o bryd i'w gilydd, yn enwedig yn ystod helynt y Tân yn Llŷn ym 1936, yr isetholiad am sedd Prifysgol Cymru ym 1943 a'r etholiad yn sir Feirionnydd ym 1945.

Yr oedd Doc Tom ymhlith y rhai a gredai fod ceidwadaeth adweithiol cenedlaetholwyr amlwg fel Saunders Lewis ac Ambrose Bebb yn gwbl amherthnasol i anghenion a dyheadau'r dosbarth gweithiol yn y cyfnod rhwng y ddau ryfel byd. Hyd y gwyddys, ni fynegai'r farn honno y tu allan i'w gartref, 'Nymbar Tŵ' a'i lythyrau at Bob Owen. Nid felly ei gyfaill R. T. Jenkins a oedd yn fwy na bodlon llorio W. Ambrose Bebb yn gwrtais dros gwpanaid o de ar dudalennau'r *Llenor*.[119] Honnai Jenkins fod athroniaeth Daudet a Maurass yn ffiaidd o gul ac anfoesol ac yn yr un modd tybiai Doc Tom fod athroniaeth wleidyddol Saunders Lewis (heb sôn am ei Babyddiaeth) yn tynnu'n gwbl groes i deithi hanes y Gymru fodern ac yn wrthun i'r werin-bobl. Mewn llythyr diddyddiad at Bob Owen, meddai:

> Am y Llywydd – Saunders – gwr gor-deyrngarol yw ef, Fascist mewn gwirionedd, a Phabydd hefyd. Yn ei ymyl saif Bebb, addolwr mawr ar Maurois [*sic*], y Ffrancwr a wnaeth fwy na neb i godi y *riots* yn Paris; crêd Bebb mai ffieidd dra oedd y Chwyldro Ffrengig, a gresyn i'r brenhinoedd gael eu hysigo a'r hen grefydd ei phardduo.[120]

Wfftiai at y 609 a fwriodd eu pleidlais dros Lewis Valentine yn etholiad Caernarfon ym 1929, ac ni chollai gyfle i gystwyo cenedlaetholwyr am eu 'myfiaeth' a'u 'dafadeiddiwch' yng nghlyw Bob Owen. Ond anodd credu iddo wneud hynny yng ngŵydd cenedlaetholwyr pybyr megis Thomas Parry ac R. Williams Parry yn 'Nymbar Tŵ' yn ystod y blynyddoedd cyn y Tân yn Llŷn.

Pan losgwyd adeiladau'r gwersyll bomio ym Mhenyberth ym mis Medi 1936, bu ymrannu ymhlith 'Y *Boys*' ynglŷn â doethineb a phriodoldeb y weithred, ac ni chyffrowyd neb yn fwy na Bob Owen. Ar ddiwrnod olaf achos y Tri (sef Saunders Lewis, Lewis Valentine a D. J. Williams) ym Mrawdlys Caernarfon ar 13 Hydref, buasai Bob yn annerch y WI yn Ynys Môn. Cyrhaeddodd sgwâr Caernarfon cyn chwech o'r gloch, gan wthio'i ffordd trwy'r dorf orfoleddus a gweiddi 'Cymru am Byth!' nerth esgyrn ei ben, er mwyn ysgwyd llaw â'r tri arwr. Drannoeth dywedodd mewn llythyr at Doc Tom iddo fod yn dyst i drobwynt seicolegol yn hanes Cymru:

Y mae'r bechgyn rhagorol hyn wedi magu cydwybod a barn newydd
yng Nghymru, yn sicr ddigon, ac wedi dangos fod Lloyd George wedi
troi yn hen 'gachu diawl' megis ag y mynegais ar yr heol wrth flaenor
duwiol o Feddgelert yn fy ngwylltineb ddoe . . . Nid yw hi ond
dechreu frawd, chwerthed y cachaduriaid, crechwened llyfwyr baw
tinau'r Saeson; Y mae'r wlad efo'r hogiau, a phawb yn deffro . . . Y
mae'r wreichionen yn dechreu cynneu, a bydd y goelcerth hyd Gymru
yn fuan iawn, ac yn eu goleuni gwelir ragrith melldigedig y Sais
gormesol, y gwyddai pob gwlad tan haul gymaint a hynny am danynt
ers llawer dydd.[121]

Credai Doc Tom fod elfen wrth-ddemocrataidd gref yn syniadau
Saunders Lewis a dywedodd bethau hallt iawn am y 'tri stunt-hunter'
a gyneuodd y tân ym Mhenyberth, yn enwedig lywydd y Blaid
Genedlaethol: 'Ni ddaw byth ddim o'r Blaid hyd nes cicio i ffwrdd y
corgi Pabyddol sydd yn ei harwain ar hyn o bryd. Dyn sydd eisieu,
nid cynrhonyn . . . Nid oes ynddo na size na phersonoliaeth.'[122] Yn
sgil carcharu'r tri llosgwr a diswyddo Saunders Lewis rhwygwyd
adrannau'r Gymraeg ym Mhrifysgol Cymru o'r brig i'r bôn. Darfu
am naws hwyliog a direidus 'Nymbar Tŵ' oherwydd cythruddwyd
Ifor Williams, R. T. Jenkins a Doc Tom gan helynt yr ysgol fomio. Er
gwaethaf ymgais R. Williams Parry a'i gefnder Thomas Parry i
gynnal breichiau Saunders Lewis, gwrthododd Ifor, R.T. a Doc Tom
lofnodi llythyr protest i'r wasg nac ychwaith ddeiseb gan gant o
raddedigion Prifysgol Cymru (er bod y mwyafrif ohonynt yn byw ym
Mangor a'r cyffiniau) yn galw ar Lys Prifysgol Cymru i adfer 'y
dysgedicaf yn ein mysg' i'w swydd.[123] Cymaint oedd y tensiwn a'r
dicter fel y peidiodd yr arfer o lunio cerddi digrif a chellweirus. Ceid
dwy farn bendant yn 'Nymbar Tŵ', sef, ar y naill law, fod cysgod
bygythiol yr adain dde yn Ffrainc a'r Almaen dros y weithred ym
Mhenyberth, ac ar y llaw arall ei bod yn ddyletswydd foesol arnynt i
amddiffyn cyd-ysgolhaig disglair a gawsai gam gan ei gyflogwr wedi
iddo weithredu i amddiffyn buddiannau diwylliannol ei wlad. Dros
dro, beth bynnag, oerodd y berthynas rhwng Doc Tom a Bob Owen.
Lluniai Doc Tom lithiau byrion mewn 'hwyl reit siarp' ac ni cheir
ychwaith yr hiwmor byrlymus arferol yn atebion ei gyfaill. Yng
ngeiriau Bedwyr Lewis Jones, achosodd diswyddo Saunders Lewis
'ryfel cartref ymhlith yr inteligensia yng Nghymru',[124] a sgil-effaith
hynny fu datod rhwymau hen gyfeillgarwch mewn sawl achos.
Brigodd y gynnen yn erbyn Saunders Lewis drachefn pan gytunodd

W. J. Gruffydd i sefyll fel ymgeisydd y Rhyddfrydwyr yn erbyn Lewis a thri ymgeisydd arall am sedd Prifysgol Cymru yn yr isetholiad a gynhaliwyd ddiwedd Ionawr 1943. Edmygid Gruffydd yn fawr gan Doc Tom ac, fel llawer o'i gyd-wladwyr, darllenai *Y Llenor* yn gymaint oherwydd y sylwadau golygyddol miniog ag oherwydd y cynnwys llenyddol. Ni allai lai na chymeradwyo ymosodiad cignoeth Gruffydd ar yr Adwaith ac ar Babyddiaeth yn ei ysgrif 'Mae'r Gwylliaid ar y Ffordd', a gyhoeddwyd yn *Y Llenor* yn hydref 1940, oherwydd amheuai ef hefyd fod gan arweinwyr y Blaid Genedlaethol gydymdeimlad cryf â ffasgiaeth.[125] Er iddo ddweud pethau deifiol am y modd y triniwyd y Tri, ni fu W. J. Gruffydd erioed yn gefnogwr diamod o frwd i'r Blaid Genedlaethol ac yr oedd y gogwydd at heddychiaeth neu wrth-

11. Bob Owen, Nest Richards (merch Thomas Richards), Mrs Mary Richards, Thomas Richards. Tynnwyd y llun hwn ym 1949.
(Llun: Nest a Gwilym Beynon Owen).

filitariaeth yn rhengoedd y mudiad cenedlaethol yn ofid iddo. Eibyn 1940 yr oedd yn argyhoeddedig o'r angen i wrthsefyll grym milwrol yr Almaen. Mynegai Doc Tom yr un safbwynt yn union yn ei lythyrau at Bob Owen. Chwalwyd 'prynhawnol hedd' yr academyddion ym Mangor gan y frwydr fawr rhwng arwr Penyberth a golygydd *Y Llenor* am sedd Prifysgol Cymru yn San Steffan. Peth anodd i ni heddiw yw llwyr werthfawrogi dyfnder y casineb at Saunders Lewis mewn sawl cylch yng Nghymru, ac y mae'n arwyddocaol fod y rhai a'i cystwyodd ym 1936 yn dal i'w wrthwynebu ym 1943.[126] Etholwyd W. J. Gruffydd â mwyafrif sylweddol, ond gadawyd creithiau personol dwfn gan y cecru maleisus. Mewn llythyr at Doc Tom ar 1 Chwefror, nid oedd Bob Owen yn edifar am lynu wrth y Blaid Genedlaethol – 'Y mae ei dydd yn dod, gan fod yr ifanc yn ei dwylo – waeth faint ystranciwch chwi'[127] – er y gwyddai y byddai Doc Tom ac R. T. Jenkins yn gorfoleddu ym muddugoliaeth Gruffydd. Yn ei ateb, cafwyd prawf digamsyniol pellach o gasineb Doc Tom at genedlaetholdeb Cymreig, Pabyddiaeth a heddychiaeth:

> Na, ni fu gorfoleddu yma, derbyn y cwbl yn dawel academig (serch y gellid meddwl oddiwrth benboethni brochus y Blaid *cyn* y lecsiwn nad oedd onid un dyn am dani hi – esiampl fendigedig o frwdfrydedd heb wybodaeth, ac anghofio – fel y gwna'r Blaid o hyd, mai etholiad i Gymru gyfan ydoedd, ac nid i ryw glic trystiog yn sir Gaernarfon). Os nad oedd gorfoleddu, yr oedd yma lawenydd tawel dwys fod yr etholiad wedi rhoi scèg farwol i ffordd Pabydd o geisio taflu llwch i lygaid gwlad o Ymneilltuwyr: e.e, ni wyr y dyn clyfra yn y wlad pa un a ydyw S. Lewis am roddi arian y trethdalwyr i gadw ysgolion Pabyddol ai nad yw – gorchuddiodd y cwbl mewn cwmwl o eiriau; *nid* yw yn basifist, medd ef, pryd y gwyr pawb na fu gwenwynach swcwr i basifistiaeth na diflastod, digalondid, a chowardiaeth ysgrifau *Cwrs y Byd*. Nid iddo ef fel Pabydd y mae gennyf fi'r ffieidd-dod mwyaf, ond ei *ddulliau* Pabyddol o feddwl a siarad – twyll-ymresymu, a siarad yn blaen. Ond fe'i daliwyd yn ei rwydau ei hun. Ni chaiff byth y fath gyfle eto. *Oherwydd y tro yma fe gafodd vote* . . . y conchis, y boys yr exposiwyd eu rhagrith yn y tribunals, y boys dewr a wrthododd archwiliad meddygol, y boys a fu'n ysgrifennu ar furiau a choed *slogans* yr anwybodus – fe wyddoch am yr epil, a gwn innau am enghreifftiau byw o bob un ohonynt o'n cwmpas yma, heb sôn am berthynas neu ddau i'r wraig yma.[128]

Fel y gellid disgwyl, daeth llythyr blagardus gyda'r troad o Ael-y-

bryn yn edliw i Doc Tom ei Ryddfrydiaeth henffasiwn: '*Diehards*
Cymreig yr ych i gyd. Chwitchwatwyr slyfenaidd melfedaidd . . . Os
son am ddiawl bach, soniwch am y diawliaid mawr sydd yn perthyn
ich rhengau chwi.'[129] Eto i gyd, yr oedd yn groes i anian y ddau i ddal
dig am hir a buan y dychwelodd yr hen ffraethineb a hiwmor i'w
gohebiaeth.

Un o hoff ystrywiau Bob Owen wrth bryfocio Doc Tom oedd
gweu i'w gilydd ystyriaethau gwleidyddol a chyhuddiadau personol.
Gwyddai fod Rhyddfrydiaeth yn agos iawn at galon ei gyfaill ac ar
drothwy'r etholiad cyffredinol ym mis Gorffennaf 1945 tynnai arno
drwy ddarogan chwalfa fawr ym mhleidlais y blaid honno ledled
Cymru, ac yn enwedig yn sir Feirionnydd, lle'r oedd H. M. Jones yn
bygwth cario'r dydd dros y Blaid Lafur. Yn fwriadol-gythruddol,
honnai hefyd fod Gwynfor Evans yn denu pleidleisiau ugeiniau o
Ryddfrydwyr i gorlan y Blaid Genedlaethol, yr '*unig blaid* sydd yn
werth cael ei galw yn blaid ynghymru . . . ond gan ryw ddiawliaid
ystyfnig fel Dr. Tom Richards'.[130] Yn ei ateb, rhygnu ymlaen am
'conchies' a wnaeth Doc Tom, gan herio Bob Owen trwy ei alw'n
'ffalsgi'. Aeth y cyhuddiad hwnnw fel saeth i'w galon:

> Petawn yn gwybod eich bod chwi o waelod eich calon yn credu mai
> un ffals wyf, ni ddeuwn byth ar eich cyfyl, – y tŷ nar llyfrgell, na
> ddeuwn wir. Coelwch fi yr ydych wedi camgymeryd eich deryn frawd,
> os gelwch fi yn *ffalsgi*. Dim or fath beth: Yr wyf ymhell o fod yn un
> felly: Ir gwrthgyferbyniad yn hollol; ni adwaenwch mohonof os dyna
> eich barn am danaf – dywedaf yn eich wyneb, heb ofni na gwg, surni
> na choegni . . . Os digwydd i chwi ddod i Groesor rywbryd am
> wyliau, dim gair *myn diawl* i fychanu Gwynfor, neu bydd raid i chwi
> hel eich coes yn ol am Fangor, a dim llaeth enwyn . . . Crynwch,
> crynwch, crynwch, crynwch chwi fychanwyr ein cenedl.[131]

Fel mae'n digwydd, cadwodd Emrys Roberts y sedd i'r Rhyddfrydwyr
o drwch blewyn a dim ond ychydig dros 10 y cant o'r bleidlais a
gafodd y Blaid Genedlaethol. Yn ôl ei arfer, cafodd Doc Tom y gair
olaf drwy fynnu na châi Bob Owen, yntau, grybwyll enw Gwynfor
Evans ym Mrynawel: 'Ni wnaiff nymbars newid dim ar ei hanes na
lliw ei groen.'[132] Er cymaint eu hedmygedd o'i gilydd ac er bod eu
diddordebau yn gyffelyb, ni allai'r ddau weld lygad yn llygad ar
faterion megis cenedlaetholdeb a heddychiaeth. Ffieiddiai Doc Tom
lywydd y Blaid Genedlaethol ac ni allai gydnabod unplygrwydd a

dewrder y gwrthwynebydd cydwybodol. Câi Bob Owen y fath ysgytiad pan ddarllenai farn ei gyfaill ar y pynciau hyn fel y mae'n anodd deall sut y parhaodd eu cyfeillgarwch. Ond er gwaethaf y llymder direidus a bwriadol yn ei lythyrau, yr oedd gan Doc Tom feddwl uchel o alluoedd Bob Owen fel hynafiaethydd ac o'i barodrwydd hael i rannu ffrwyth ei ymchwil â phawb: 'hyllig pan gynhyrfir ef,' meddai, 'eiddgar barod i roi cymorth i eraill'.[133] Gallai faddau iddo y rhegi a'r bytheirio, y codi a dryllio delwau, y rhagfarnau a'r anghysonderau oherwydd gwyddai ei fod, drwy ddarganfod a chofnodi miloedd o ffeithiau, yn cyfoethogi hanes Cymru yn ddirfawr. 'Athrylith fawr ar chwâl' oedd Bob Owen,[134] meddai, ond fel chwilotwr yr oedd yn ddigymar. Er bod Doc Tom yn feirniad llym fel ysgolhaig, edmygai Bob Owen ei lafur dygn a manwl fel hanesydd, llyfrgellydd, casglwr llawysgrifau a llyfrau, ac, yn fwy na dim, fe'i hedmygai am na thybiai ei fod yn rhy bwysig i ymhél â 'rhyw ditw o Groesor'. 'Gŵr caredig, trugarog yw Doc Tom', meddai, 'ar waetha'i olwg llym, dyn â chalon lydan, estynedig.'[135] Parhaodd eu cyfeillgarwch ymhell ar ôl i gymdeithas 'Y *Boys*' chwalu ar ddiwedd yr Ail Ryfel Byd, a phan gyhoeddwyd *Portreadau'r Faner* ym 1973 (wedi marwolaeth y ddau) yr oedd yn gwbl briodol fod y naill wedi portreadau'r llall, *warts and all*.

6 ∾ 'Byddwch fel Llwynog'

YN ein dyddiau ni penodir mewn colegau a phrifysgolion brif lyfrgellwyr sydd wedi eu hyfforddi'n drwyadl yn y maes ac sydd hefyd yn gwbl hyddysg ynglŷn â thechnoleg y diwydiant gwybodaeth. Mewn geiriau eraill, ymddiriedir y swyddi pwysig hyn i bobl broffesiynol hyfforddedig a phrofiadol. Nid felly yr oedd pethau yn negawdau cynnar yr ugeinfed ganrif. Gwir fod Syr John Ballinger, llyfrgellydd cyntaf Llyfrgell Genedlaethol Cymru, wedi bwrw ei brentisiaeth yn llwyddiannus iawn fel prif lyfrgellydd Llyfrgell Gyhoeddus Caerdydd cyn ymgymryd â'i ddyletswyddau fel pennaeth Llyfrgell Genedlaethol Cymru ar Ddydd Calan 1909, a bod D. Rhys Phillips, cydlyfrgellydd Llyfrgell Bwrdeistref Abertawe rhwng 1923 a 1938, wedi mynychu cyrsiau niferus mewn llyfrgellyddiaeth yng Ngholeg Technegol Rhydychen cyn dechrau dringo'r ysgol yn Llyfrgell Bwrdeistref Abertawe o 1905 ymlaen, ond ni ellir gwadu nad y duedd gyffredinol oedd penodi academyddion neu athrawon ysgol neu weinidogion yr efengyl a oedd yn adnabyddus fel llyfrgarwyr. Dyna, yn sicr, oedd y drefn yng Ngholeg Bangor. Gweinidog y Bedyddwyr yn Y Rhyl oedd Thomas Shankland pan y'i gwahoddwyd ym 1904 i ad-drefnu llyfrgell Gymraeg y coleg, a thrwy wahoddiad hefyd y cafodd Doc Tom ei hun yn brif lyfrgellydd yno ar 1 Hydref 1926. Ni hysbysebwyd y swydd. Ar 23 Mehefin cyflwynwyd i Gyngor y Coleg adroddiad gan y Senedd yn argymell y dylid penodi ysgolhaig o Gymro i'r swydd ar gyflog o £400 y flwyddyn ac y dylid parhau i fanteisio ar wasanaeth Thomas Shankland (a oedd yn bur wael erbyn hynny) fel llyfrgellydd cynorthwyol.[1] Ymhen pythefnos cyflwynodd yr Athro J. E. Lloyd gynnig gerbron Senedd y Coleg yn argymell y dylid penodi Dr Thomas Richards yn llyfrgellydd y coleg a hefyd yn ddarllenydd yn hanes Cymru fodern. Rhoddwyd cyfle i Lloyd i ymhelaethu ar yrfa a chymwysterau Dòc Tom yng nghyfarfod y Cyngor ar 14 Gorffennaf. Eiliwyd ei gynnig gan y Prifathro Reichel a gwnaed y penodiad yn unfrydol.[2] Nid oedd gan Doc Tom unrhyw gymwysterau uniongyrchol ar gyfer y swydd a rhaid mai ei lafur aruthrol fel ysgolhaig, ynghyd â'r D.Litt. a ddaethai i'w ran, a droes y fantol o'i blaid. Ond, fel y cawn weld, llanwodd y swydd yn anrhydeddus iawn hyd iddo ymddeol ym 1946. Yn wir, nid gormodiaith fyddai dweud mai gweithred ysbrydoledig ar ran Cyngor Coleg Bangor oedd y penodiad hwn oherwydd dros gyfnod o ugain mlynedd llwyddodd nid yn unig i ad-drefnu'r llyfrgell ond hefyd i greu archif o ddeunyddiau o safon ryngwladol. Y mae iddo, felly, le anrhydeddus a pharhaol yn hanes llyfrgellyddiaeth yng Nghymru.

Nid yr un oedd y coleg ym 1926 ag ydoedd pan ffarweliodd Doc Tom ag ef ym 1903. Yn un peth, yr oedd iddo gartref newydd. Agorwyd yr adeilad ysblennydd, a gynlluniwyd gan y pensaer Henry T. Hare, ym mis Mehefin 1911 ac, yn ôl hanesydd y coleg, yr ystafell 'fwyaf gosgeiddig' yno oedd Llyfrgell y Celfyddydau, rhodd gan Gwmni'r Dilledyddion.[3] Pan ymwelodd Pwyllgor Grantiau'r Prifysgolion â'r coleg ym mis Mehefin 1924 mynegwyd bodlonrwydd mawr â'r adnoddau llyfrgellyddol ar gyfer y staff a'r myfyrwyr. Eto i gyd, yr oedd bylchau amlwg ar y silffoedd ac arian ar gyfer prynu llyfrau yn resynus o brin. Yr oedd nifer y myfyrwyr wedi cynyddu'n sylweddol wedi'r Rhyfel Mawr er mai bychan iawn o hyd, yn ôl safonau ein hoes ni, oedd y cyfanswm. Yn nhymor hydref 1926 yr oedd Doc Tom yn gofalu am anghenion llyfrgelyddol 566 o fyfyrwyr (359 o feibion a 207 o ferched). Hanai 451 o ogledd Cymru (gan gynnwys 231 o sir Gaernarfon), 67 o dde Cymru a dim ond 43 o Loegr.[4] Yr oedd y Prifathro Reichel yn dal wrth y llyw (tan ei ymddeoliad ym 1927) a thros 80 o staff dan ei ofal, gan gynnwys rhai y bu Doc Tom yn eistedd wrth eu traed ar droad y ganrif, sef yr Athro John Morris-Jones, yr Athro James Gibson a'r Athro J. E. Lloyd. Teg dweud bod y coleg wedi dod yn fwy ymwybodol fod disgwyl i sefydliadau cyfansoddol 'Prifysgol y Werin' fod yn fwy ymwybodol o'u dyletswydd i brisio Cymreictod. Diolch i arweiniad yr Athro W. J. Gruffydd yng Nghaerdydd, daethai Cymraeg yn gyfrwng dysgu yn Adran y Gymraeg ym Mangor (ac eithrio yn nosbarthiadau Syr John Morris-Jones) a disodlwyd y Lladin gan y Gymraeg yn seremonïau graddio'r Brifysgol. Bellach yr oedd y Bwrdd Gwybodau Celtaidd a Gwasg Prifysgol Cymru wedi dechrau cyhoeddi astudiaethau Cymraeg a Chymreig gwir werthfawr. Ym 1921, fel y gwelwyd eisoes, sefydlodd rhai o fyfyrwyr Bangor y Gymdeithas Genedlaethol Gymraeg (Y Tair G), un o ragredegwyr Plaid Genedlaethol Cymru, ac er na thybid bod safle'r iaith Gymraeg mewn perygl bwriai nifer cynyddol o fyfyrwyr ati i ddiogelu a chryfhau'r dreftadaeth ddiwylliannol Gymreig.[5]

12.   Digriflun o Thomas Richards a staff y llyfrgell yng nghylchgrawn
myfyrwyr Coleg Bangor ym 1927. (Llun: Prifysgol Cymru, Bangor).

O'r cychwyn cyntaf, gosododd Doc Tom ei stamp ar y llyfrgell. Mynnai mai lle i'w barchu ac i weithio ynddo ydoedd, ac nid canolfan adloniannol lle y gallai myfyrwyr sgwrsio a chadw reiat. At hynny, rhoes ei fryd ar greu yn y coleg sefydliad ymchwil a fyddai'n cynnwys trysorau hanesyddol a llenyddol gwir bwysig. Ymdaflodd i'w waith yn nodweddiadol egnïol. Aeth ar gwrs byr i'r Llyfrgell Genedlaethol i ddysgu catalogio, penododd Miss Dorothy L. Atkins yn is-lyfrgellydd a Miss Meri Jones yn glerc, trawsnewidiodd yr hen amgueddfa a'i throi'n ystafell ddarllen, a dechreuodd osod trefn ar y gwaddol cyfoethog ond eithriadol o anhrefnus a etifeddasai ar ôl ei hen gyfaill Thomas Shankland.[6] Ar ddechrau'r ugeinfed ganrif yr oedd llawer o hen lawysgrifau a llyfrau Cymraeg prin ar gael mewn siopau llyfrau ail-law ac arwerthiannau, ac un o'r pethau cyntaf a wnaeth Shankland ar ôl ei benodi yn llyfrgellydd cynorthwyol â gofal arbennig am lyfrau Cymraeg oedd chwilio am ddeunydd printiedig prin ym mhrif drefi Lloegr ac Iwerddon yn ogystal â Chymru. Llafuriodd yn ddiflino er mwyn chwyddo casgliadau Cymraeg y coleg ac yn ystod y flwyddyn 1904–5 yn unig llwyddodd i gywain ynghyd gopïau o Feibl Cymraeg 1588, 1620, 1630, 1654, 1677, 1690, 1717 a 1746, pump o lyfrau Morgan Llwyd, saith argraffiad o *Gweledigaetheu y Bardd Cwsc*, copi o *Y Ffydd Ddi-ffuant* 1677, pob argraffiad, ac eithrio un, o *Drych y Prif Oesoedd*, a llu o glasuron rhyddiaith Gymraeg eraill.[7]

Ond er bod Thomas Shankland yn adnabyddus fel llyfryddwr o fri ac yn awdurdod ar lyfrau printiedig Cymraeg, yr oedd ymhell o fod ar ei orau yn gosod trefn ar yr adnoddau a gasglasai. Nid oedd yn gatalogydd o fath yn y byd ac o ganlyniad etifeddodd Doc Tom bentyrrau blêr ac annosbarthus o lyfrau a chylchgronau. Mwynhau'r ffureta am lyfrau a phrofi'r wefr o ddarganfod trysorau cudd oedd pennaf hyfrydwch Shankland ac er bod ei ystafell yn ddiarhebol o flêr, yn ôl Doc Tom yr oedd ystafell 'Nymbar 9', lle y cedwid y cylchgronau, 'yn gofgolofn i'w lafur a'i wybodaeth'.[8] Canfu yn bur fuan mai tasg amhosibl oedd ceisio olrhain ymhle a chan bwy y cawsai Shankland rai o brif drysorau'r llyfrgell gan na chadwyd unrhyw gofnodion ynglŷn â hynny. Tybiai Ifor Williams mai 'trwy ddyfal ystryw' y llyfrgellydd y daethant i Fangor,[9] ac wrth eu catalogio am y tro cyntaf ni allai Doc Tom wneud mwy na nodi'r diffygion hyn oherwydd erbyn iddo gymryd at y gwaith yr oedd Shankland yn rhy sâl i'w gyfarwyddo. Fesul tipyn, sut bynnag, gweithiodd Doc Tom ei ffordd yn drefnus ac yn amyneddgar drwy'r pentyrrau anniben, gan osod pob llyfr a phamffledyn a chylchgrawn yn ei briod le ar y silffoedd. Ymddengys fod dirgelion cyfundrefn

Dewey wedi llorio Shankland fwy nag unwaith a daeth Doc Tom yntau i'r casgliad fod y system honno yn gwbl amhriodol ar gyfer llyfrau Cymraeg. Er mwyn hwyluso gwaith y darllenydd, felly, cymhwysodd gyfundrefn Llyfrgell y Gyngres at anghenion neilltuol yr adnoddau ar gyfer astudiaethau Cymreig a Cheltaidd a gedwid yn y 'Welsh Library'. Er i hyn brofi'n fendith i'r Cymry, yn ôl R. T. Jenkins drysid y sawl a oedd yn gyfarwydd â chyfundrefn Dewey:

cadwai'r 'Welsh Library' dan ei fawd ef ei hun, a'u trefn [sef y llyfrau] yn fater o hwylustod. Er enghraifft: gan fod hanes Ymneilltuaeth yng Nghymru ac yn Lloegr, a hanes enwogion y ddwy garfan, yn ymwâu byth a hefyd, onid cyfleus fod y llyfrau arnynt ar yr un silffoedd? Onid handi oedd bod 'Wilson's Dissenting Churches in London', a'r llyfrau ar Annibyniaeth siroedd Amwythig neu Efrog, ochr yn ochr â Hanes Eglwysi Annibynol Cymru, i arbed ichwi droedio'r holl ffordd at 'Biography' ym mhen pella'r neuadd, neu (waeth fyth) ddisgyn y grisiau at 'Church History' yn y Llyfrgell Isaf? Hwylus iawn, i mi, beth bynnag. Ond pan gafodd haneswyr enwog o Brifysgol Llundain, a fagwyd ar 'Dewey', noddfa gyda ni yn amser y rhyfel, fe godai penbleth. Syr John Neale, awdurdod mawr ar oes Elisabeth; fe rwgnachai ef â gormodiaith radlon gellweirus: 'When I want a book on Elizabethan Puritanism, I know where to look for it − on the shelves marked Welsh Baptists; dear old Tom!'[10]

Er gwaethaf y diffygion hyn, i Doc Tom y mae'r clod am osod trefn ar gasgliadau Shankland a sail gadarn i waith ymchwilwyr ym maes llyfrau, cylchgronau a newyddiaduron yn Llyfrgell Coleg Bangor. Ac y mae'n gwbl nodweddiadol ohono na welodd ddim bai o gwbl ar ei ragflaenydd. Yn hytrach, ni allai lai na synnu at ei brysurdeb diorffwys a'i wybodaeth ddihysbydd. Nid oedd neb yn falchach nag ef pan drefnwyd tysteb genedlaethol i Shankland yn Eisteddfod Genedlaethol Pwllheli ym 1925 na phan gyflwynwyd siec am £800 i'w ragflaenydd cystuddiedig ym mis Hydref 1926, bum mis cyn ei farwolaeth.[11]

Gan fod Shankland wedi canolbwyntio'n bennaf ar gasglu llyfrau a chylchgronau Cymraeg, dim ond rhyw ddau gant o lawysgrifau a geid yng nghasgliad y coleg pan benodwyd Doc Tom yn llyfrgellydd. At hynny, prin iawn oedd copïau o gylchgronau Cymraeg a gyhoeddwyd dramor, yn enwedig yn America, Awstralia a Phatagonia. Gwyddai Doc Tom hefyd y byddai'n rhaid gweithredu ar frys er mwyn chwyddo casgliadau'r llyfrgell o weithredoedd a dogfennau a oedd ym meddiant rhai o deuluoedd bonheddig pwysicaf gogledd Cymru ac er mwyn achub cyfresi o gyfnodolion Cymraeg rhag mynd ar ddifancoll. Lluniwyd strategaeth, felly, a oedd yn ddibynnol ar wyliadwriaeth a chyfrwystra'r llyfrgellydd ei hun a hefyd ar gynhorthwy parod casglwyr llyfrau a chylchgronau mewn unrhyw wlad lle'r oedd trysorau yn debygol o ddod i'r golwg.

Dechreuodd Doc Tom drwy wasgu ar lyfrbryfed diwylliedig lleol i'w gynorthwyo, yn eu plith werinwyr megis Carneddog, Ioan Brothen, J. W. Jones (Ffestiniog) a Bob Owen. Er iddo ymweld â'r Carneddi yn achlysurol, gohebu â Charneddog a wnâi gan amlaf, gan gydymdeimlo'n fawr â'r hen frawd pruddglwyfus a dolefus er mwyn ei hiwmro wrth fargeinio am gyfrolau a llawysgrifau dethol. Pan fyddai Carneddog yn ei hwyliau, câi ganddo gyfarwyddiadau gwerthfawr ac ambell gyfrinach hefyd. Ar 8 Ionawr 1932 ysgrifennodd fel hyn:

> Wel, gwn ymhle y mae Llawysgrifau Hafod y Porth, ond rhaid *i chwi eich hunan fynd yno i'w gweld, etc.* Maent gan Mrs. Thomas, merch Hafod y Porth, yng Nghae Athro, ger Caernarfon. Mae ysgrifau Morgan Prys, (hen fardd,) stiwart Syr Robert Williams o Blas y Nant, ganddi . . . Diau y cewch hwy, ond i chwi roi *cil dwrn* go lew am danynt. Dywedwch mai *y fi* a ddwedodd am danynt, neu ddim. Yn ffrindiau mawr a'r teulu. Os y gwnaiff ymadael â hwynt credaf mai i Goleg y gwnaiff. Byddwch *fel llwynog.*[12]

Dro arall, byddai Carneddog yn boenus o benstiff, gan beri i Doc Tom ei ddwrdio am guddio'i eitemau prinnaf: 'Faint o *lawysgrifau* sydd gennych? Dyna'r point . . . Dewch a gair eto yn manylu mwy ar y *gwir* drysorau.'[13] Yn y pen draw, wrth gwrs, ildiai Carneddog i daerineb a dicter llyfrgellydd Bangor, gan werthu ei drysorau pennaf iddo a'i anfon hefyd ar drywydd dogfennau prin a diddorol eraill.

Ond prif asiant Doc Tom oedd ei gyfaill mynwesol Bob Owen. Wedi iddo golli ei swydd yn y chwarel cydiodd 'y clefyd llyfrau' yn Bob yn waeth nag erioed a threuliai oriau lawer mewn arwerthiannau yn chwilio am fargeinion. Er ei bod yn fain iawn arno ef a'i deulu, gwariai ei geiniogau a'i sylltau prin ar lyfrau mewn siopau llyfrau ail-law ac yr oedd wrth ei fodd 'yn prowla',[14] chwedl yntau, o fferm i fferm yn cymell gwerinwyr i ymadael â'u trysorau llenyddol am y pris isaf posib. Er bod llyfrgellwyr, casglwyr llyfrau a pherchenogion siopau llyfrau ail-law yn cystadlu'n ffyrnig yn erbyn ei gilydd am yr helfâu gorau, yr oedd rhaid iddynt godi'n fore iawn i achub y blaen ar y llyfrbryf o Groesor. Ei lyfrgell oedd ei anadl einioes ac yr oedd ei chynnwys yn tynnu dŵr o ddannedd Doc Tom. Ymhlith ei drysorau pennaf ceid casgliad godidog o lyfrau print Cymraeg cynnar, gan gynnwys Testament Newydd Cymraeg 1567 a Beibl Cymraeg 'Cromwell' 1654, silffoedd cyfain o almanaciau prin Thomas Jones yr Almanaciwr a Siôn Rhydderch, a chasgliad cyflawn unigryw o'r *Drych Americanaidd* (1889–),[15] ac er bod ei gasgliadau yn ymddangos yn bur anhrefnus, gallai roi ei fys ar unrhyw gyfrol neu gylchgrawn penodedig ymhen chwinciad. Fel y lluosogai ei gasgliadau, cynyddai ei wanc am ragor o lyfrau. Pa ryfedd i Doc Tom fanteisio mor helaeth ar ei wybodaeth a'i gysylltiadau, a dengys gohebiaeth y ddau fod Bob wedi gwerthu neu gyflwyno cannoedd o lyfrau, pamffledi, cylchgronau, newyddiaduron a llawysgrifau i lyfrgell y coleg er budd y 'Doctoriaid Bangoraidd'.[16] Ni châi Doc Tom unrhyw wybodaeth ganddo am bethau prin heb addewid o *quid pro quo* o ryw fath, sef arian, llyfrau neu gymwynas arbennig. 'Dyna un saig i aros saig arall,' meddai Bob un tro, a phan fyddai'r ddau'n melltithio'i gilydd 'dob am ddob, lab am lab' oedd piau hi.[17]

Fel y gwelsom eisoes, byddai llyfrgellydd Bangor yn herio Bob Owen i fynd ar drywydd trysorau prin ac yn ei siarsio i beidio â dychwelyd yn waglaw. Ar gais y 'Giaffer' o Fangor – fel arfer ar ffurf llythyrau pryfoclyd a theligramau chwyrn – chwiliai Bob am 'bethau pwysig' mewn plasau, eglwysi, llyfrgelloedd a ffermdai. Weithiai, tynnai ar Doc Tom trwy ryfeddu at drysorau llyfrgelloedd eraill. Ar ôl gweld cynnwys Llyfrgell Salesbury yng Nghaerdydd, meddai: 'Duw!! Duw!! Duw!!', gan wybod yn dda y byddai Doc Tom yn gegrwth o eiddigeddus.[18] Ceisiai bigo cydwybod ffermwyr crintach a oedd yn gyndyn i ollwng eu trysorau llyfryddol drwy eu hatgoffa mai anfad-waith fyddai caniatáu i lygod eu difa mewn cyfnod pan oedd gwir angen cyfoethogi Llyfrgell Coleg Bangor. Ond gan fod Bob mor dymhestlog ac yn ffromi mor rhwydd, buan y dangosid y drws iddo. Pan daflwyd ef allan o reithordy Llanarmon yn sir Ddinbych am siarad yn rhy blaen â'r rheithor a oedd wedi ei rwystro rhag gweld y cofrestri plwyf, meddai wrth Doc Tom: 'Druan o Grist ai deyrnas a ddywedaf os ryw sothach fel hyn sydd yn gweithredu ar ei ran.'[19] Gwyddai Bob yn well na neb nad oedd casglu a phrynu llyfrau heb ei rwystredigaethau a'i siomedigaethau, a gwnâi ei orau glas i beidio â siomi llyfrgellydd Bangor. Ond ni chollai'r un cyfle ychwaith i'w bryfocio trwy led-awgrymu ei fod ar drywydd darganfyddiadau mawr: 'Yr wyf yn cael gwahoddiad i edrych Docwmentau pwysig iawn yn Machynlleth Ddydd Mawrth nesaf efo hen wr o waedoliaeth Pendefigion Cymry sydd a chanddo Lyfrgell Fawr. Tawn yn marw.'[20] Honnai'n aml iddo gael addewid y câi'r cyfle cyntaf i brynu trysorau mewn rhyw blasty neu'i gilydd lle na 'sangodd yr un doctor llyfryddol' erioed.[21] Ym mis Ionawr 1939, er enghraifft, broliai wrth Doc Tom fod rhyw 'ŵr mawr o Lunden' wedi ei wahodd i hen blasty yng ngogledd Cymru a oedd cyn bwysiced â Hengwrt neu Baron Hill i fwrw golwg dros hen ddogfennau a llyfrau Cymraeg, ond erbyn iddo gyrraedd y plas (sef y Foelas) yr oedd Doc Tom eisoes wedi achub y blaen arno. 'Wel dyna ddiawl,' meddai Bob, 'fy hwyl yn diflanu fel gwlith y bore.'[22] Ond buan y daeth cyfle i dalu'r pwyth yn ôl drwy wrthod gwerthu rhifynnau 1841 o'r Cenhadwr Americanaidd (casgliad yr oedd Bob yn falch iawn ohono) i lyfrgell Bangor: 'Na. Na. Bydd Bob Owen wedi ei barlysu, neu wedi myned i bensimsan a phenwag, cyn yr aiff y rhai hyn byth oddiwrtho.'[23] Yn amlach na pheidio, sut bynnag, câi Doc Tom ei ddymuniad yn y pen draw, yn enwedig pan fyddai'n sodro ei gyfaill mewn cadair yn y llyfrgell ac yn 'brwmstanu mellt cynddaredd' ar ei ben.[24]

Wrth gatalogio'r llythyrau a dderbyniai gan Bob Owen, talai Doc Tom deyrnged hael bob amser i'w gyfaill am fod mor barod i dramwyo bryn a bro ar ei ran ac am groniclo'r troeon trwstan a digrif a ddigwyddai iddo. Mynych y soniai am Bob yn mynd i weld llyfrgell y diweddar Llew Tegid heb ddweud gair wrtho ymlaen llaw,[25] ac adroddai hefyd saga faith am gynnwys 'y bocs sielatin', na wyddys dim amdano ac eithrio fod y cyfryw focs wedi ei lwybreiddio trwy 'ddihirwaith' o siop Evan Thomas ym Mhorthmadog. Rhoddwyd 'y Saint cynulledig yn Ystafell Ifor'[26] ar lw i gadw'r gyfrinach hon, ac mewn seremoni ddwys a doniol yn 'Nymbar Tŵ' ar 4 Mawrth 1932 torrodd Ifor Williams, R. T. Jenkins a Thomas Parry eu henwau islaw'r datganiad cryptig hwn:

Yr ydym ni, sy' a'u henwau isod, ar fedr gwrando ar T. R. a B. O. yn dadlennu un o dywyllaf gyfrinion llyfryddiaeth yn yr oes hon. Ar ôl clywed a chlustfeinio, synnu a gresynu ni bydd i ni (sy' a'u henwau isod) yn ein pwyll neu mewn diod, ar air neu osgo neu ystum, mewn gogan neu wawd, o goegni neu fregedd, dorri dim ar seliau tragywydd y stori hon – ni, sy' a'u henwau isod. Hyn, ar air a chydwybod, o dan arwydd y grôg a'r sagrafen, er mwyn lles y Genedl a buddiannau'r Coleg hwn.[27]

Er i Doc Tom a Bob Owen ffraeo'n aml wrth fargeinio am lyfr, ni fyddent yn dal dig yn hir ac, er na fyddai'n cyfaddef hynny ar goedd, yr oedd gweld y casgliadau o lyfrau, cylchgronau a llawysgrifau yn cynyddu o flwyddyn i flwyddyn yn Llyfrgell Coleg Bangor yn destun cymaint o falchder i Bob Owen ag ydoedd i Doc Tom. Gwnaeth gymwynas fawr â'r llyfrgell drwy ddarganfod a darparu toreth o ddeunydd amhrisiadwy, ac y mae dyled Coleg Bangor i'r llyfrbryf diwyd hwn yn anfesuradwy.[28]

Eto i gyd, camgymeriad fyddai tybio bod Doc Tom yn gorffwys ar ei rwyfau ac yn dibynnu'n unig ar fod gweision ffyddlon fel Carneddog a Bob Owen yn ufuddhau i'w wysion mynych. Gan nad oedd yn gyrru car, anfonai lythyrau a theligramau i bedwar ban byd a gwelir ffrwyth ei ymholiadau ar bob silff a chwpwrdd yng nghasgliadau'r llyfrgell. Cadwai lygad barcud ar y farchnad lyfrau ail-law. Un bore, er enghraifft, ac yntau'n agor ei lythyrau cyn brecwast, gwelodd yn rhestr rhyw lyfrwerthwr fod ganddo set rwymedig gyflawn o *The Welch Piety* – adroddiadau blynyddol ysgolion cylchynol Griffith Jones Llanddowror – a fu gynt ym meddiant H. A. James, deon Llanelwy a mab Dewi o Ddyfed. Hanner ymwisgodd rywsut-rywfodd, taflodd gôt fawr amdano, a rhuthrodd i'r swyddfa bost leol er mwyn teligraffio cynnig amdanynt. Llwyddwyd i fachu'r cyfrolau gwerthfawr hyn mewn da bryd, gan roi achos da i Doc Tom dorsythu yng ngŵydd Bob Owen.[29] Yr oedd taerineb Doc Tom wrth fynd ar drywydd pethau gwerthfawr yn rhyfeddol. Anfonai gannoedd o lythyrau at ohebwyr yn America, Awstralia a Phatagonia, gan fachu toreth sylweddol o lawysgrifau a chyfnodolion drwy ei ddygnwch. Mawr oedd ei orfoledd pan anfonodd yr Athro Paul Evans o Vermont ato 96 rhifyn o'r *Cenhadwr Americanaidd* 1840–9 – cyhoeddiad hynod brin – a ddarganfuwyd mewn atig yn Efrog Newydd.[30] Yn ôl Doc Tom, ni allai hyd yn oed Brifysgol Harvard, er gwaethaf ei chyfoeth ysblennydd, arddangos copïau mor ddilychwin â chasgliad Coleg Bangor o'r *Cenhadwr Americanaidd*.[31] Drwy fod yn daer ac yn swynol yr un pryd, yn enwedig wrth lythyru â gwragedd, câi roddion annisgwyl. Erfyniodd ar Miss E. J. Jones o Dredegar i ymadael â'i hail gopi o'r *Gedeon*, cylchgrawn y Wesleaid Cymreig a gyhoeddwyd tua 1855–6 – 'Don't you think it is rather a pity that the *two* copies are kept in private hands, and students of Wesleyan history deprived of material?' – a llwyddodd i ddoddi ei chalon i'r fath raddau fel yr addawodd hefyd gyflwyno llawysgrifau ei thad i lyfrgell y coleg.[32] Yn ystod yr Ail Ryfel Byd, etholwyd Doc Tom yn aelod o Bwyllgor y *Salvage Drive* ym Mangor, a manteisiodd ar unwaith ar gyfle euraid i achub trysorau llenyddol, yn eu plith gopïau o Feibl Peter Williams a llwythi o ddyddiaduron a gedwid gan hen weinidogion a blaenoriaid. Llwybreiddiwyd y cyfan o'r *depot* yn y ddinas i lyfrgell y coleg.

Er nad ar chwarae bach y caeai neb ddrws yn wyneb Doc Tom, yr oedd rhai 'cwsmeriaid' tebygol yn anghymeradwyo ei ddull o weithredu a'i gyndynrwydd i dalu pris teg am lyfrau. Wedi siwrnai hollol seithug i gartref Mrs J. Hobley Griffith yn Y Bontnewydd, lle y bu'n hir fargeinio am lyfrau ei brawd, y diweddar Barchedig William Hobley, dychanwyd ei dactegau'n llym gan R. T. Jenkins yn ei gerdd 'Cloch y Drws':

> Y sgŵl o Lanrug, a'r pregethwr o'r Bont,
> A'r prynwr o Lofft yr Hôl,
> A'r dyn papur newydd a'i het cantal mawr –
> Mi 'sgubis 'nhw bawb yn i ôl;
> Ond y dyn 'nw o Fangor a'm nychodd i, John –
> Hen rôg wynab-galad oedd o;
> Mi licsia gael mynd â phob llyfyr, AM DDIM,
> A phopath oedd yn y biwrô.[33]

Yn bur aml hefyd, byddai Bob Owen yn trethu amynedd llyfrgellydd Bangor trwy wrthod pob cynnig rhesymol am rai trysorau llenyddol. Pan brynodd Bob gasgliad gwych o'r *Amserau* a'r *Cronicl* am £11 ym Mhen-sarn, galwodd heibio i Lyfrgell Coleg Bangor er mwyn arddangos ei ysbail a pheri i'r llyfrgellydd genfigennu wrtho. Ond er i Doc Tom ymbil yn daer a chynnig £12 amdanynt, ni werthwyd mohonynt i'r coleg nes i Bob gwblhau mynegai helaeth o'u cynnwys.[34] Gwylltiai Doc Tom yn lân hefyd bob tro y 'bradychai' ei gyfaill ef drwy werthu pethau prin i'r Llyfrgell Genedlaethol.[35] Nid oedd dim yn haws na phigo cydwybod Bob Owen a chafodd Doc Tom fwy nag unwaith achos i wneud hynny.

Er i Doc Tom gywain dwsinau o lyfrau printiedig prin a channoedd o gylchgronau a phapurau newydd gwerthfawr, diau mai ei brif orchest oedd bachu – trwy deg ac weithiau drwy ystryw – filoedd o ddogfennau a oedd yn casglu llwch ym mhlasau'r hen deuluoedd bonheddig. Câi hwyl anghyffredin yn dwyn perswâd ar berchenogion y casgliadau hyn i'w trosglwyddo i'w ofal tyner, a gwyddai'n dda sut i gribo i lawes cyfreithwyr, asiaint a stiwardiaid na wyddent affliw o ddim am werth nac arwyddocâd y deunyddiau. Pan oedd yn bedwar ugain oed, traddododd Doc Tom ddarlith nodweddiadol ogleisiol yn adrodd hanes casglu'r dogfennau hyn ac ni ellir yn hawdd orbrisio pwysigrwydd y gymwynas hon.[36] Dyma, yn ddiau, oedd un o'r campau mwyaf gorchestol a gyflawnwyd erioed ym myd llyfrgellyddiaeth yng Nghymru. Fel y gwelsom eisoes, yr oedd yn adnabod nodweddion a chymeriad gwŷr tiriog yn dda, a gwyddai sut a phryd i ymddwyn yn fonheddig neu'n ymosodol-haerllug yn eu gŵydd. Yn ôl ei gyfaill Thomas Parry, ei 'fenter fwyaf anturiaethus – bron na ddywedech ei bod yn ymosodiad digywilydd – oedd ysgubo hen femrynau a phapurau o swyddfeydd a "muniment rooms" boneddigion tiriog Môn, Arfon a Meirion, fel gwynt yr hydref yn cronni dail'.[37] Rywsut, gellir synhwyro bod y gamp hon wedi rhoi mwy o foddhad iddo na llunio a chyhoeddi ei gyfrolau trymion ar hanes Piwritaniaeth yng Nghymru. Dywedir bod llawysgrif yng nghrombil casgliad Llyfrgell Coleg Bangor â thwll ynddi a achoswyd pan syrthiodd darn o faco eirias o bibell Doc Tom, a da y soniodd R. T. Jenkins am femrynau lawer yn cael eu piclo mewn mwg tybaco wrth i'r llyfrgellydd eu trin a'u catalogio.

Ni fyddai unrhyw bortread o Doc Tom yn gyflawn, felly, heb drafodaeth ar ei ddulliau o gasglu papurau'r ystadau i'w lyfrgell. Beth bynnag a wnâi – boed ymateb i gais gan wŷr bonheddig am gael gwared ar eu 'trugareddau' neu geisio dwyn perswâd arnynt i wneud hynny – yr oedd gofyn iddo droedio'n ofalus. Yn un peth, yr oedd llyfrgellwyr ac archifwyr eraill yn eiddigeddus o'i lwyddiant ac o dwf casgliadau Bangor. Pan drawyd Thomas Shankland yn sâl ym 1925 dim ond oddeutu 200 o ddogfennau a geid yn y coleg, ond erbyn 1933 yr oedd y cyfanswm wedi chwyddo'n syfrdanol i tua 57,000.[38] Yr oedd y mwyafrif ohonynt yng nghasgliad Porth-yr-aur (50,800) a gyflwynwyd i'r coleg gan Gyngor Tref Caernarfon. Tybiai rhai, gan gynnwys swyddogion y Llyfrgell Genedlaethol, mai doethach fyddai crynhoi'r holl gasgliadau hyn yn Aberystwyth, ac ym mis Tachwedd 1933 lluniodd Doc Tom femorandwm er mwyn ceisio taro'r syniad hwnnw yn ei dalcen unwaith ac am byth. Gan ymfalchïo yn yr hyn a gyflawnwyd eisoes, meddai:

> We maintain that we *have* done wisely. We stoutly hold that these 57,000 documents are housed in their natural home. They do not come from all over Wales. Ninety-nine per cent have come from North Wales, and from that part of North Wales which is directly served by this College. It is occasionally said – by some facetiously, by others seriously – that all of them should be at the National Library . . . What rhyme or reason can there be in a townsman of Amlwch having to go to Aberystwyth (six hours' journey by train) to inspect the records of the old Amlwch corn-trade, or in a ratepayer of

Llanddeiniolen (five hours' journey) having to go there to pore over the inclosure awards in that parish? Fortunately for both, the relevant evidence is in our Library, almost at their doors.[39]

Yr oedd llyfrgellwyr eraill, yn enwedig yng Nghaerdydd, Casnewydd a Chaerfyrddin, yn barod i gynnal ei freichiau yn ei frwydr o blaid datganoli trysorau llenyddol a hanesyddol ac, o wybod hynny, cryfhawyd awydd Doc Tom i gystadlu â'r Llyfrgell Genedlaethol am gasgliadau gwerthfawr.

Gellid tybio y byddai Cardi yn ymfalchïo yn y ffaith fod Llyfrgell Genedlaethol Cymru wedi ei lleoli mewn adeilad ysblennydd yn Aberystwyth, ond y mae'n amlwg fod Doc Tom ers ei ddyddiau cynnar fel ymchwilydd wedi profi sawl siom yn ei ymwneud â'r staff yno. Cartref cyntaf y Llyfrgell Genedlaethol oedd yr Hen Ystafelloedd Cynnull ym Maes Lowri, fel y nodwyd eisoes, a'i phennaeth cyntaf oedd John Ballinger, gŵr a oedd yn uchel iawn ei barch yn y proffesiwn ond un na ellid yn hawdd gynhesu ato. Lluniai fân reolau haearnaidd a chroeso digon oeraidd a gâi ymchwilwyr ifainc. Ym 1910 teithiodd Doc Tom bob cam o Bootle i Aberystwyth i weithio ar ddogfennau yn ymwneud â Deddf Taenu'r Efengyl (1650–3), ond pan ofynnodd am gael gweld dau bamffled dyddiedig 1652 a 1654 gwrthodwyd ei gais. Pan ddychwelodd wyth mlynedd yn ddiweddarach a cheisio eto, y tro hwn yn y llyfrgell newydd ar Ben-glais, dywedodd un o'r clercod wrtho 'no, not available'. Gwylltiodd Doc Tom a mynnodd gael gweld y llyfrgellydd ei hun. Mynegodd ei gŵyn heb flewyn ar dafod, a phan ychwanegodd ei fod yn amau bod y pamffledi coll yn eistedd yn llyfrgell breifat J. H. Davies yn Rhodfa'r Gogledd gwridodd Ballinger a gwylltio'n lân. Ond erbyn drannoeth yr oedd y ddau bamffled yn disgwyl amdano. Nid anghofiodd Doc Tom y driniaeth anghwrtais hon nac ychwaith y cerydd a gawsai gan Ballinger am fod yn uchel ei gloch wrth gerdded i mewn i'r ystafell ddarllen newydd: 'S-s-sh!' meddai'r llyfrgellydd, 'there may be a *reader* here!'[40]

Dyfnhaodd gelyniaeth Doc Tom at y Llyfrgell Genedlaethol pan na chafodd ei roi ar y rhestr fer ar gyfer swydd John Ballinger adeg ei ymddeoliad ym mis Mai 1930. Ers rhai misoedd buasai Bob Owen yn codi gobeithion Doc Tom trwy bleidio'i achos ledled y wlad. 'Dywedir yn gyffredinol', meddai ar nos Galangaeaf 1929, 'mai y chwi yw y gwr cymhwysaf i olynu Ballinger. Pobl Aberystwyth eu hunain yn dywedyd hynny wrthyf ddoe ddiwaethaf mai am danoch chwi y siaradant.'[41] Y mae'n glod i Doc Tom ei fod yn cael ei ystyried yn ymgeisydd cryf, o gofio mai pedair blynedd yn unig o brofiad a gawsai ym myd llyfrgellyddiaeth. Ymddengys fod dau ar bymtheg wedi ymgeisio am y swydd a bod pum enw arall, gan gynnwys enw Doc Tom, wedi eu hargymell gan aelodau o'r Cyngor.[42] Ceisiodd Cyngor Coleg Bangor ei gadw drwy godi ei gyflog blynyddol i £550 ym mis Gorffennaf,[43] ond ni chafodd ei wahodd am gyfweliad. Aeth y siom yn syth i'w galon pan glywodd mai olynydd Ballinger fyddai William Llewelyn Davies. Yn rhyfedd iawn, bu gyrfa gynnar Davies yn eithriadol o debyg i eiddo Doc Tom.[44] Yr oedd yntau hefyd yn Gardi. Mab i giper ar ystad Trawsgoed ydoedd ac, ar ôl cyfnod o weithio fel disgybl-athro, aeth yn ei flaen i Goleg Prifysgol Cymru, Aberystwyth, graddio yn y Gymraeg, ac yna dilyn gyrfa fel athro yn Y Bermo, Dolgellau, Maenofferen a Chaerdydd. Cwblhaodd draethawd MA ar Phylipiaid Ardudwy ac ar ôl y Rhyfel Mawr fe'i penodwyd yn llyfrgellydd cynorthwyol yn y Llyfrgell Genedlaethol. Un mlynedd ar ddeg yn ddiweddarach, fe'i penodwyd yn bennaeth, er dirfawr siom i lyfrgellydd Coleg Bangor. Ni thybiai Doc Tom fod William Llewelyn Davies yn fwy cymwys nag ef ar gyfer y swydd. Wedi'r cwbl, onid oedd ganddo D.Litt. a rhestr faith o lyfrau i'w enw? Ni hoffai'r dyn, ac anfonai lythyrau 'acid oer' ato o bryd i'w gilydd, gan gellwair wrth Bob Owen mai ystyr y 'D' yn enw'r llyfrgellydd oedd 'Dandelion'.[45] Yn ei ffrog-gôt a'i het silc, byddai'r Llyfrgellydd Cenedlaethol yn aml yn ceisio torri cỳt, a hawdd deall paham nad oedd hynny ychwaith wrth fodd gwerinwr fel Bob Owen, a wisgai siaced frethyn ddigon siabi. 'Gwell gennyf Doctor Thomas Richards yn ei grys', meddai wrth Doc Tom, 'na W. Ll. D. yn ei siwt o frethyn du a het silc.'[46] Yn ôl pob sôn hefyd, gŵr difrifddwys oedd William Llewelyn Davies ac ni werthfawrogai ddigrifwch a gwamalrwydd llyfrgellydd Bangor. Ni fu Bob Owen fawr o dro yn sylwi ar y gwahaniaeth hwn rhyngddynt:

> Lle y rhagorwch chwi arno ydyw fel gwr o hiwmor digyffelyb. Gwr i'r dim i fynd o gwmpas Aristocrats, a phobl diffaeth. Deallwch natur ddynol yn well na Willie y mae'n ddiau . . . Gogleddwr wyf fi yn gyntaf peth, ac ni fedd Willie yr hiwmor ddoniol a feddwch chwi. Nid yw yn denu drwy bryfoc. Y mae yn rhy *sincere* a difri efo creadur diffaith fel myfi![47]

Y mae'n ddiamau hefyd fod Doc Tom yn dra eiddigeddus o'r adnoddau a oedd gan y Llyfrgell Genedlaethol. Ym 1911 yr oedd y llyfrgell wedi derbyn breintiau'r Ddeddf Hawlfraint a ganiatâi iddi'r hawl i fynnu copi o bob llyfr printiedig a gyhoeddid yn y Deyrnas Unedig ac Iwerddon, braint a rannai â phum llyfrgell arall. Yn ogystal, cafwyd cynnydd sylweddol yn y casgliadau a'r dogfennau a berthynai tan hynny i deuluoedd bonheddig Cymru, heb sôn am y cyfoeth o drysorau llenyddol Cymraeg a ddaeth i'w rhan drwy gymwynasau Syr John Williams, J. H. Davies ac eraill.[48] Felly, er bod Doc Tom yn chwannog i gyfeirio at y Llyfrgell Genedlaethol fel 'siop siafins' ac i chwerthin yn aflywodraethus pan gâi afael ar lawysgrifau neu ddogfennau yr oedd William Llewelyn Davies wedi bod yn eu llygadu, y gwir yw fod cyfoeth ac amrywiaeth y daliadau a geid yn yr adeilad hardd ar Ben-glais, uwchlaw tref Aberystwyth, yn bwrw i'r cysgod yr hyn a geid yn llyfrgell y 'Coleg ar y Bryn'.

Ond nid un i fynd o'r tu arall heibio oedd Doc Tom. Er mai bychan iawn oedd grant Llyfrgell Coleg Bangor (£1,015 ym 1934–5),[49] penderfynodd herio grym y Llyfrgell Genedlaethol drwy ddenu i Fangor ddogfennau ystadau teuluoedd bonheddig Gwynedd, gorchwyl enbyd o anodd ac un a fyddai, yn ôl ei gyfaddefiad ef ei hun, yn *'science* go fawr'[50] ac yn debygol o ddwyn pob math o helynt a thrybini yn ei sgil. Chwedl ei gyfaill Thomas Parry, 'rhagddo yr aeth y gogwydd amheus a pheryglus hwn, o ymgais i ymdrech ac o sgiam i sgarmes (fel y buasai Thomas Richards ei hun yn dweud.)'[51] Cymerai'r proses o gael caniatâd i symud cruglwyth o ddogfennau trwm a llychlyd wythnosau, weithiau fisoedd, i'w gwblhau. Yn amlach na pheidio, dibynnai llwyddiant ar natur yr asiant a'i hwyliau ar y pryd. Os oedd yr asiant yn ŵr sarrug a gwrth-Gymreig, prin oedd y gobaith am fachu papurau ystad bwysig. Eto i gyd, drwy gydol y tridegau dangosodd Doc Tom fod modd dal pen rheswm â pherchenogion a'u perswadio i ollwng trysorau rhyfeddol o'u dwylo.

Yn gynnar ym mis Ionawr 1936 cafodd Doc Tom wybod bod archifau cyfoethog Nannau-Hengwrt yn gorwedd blith draphlith mewn sawl cist bren ym Manc y Midland, Dolgellau. Yr Is-gadfridog John Vaughan, Craven Lodge, Melton Mowbray yn swydd Gaerlŷr oedd y perchennog ac, yn ôl yr asiant a weithredai ar ei ran, yr oedd yn fodlon trosglwyddo'r cyfan ar adnau i ofal Doc Tom ar yr amodau fod y dogfennau'n cael eu dosbarthu a'u catalogio'n fanwl-gywir, fod copi o'r catalog yn cael ei anfon i'r etifedd, a bod hawl gan etifeddion y teulu fynnu bod yr archif gyfan yn dychwelyd i'w dwylo pe dymunent hynny.[52] Meddai:

In dealing with Gen. Vaughan you will find that he is eminently reasonable, with, quite rightly, a keen eye to the protection of the interests of his estates. I have had a certain amount to do with him, and have never found him obstructive to the interests of research, etc. But he wants to know where he is and where he is going.[53]

Yn ogystal â dogfennau ystad hen deulu Nannau a Fychaniaid Hengwrt a Dolmelynllyn, yr oedd y casgliad yn cynnwys papurau Meillionydd yn Llŷn ac Ystumcolwyn ym Maldwyn, ac yr oedd y ddogfen hynaf yn eu plith yn ddyddiedig 1421. Cryn bluen yn het Doc Tom oedd cipio'r rhain ac ymhen chwe mis yr oedd 3,665 o ddogfennau wedi eu catalogio'n ddestlus ganddo, a'r Is-gadfridog Vaughan wrth ei fodd.[54]

Erbyn canol Rhagfyr 1936 yr oedd Doc Tom yn llygadu casgliad Plas Coch ac yn gohebu â'i berchennog Syr William B. H. Hughes-Hunter, Bryn-ddu, Llanfechell, Môn. Eisoes, ym 1933, derbyniasai ganddo 125 o Lyfrau Gleision Seneddol 1837–57 a chyfoeth o newyddiaduron 1835–82, gan gynnwys *The North Wales Chronicle, The Carnarvon and Denbigh Herald* a *The Times*.[55] Ond yr oedd Doc Tom yn ysu am gael y dogfennau prin y gwyddai eu bod yn dyddio'n ôl i'r flwyddyn 1438. 'Caffed amynedd ei pherffaith waith' oedd piau hi yn yr achos hwn, oherwydd nid ar frys y gweithredai Hughes-Hunter yn nyfnder gaeaf. Meddai mewn llythyr dyddiedig 19 Chwefror 1937:

I suggest that, before sending a Lorry to Plas Coch, it would be better if you could meet me there. I very much doubt if there are sufficient Papers to justify the sending of a *Lorry*. What Papers still remain at Plas Coch are in a Lumber-room which is still rather cold! Might I suggest waiting 3 or 4 weeks longer and until this weather gets warmer![56]

Gohiriwyd dyddiad y cyfarfod sawl gwaith yn ystod y misoedd canlynol ac yr oedd Doc Tom ar fin cyrraedd pen ei dennyn pan wahoddwyd ef i de ar 21 Gorffennaf. Daethpwyd i gytundeb a throsglwyddwyd y dogfennau i lyfrgell y coleg. Erbyn dechrau Mai 1938 yr oedd Doc Tom ac Emyr Gwynne Jones, cymrawd ymchwil Prifysgol Cymru ar y pryd, wedi llwyddo i gatalogio 2,910 o ddogfennau.[57] Ni allai Syr William B. H. Hughes-Hunter lai na rhyfeddu at ddiwydrwydd diorffwys y llyfrgellydd: 'It appears that your appetite for such things is never quite satiated.'[58]

Ym Môn hefyd y bu'r helfa drysor nesaf, ac ym mis Medi 1937 gosodwyd yn Llyfrgell Coleg Bangor bapurau lluosog (cyfanswm o 6,713 o ddogfennau) teulu Baron Hill. Er mwyn ennill yr archif werthfawr hon bu raid i Doc Tom fod mor gyfrwys â llwynog. Anfonodd dri llythyr gwahanol dros gyfnod o amser (gan amrywio'r cynnwys a'r arddull bob tro) at Syr Richard H. Williams-Bulkeley, arglwydd-raglaw Môn. Daeth ateb i'r trydydd llythyr yn ei orchymyn i ddod i Baron Hill erbyn deg y bore Iau canlynol. Yno cafodd ganiatâd Syr Richard ei hun i ddychwelyd ymhen wythnos er mwyn cludo mewn lori tua saith mil o bapurau yn ymwneud â thiroedd y teulu o gyfnod y mudo o swydd Gaer i Fôn yn y bymthegfed ganrif hyd at 1910. Nid oedd undyn byw wedi cyffwrdd â'r dogfennau hyn ers blynyddoedd maith ac, yn ôl Doc Tom, 'yr oedd y cistiau a'r bwndeli wedi'u pacio mor drwm ar y lori nes i'r gyrrwr ofni yn ei galon pan ddaeth ar ochr Sir Fôn i'r bont, na châi fyned drosodd heb iddo dynnu hanner y llwyth i lawr'.[59] Ond cyrhaeddwyd y llyfrgell yn ddianaf. 'What a work you have done, and how quickly',[60] meddai Williams-Bulkeley pan dderbyniodd bedair cyfrol y catalog ym mis Mai 1938. Wedi marwolaeth y perchennog, dychwelodd Doc Tom i Baron Hill i ofyn i Roberts y clerc a oedd unrhyw ddogfennau eraill wedi dod i'r golwg. 'Wel, oes,' meddai Roberts, 'y mae rhyw garp o dan y cownter yma nad oes neb yn deall dim arno.'[61] Ni wyddai Doc Tom ychwaith ar y pryd beth ydoedd, ond buan y sylweddolodd ar ôl dychwelyd i Fangor fod fersiwn gwreiddiol y *Record of Caernarvon* yn ei feddiant!

Nid oedd ball bellach ar awydd Doc Tom i dynnu blewyn o drwyn William Llewelyn Davies, ac i blas Bodorgan yr aeth nesaf. Ond gan fod Syr George David Llewellyn Tapps-Jervis-Meyrick, perchennog yr ystad, yn byw yn Bournemouth, bu raid disgwyl iddo ef a Mr Mapp, ei brif asiant, ddychwelyd i Fôn ym mis Awst 1938 gyda goriadau'r ystafell ddiogel. Fel hyn y disgrifiodd Doc Tom yr olygfa ym mhrif ystafell y plas, ac yntau ar bigau drain eisiau gweld y trysorau:

Eisteddais i lawr ac edrychais arno am amnaid, daliodd ef ymlaen i smocio. Tynnais innau fy mhibell allan, ac yno y buom ein dau yn smocio am tua deng munud heb ddweud yr un gair. Ar hynny, dyma Syr George yn codi'n syth ac yn myned at ddrôr draw, ei ddatgloi, a thynnu allan ryw lawysgrif hir, a meddai, 'Have a look at that, have you seen it before?' Beth ydoedd ond *Household Book* y Frenhines Elizabeth I, yn union wedi iddi ddod i'r Orsedd ym 1558. Mor syml oedd bywyd yn y llys yr adeg honno fel yr oedd un ddalen yn gwneud y tro i'r *Household* am ddiwrnod cyfan. Yr oedd y Frenhines wedi edrych dros y rhestr ac arwyddo ei henw, Elizabeth R., a hynny drigain waith yn olynol . . .[62]

Syllodd Doc Tom yn gegrwth ar y ddogfen yn ei law, ond cyn iddo allu dweud dim yr oedd Syr George wedi cydio ynddi a'i chloi yn ôl yn y drôr. Aeth ati wedyn i agor drôr arall a oedd yn cynnwys llythyrau gan rai o berthnasau Syr Francis Drake, ond cipolwg yn unig a gafodd arnynt. Felly hefyd yr arolwg a wnaed o ystad Bodorgan gan Lewis Morris o Fôn ym 1739, er iddo erfyn ar Syr George i'w drosglwyddo i Lyfrgell Coleg Bangor. Ond erbyn agor drws yr ystafell ddiogel a thynnu cistiau di-rif o ddogfennau llychlyd i'r golwg yr oedd calon Syr George yn dechrau toddi. 'Well, Mapp,' meddai, 'these things have been here for 500 years and we have done nothing about them. This chap says that he will make a catalogue of them in three months. Let's give him a chance.'[63] Cyn iddo gael cyfle i ailfeddwl, dywedodd Doc Tom y byddai lori yn cyrraedd y plas ar unwaith, ac erbyn diwedd y prynhawn yr oedd y trysorau hyn yn ddiogel yn llyfrgell y coleg.

Casgliadau ystad y Penrhyn oedd y nesaf i syrthio i'w ddwylo crafangus. Yr oedd eisoes wedi paratoi'r ffordd drwy roi benthyg llyfrau hanes o'r llyfrgell i fab yr Uwchgapten Wordsworth, asiant yr ystad, a oedd yn ddisgybl disglair yn ysgol fonedd Caer-wynt. Erbyn iddo gyrraedd y castell yr oedd Wordsworth wedi casglu ynghyd oddeutu pump ar hugain o gistiau sylweddol yn cynnwys gweithredoedd, llyfrau, llythyrau a rholiau rhenti yn dyddio'n ôl i oes Elisabeth. Trefnodd yr asiant fod un o loriau'r ystad yn cario'r papurau i ddrws y llyfrgell ar 27 Chwefror a 10 Mawrth 1939.[64] Am wythnosau wedi hynny bu Doc Tom yn ymffrostio yn ei gamp, yn enwedig yng ngŵydd cyfeillion megis Thomas Parry ac R. T. Jenkins, y ddau wedi ei rybuddio ymlaen llaw na châi'r un iod gan deulu'r Penrhyn.[65] Trawodd ar dalcen caletach, sut bynnag, pan geisiodd ddwyn perswâd ar Syr Michael Duff-Assheton-Smith i gyflwyno papurau'r Faenol i'r coleg. Ni allai symud dim, meddai'r perchennog, heb sêl bendith yr ymddir-iedolwyr. Felly, troes Doc Tom at yr asiant, a oedd yn frawd-yng-nghyfraith i Syr Richard Bulkeley, a chytunodd hwnnw i'w dywys i'r ystafell ddiogel. Yno fe'i cyfareddwyd gan ddau arolwg eithriadol o hardd a wnaed o ystad y Faenol tua 1830, a chaniatawyd iddo eu benthyca, ynghyd â sacheidiau o bapurau eraill, i'w catalogio ymhen pum wythnos a'u dychwelyd wedi hynny.[66] Ar ôl i Doc Tom ymddeol

penodwyd asiant newydd i'r Faenol a chyflwynwyd i Lyfrgell Coleg
Bangor yr holl ddogfennau – cyfanswm o 2,194 – a gatalogiwyd ganddo
ym 1939–40.[67]

Y trysor mwyaf o'r cwbl, sut bynnag, oedd y pedair mil o
ddogfennau ym Mhlasnewydd, cartref ardalydd Môn, a drosglwyddwyd
i Lyfrgell Coleg Bangor ym 1945. Trwy seboni'r ardalyddes, llwyddodd
Doc Tom i weld rhyfeddodau mawr:

Dangosodd yr Arglwyddes y *muniment room* i mi. Tu ôl i ryw bared
yr oedd gasgliad o *artificial legs*. Dynes siaradus iawn oedd y
Marchioness, ac fe ddywedodd wrthyf: 'I see that you are curious
about these artificial legs. They belonged to the first Marquis of
Anglesey, and he insisted on having several legs corresponding to the
leg he lost at Waterloo – some for dancing, some for walking, some
for diplomatic functions – he had about half a dozen.' A dyna hanes
yr *artificial legs*. Deuthum â hanes Mynydd Parys i mewn i'r ymgom
unwaith eto. 'Oh, yes,' meddai'r Arglwyddes, 'they are up at the
garage, they are not in the attic,' a dyma hi'n dod gyda mi i'r *garage*.
Yr oedd Rolls-Royce neu ddau yno, a hefyd nifer fawr o *ledgers*, yn
cael eu cadw yn drefnus. Yr oedd *records* y Mona Mine yno yn
gyflawn, a'm gwaith i am brynhawn poeth cyfan oedd pigo'r rhain
allan o gyflawnder o bethau eraill.[68]

Erbyn diwedd yr Ail Ryfel Byd, felly, yr oedd llyfrgellydd Coleg Bangor
wedi casglu cnwd trawiadol iawn o archifau teuluoedd tiriog gogledd-
orllewin Cymru. Yn ogystal â'r rhai a nodwyd eisoes, yr oedd wedi
llwyddo i gipio casgliadau pwysig eraill megis rhai Caera, Cefnamwlch,
Garthewin, Henblas, Henllys a Phenrhos. 'Manuscripts are the spice
of life,'[69] meddai, ac erbyn 1943 yr oedd mwy na 83,000 o lawysgrifau
a dogfennau yn llyfrgell y coleg[70] – prawf diymwad o ddygnwch Doc
Tom. Ac ni roddai dim fwy o bleser iddo nag adrodd, yn ei ddull
mwyaf dramatig, am y modd y llwyddodd i berswadio ysweiniaid
Môn ac Arfon i drosglwyddo eu trysorau hynotaf i'w lyfrgell. Yr
oedd y dogfennau a geid gan berchenogion ystadau yn ymwneud gan
mwyaf â phrynu a gwerthu tiroedd, eu gosod ar brydles a'u morgeisio,
a thrwy eu hastudio y mae haneswyr wedi ychwanegu'n sylweddol
iawn at ein gwybodaeth am dwf yr ystadau a'u dirywiad, ac am hanes
cymdeithasol ac economaidd Cymru ar hyd y canrifoedd.

Nid bargeinio, prynu a chrynhoi deunyddiau yn unig a wnâi Doc
Tom, ond mynd ati'n ddiymdroi i'w dosbarthu a'u catalogio. Nid ar
chwarae bach y cyflawnid hynny mewn llyfrgell a oedd yn brin o staff

ac arian. Am flynyddoedd lawer ysgwyddodd Doc Tom ei hun y cyfrifoldeb o lunio catalogau llawn a manwl o'r deunydd a ddeuai i law. Erbyn heddiw y mae gan Adran Llawysgrifau Llyfrgell Genedlaethol Cymru ac archifdai ledled y wlad reolau a chyfarwyddiadau manwl i'w staff ynglŷn â sut i gatalogio dogfennau ffurfiol megis gweithredoedd a hefyd ganllawiau ar gyfer catalogio casgliadau o lythyrau. Glynir wrth y rhain yn bur ddeddfol. Ond yn ystod y tridegau câi catalogwyr fwy o raff, gan mai rheolau anysgrifenedig a ddilynid, o leiaf cyn i William Llewelyn Davies lunio *The Cataloguing of Deeds and the Possibility of a Uniform System* ym 1934.[71] Felly, er bod Doc Tom yn catalogio gweithredoedd yn unol â'r drefn gydnabyddedig, cynhwysai hefyd lawer o wybodaeth gyffredinol ac weithiau ei farn a'i ragfarnau ei hun wrth gatalogio llythyrau, dyddiaduron, llyfrau cownt a phethau felly. O ganlyniad, y mae ei gatalogau yn eithriadol o ddifyr. Yn wir, yn aml iawn y mae ei sylwadau yn fwy diddan a darllenadwy na'r deunydd a oedd ganddo dan sylw.

Fel y gwelwyd, ni chollai Doc Tom ddim amser cyn catalogio'r dogfennau a chrynhoi eu prif nodweddion ac felly gallai ymchwilwyr fanteisio'n fuan iawn ar eu cynnwys. Gan fod cryn swrn ohonynt yn perthyn i'r Oesoedd Canol ac yn frith o dermau technegol, gwaith manwl a llafurus oedd y catalogio. Ond y mae'n amlwg fod Doc Tom yn ei elfen. Lluniai ragymadroddion gwybodus ac eglur er mwyn gosod y deunydd yn ei gyd-destun, gan sylwebu ar bethau fel safon y llawysgrifen a phersonoliaethau a meflau'r prif ffigurau. Yn wahanol i gatalogwyr heddiw, mynegai ei farn ynglŷn ag arwyddocâd y cynnwys a natur llawysgrifen y rhai a luniasai'r gwahanol ddogfennau. Nid oedd pethau a ymddangosai'n ddibwys i eraill yn ddibwys iddo ef. Ac yntau'n chwysu uwchben cymaint o ddeunydd 'sych' fel gweithredoedd, ewyllysiau, bondiau, indenturau a rholiau rhenti, yr oedd bob amser yn falch o ddod ar draws cofnodwr taclus a chain. Meddai am William Bulkeley Hughes yr Iau, AS Bwrdeistrefi Caernarfon am ymron deugain mlynedd: 'his penchant for exactness and order, can be truthfully deduced from his precise if angular script, and from his methodical arrangement of the Plas Coch archives'.[72] Dotiai at 'ysgrifen fain, firain' Syr O. M. Edwards a chystwyai Margaret Owen, Caera, am fod yn 'execrable speller'.[73] Y mae ei gatalog o'r llawysgrifau yng nghasgliad cyffredinol Bangor yn frith o sylwadau fel 'a beautifully written Ms.', 'very full and interesting entries', 'tryblith cymysgryw' a 'cymysgfa o bopeth'. Pan fyddai'n cymryd at ryw gymeriad diddorol, ysgrifennai'n helaeth amdano. Y mae ei gofnod am lawysgrif bwysig ar John Morgan, ficer Conwy, bron yn erthygl ynddo'i hun,[74] ac felly hefyd ei druth ar David Griffiths (1636–74), ysgolfeistr a churad Y Bontnewydd.[75] Byddai weithiau'n trin a thrafod llawysgrifau fel y byddai'n cloriannu cynnyrch eisteddfodol: 'ysgrifen lân, rhaniadau naturiol, meddyliau cryfion' oedd ei farn ar bregethau a draddodwyd ym 1871 gan William Jones, Tredegar.[76] Rhybuddiai'r darllenydd fod casgliad o 109 o lythyrau John Elias 'yn hir aruthr, a beichus eu darllen i'r oes arwynebol seciwlaraidd hon'.[77] Deuai eglwyswyr hefyd dan ei lach. Ar sail tystiolaeth papurau Caera daeth i'r casgliad fod John Owen (m.1902), rheithor Llaneilian, yn hoff iawn o godi ei fys bach, o saethu adar ac anifeiliaid gwylltion, o gweryla â'i gymdogion, ac o fanteisio'n ddigywilydd ar bregethau ei ewythr.[78]

Pan fyddai rhai gorchwylion yn mynd yn fwrn, porai yn llythyrau Cymraeg oes Victoria a oedd mor gyforiog o firi cecrus beirdd ac eisteddfodwyr, yn ogystal â chlecs enwadol a rhagrith dirwestwyr. Dau gollwr 'gwael ryfeddol', yn ei dyb ef, oedd y beirdd Gweirydd ap Rhys a Golyddan 'ac yn annoeth o bigog a chroendenau'.[79] Honnai fod llythyrau Eifion Wyn yn ddrych tra chywir i gymeriad y sawl a'u hysgrifennodd: 'iaith ddillyn, gymen, llawn gwawd, dychan, a surni at bobl nad oedd wrth ei fodd'.[80] Ei sylw cofiadwy am O. J. Rowlands, Pentraeth, gŵr ifanc pruddglwyfus na fyddai byth yn eillio'i farf ar y Sul, oedd mai 'afrwydd oedd ei barabl a sych ei ddawn'.[81] Bron na ellir clywed Doc Tom yn chwerthin wrth iddo nodi bod Hwfa Môn wedi galw Emrys (William Ambrose), Annibynnwr a bardd uchel ei barch, yn 'assassin llofruddiog',[82] ac ef ei hun biau'r disgrifiad cofiadwy o Robin Ddu Eryri fel 'dirwestwr, meddwyn, ac un o ben *bounders* ei oes'.[83] Y tu ôl i'r miniogrwydd hwn ceid craffter anarferol hefyd. Trwy gyfeirio at Dr John Thomas, Lerpwl, fel gŵr 'nodweddiadol Victoraidd ei osgo a'i arddull, cuddio'r dwrn dur mewn maneg ystwyth, beirniadu'r tynnu gwifrau a'r *cliques* yr oedd ef y fath bencampwr arnynt' dangosodd ei fod yn deall anian cewri'r pulpud yn oes Victoria yn dda.[84] Nid adwaenai neb Bob Owen yn well nag ef, ac y mae ei sylwadau ar yr ohebiaeth rhyngddynt bron cyn ddifyrred â chynnwys y llythyrau eu hunain. Nodai ddychan doniol ei gyfaill, yn enwedig ar draul anwybodaeth honedig llyfrgellydd Coleg Bangor a gwŷr dysgedig Adran y Gymraeg a oedd yn enwog, meddai, am eu 'diogi a'u hysgafalwch',[85] a hefyd, yn fwy petrus, y cecru personol a ddigwyddai rhyngddynt o bryd i'w gilydd ac a awgrymai 'fod yr hen gyfeillgarwch yn myned i'r gwellt'.[86] Ond ni wyddai, mae'n siŵr, fod Bob yn anharddu copïau'r Llyfrgell Genedlaethol o'i gatalog o lawysgrifau

Bangor trwy nodi â'i ysgrifbin ar ymyl tudalennau mai ganddo ef y cafwyd y trysorau pennaf. Fel hyn, er enghraifft, y byddai'n hysbysu'r byd a'r betws fod llyfrgellydd Bangor wedi elwa ar ei fawr chwys a'i lafur: 'All the Star Chamber Papers and Wills were from the Library of Bob Owen Croesor who spent a great deal of money to copy them in Record Office at London.'[87]

Wrth gribinio'n fanwl trwy'r miloedd o lawysgrifau a ddeuai'n rheolaidd i'r llyfrgell, byddai Doc Tom yn dotio ar ddeunydd anghyffredin megis stori ddoniol neu ffaith annisgwyl. Wrth gofnodi gweithgareddau yr *Amlwch Literary and Scientific Institution* am 1837–58, nododd fod cais gan ddarlithydd teithiol ar seryddiaeth am gael traddodi darlith wedi ei wrthod oherwydd byddai'r gost o gario'i ddeunydd gweledol i Amlwch wedi gyrru'r gymdeithas i'r wal.[88] Dro arall nododd fod y pregethwr Methodist James Davies yn cynghori ei aelodau sut 'i gadw gwallt y pen rhag colli',[89] a bod Owen Lloyd Jones, Gwredog, wedi marw'n ŵr ifanc oherwydd iddo fynychu cyfarfod misol mewn dillad gwlyb.[90] Bu'n hwtian chwerthin am hydoedd ar ôl darganfod mai cyfieithiad boneddiges o Fôn o 'Testament Daearyddol' oedd 'earthly testament',[91] a broliai'n ddi-baid yng nghwmni'r saint yn 'Nymbar Tŵ' ar ôl darganfod mewn tŷ yn Llangaffo y Testament Newydd Groeg a ddefnyddid gan neb llai na Goronwy Owen pan oedd yn ddisgybl yn Ysgol Friars ym 1739.[92] Catalogau i'w darllen yn hytrach na'u samplo ar frys yw catalogau Doc Tom. Y maent, chwedl R. T. Jenkins, yn gatalogau 'cwbl Risiardaidd' na chafwyd mo'u tebyg na chynt na chwedyn.[93] Fel y dywedodd Emyr Gwynne Jones, yr oedd ganddo'r gallu prin i gyfleu'r 'rhamant neu'r tristwch a lechai dan yr wyneb' mewn hen ddogfennau llychlyd.[94]

Y mae lle i ddadlau na chafodd Doc Tom ei wir haeddiant am ei waith fel llyfrgellydd. Dros gyfnod o ugain mlynedd gweddnewidiodd Lyfrgell Coleg Bangor a'i throi yn archifdy cenedlaethol tra phwysig ac yn ganolfan ymchwil i ysgolheigion, myfyrwyr ymchwil, athrawon a gweinidogion yr efengyl yng ngogledd Cymru. At hynny, casglodd gannoedd o lyfrau a chylchgronau prin ac amhrisiadwy. Ac yntau'n gystadleuydd mor ffyrnig ac yn ffuretwr mor llwyddiannus, yr oedd gan swyddogion y Llyfrgell Genedlaethol achos i'w barchu a'i ofni o hirbell. Gweithiai'n ddiorffwys drwy'r dydd, yn hwyr y nos, ac weith-iau wedi'r oedfa ar nos Sul, er mwyn paratoi twmpathau o lawysgrifau ar gyfer darllenwyr a sicrhau eu bod yn cael nid yn unig swm helaeth o wybodaeth ond hefyd oriau o foddhad yn pori rhwng cloriau'r catalogau. Drwy wneud hynny llwyddodd i gyfoethogi'r llyfrgell fel canolfan ddysg gydnabyddedig ac i warchod buddiannau'r coleg. Y mae'n destun syndod na chafodd ei lethu'n llwyr gan y beichiau trymion hyn, ond y gwir yw ei fod yn ei afiaith yn delio â ffynonellau amrywiol a chyfoethog. Llafur cariad oedd y cyfan. Ym 1958 hysbysodd aelodau'r Cymmrodorion yn Llundain fod 'dadlwcheiddio dogfennau'r plasau' wedi sicrhau bod 'rhan fawr o hanes Gogledd Cymru yn gorwedd yn Nhŵr Coleg Bangor'.[95] Nid gormodiaith oedd hynny.

Yn ogystal â'r bagad gofalon hyn, byddai Doc Tom hefyd yn traddodi darlithiau ar Biwritaniaeth i fyfyrwyr yn yr Ysgol Ddiwinyddiaeth. Er mai cwmni bychan a ddeuai ynghyd, byddai'n eu trin fel cynulleidfa luosog. Hogai fin ar eu meddyliau drwy saethu cwestiynau atynt. Yn y ddarlith gyntaf i R. Tudur Jones ei mynychu, dangosodd i'r myfyrwyr lungopi o ewyllys y Piwritan William Wroth cyn gofyn y cwestiwn rhethregol, 'A phwy, mynte chwi, oedd Wroth Rogers?'[96] Pan oedd Huw Jones yn dilyn cwrs BD, fe'i cafodd ei hun mewn dosbarth o un yn ystafell Doc Tom:

> Byddai wrthi yn ddifyr a hwyliog, gan gerdded yn ei gŵn llaes yn ôl a blaen o flaen ei ddosbarth o un! Byddwn wrth fy modd yn gwrando arno'n traethu â'i dro meddwl ac â'i dro ymadrodd unigryw ei hun, a'i sylwadau wrth-fynd-heibio ffraeth yn pefrio. Cawn yr argraff ei fod yn mynd i'r fath hwyl ar adegau, ac i ysbryd ei bwnc gymaint, nes anghofio'n llwyr mai cynulleidfa o un oedd ganddo.[97]

At hynny, darlithiai dan nawdd yr Adran Efrydiau Allanol a Chymdeithas Addysg y Gweithwyr ym mhob cwr o ogledd Cymru, gan drafod ystod eang o bynciau. Âi hefyd i Goleg Harlech i ddarlithio mewn ysgolion haf a chynadleddau, gan swyno cynulleidfaoedd â'i wybodaeth ddihysbydd, ei eirfa liwgar a'i ddoniolwch.

Hawdd y gellid bod wedi maddau iddo petai wedi rhoi'r gorau i ysgrifennu a chyhoeddi yn ystod y blynyddoedd prysur hyn, ond er na ddaeth yr un *magnum opus* o'i law ar ôl 1930 y mae'n werth nodi bod rhestr Derwyn Jones o'i gyhoeddiadau rhwng 1926 a 1946 yn cynnwys 76 o eitemau gwahanol.[98] Yn eu plith y mae ei olygiad o *Er Clod: Saith Bennod ar Hanes Methodistiaeth yng Nghymru* (1934), pennod sylweddol ar Anghydffurfiaeth rhwng 1620 a 1715 yn *A History of Carmarthenshire* (1939), a olygwyd gan J. E. Lloyd, erthygl fanwl i'w rhyfeddu ar 'Eglwys Llanfaches' yn *Trafodion* y Cymmrodorion ym 1941, a lliaws o ysgrifau ar gymeriadau difyr fel Gweirydd ap Rhys, Pedr Hir a Bob Owen. Rhwng popeth, felly, yr oedd ganddo fwy na digon o waith. Ond, fel y gwelsom, i Doc Tom nid rhywbeth i arswydo rhagddo oedd gorfod dygnu arni. Gweithiwr diymarbed yn llinach Calfin ydoedd, ac yr oedd ef ac R. T. Jenkins byth a hefyd yn cystadlu â'i gilydd. 'Jenkins yn diawlio wrth fy ngweld yn cilwenu'n rhagrithiol arno,' meddai wrth Bob Owen, 'ef heb roddi gair ar lawr ar sir Gaerfyrddin, a minnau wedi rhoddi'r maen clô ar y *first draft*',[99] gan gyfeirio at y gyfrol ar hanes y sir a gyhoeddwyd ym 1939.

Wrth reswm, ni wyddai myfyrwyr Bangor fawr ddim am y gwaith casglu, catalogio ac ysgrifennu. Fel ceidwad llym a llygatgraff y llyfrgell yn unig yr adwaenent hwy Doc Tom. Am ugain mlynedd bu'n llywodraethu megis unben ar yr 'Imperium in Imperio', chwedl y Prifathro Emrys Evans,[100] gan ddisgwyl i bawb yn ddiwahân ymostwng yn ufudd a graslon i reolau'r llyfrgell. 'Richards is still a school-master',[101] ochneidiodd J. E. Lloyd wrth R. T. Jenkins, oherwydd o'r diwrnod y'i penodwyd ymlaen cosbai fyfyrwyr a staff fel ei gilydd am beidio â llenwi slipiau am lyfrau neu am eu cadw'n hwy na'r amser benthyg penodedig.[102] Yr oedd colli unrhyw lyfr ('leakage', chwedl yntau wrth aelodau o Bwyllgor Gwaith y Llyfrgell) yn ei wylltio, ac nid heb achos y 'gorchmynnwyd' y Prifathro Emrys Evans i ddweud y drefn yn bur hallt wrth fyfyrwyr diwinyddol oherwydd 'diflaniad' llyfrau o'r silffoedd.[103]

Ni feiddiai israddedigion glebran, chwerthin na chodi twrw yng nghynteddoedd sanctaidd y 'Top Leib' a'r 'Bottom Leib' oherwydd gwyddent y byddai'r llyfrgellydd brawychus yn ysgubo'n feunyddiol drwy'r llyfrgell a'i ŵn du hirllaes yn hofran yn fygythiol o'i gwmpas. Deuai o'i ystafell yn ddirybudd – 'ar ddiarwybod droed a distaw duth', yn ôl un wàg[104] – ddwywaith neu dair y dydd, gan amrywio'r amseroedd er mwyn dal mwy o droseddwyr. Nid oedd lloches rhagddo. Pe daliai unrhyw fyfyriwr heb ei ŵn neu'n siarad â chyfaill, byddai'n syllu'n llym arno dros ei sbectol cyn cyfarth y gorchymyn unsill enwog 'OUT!'[105] A dyna wahardd y troseddwr yn ddiseremoni am gyfnod penodedig neu hyd nes y derbynnid llythyr o ymddiheuriad gwylaidd. Fel arfer, câi'r troseddwr gerdyn post ac arno un frawddeg swta wedi ei theipio: 'I regret that I must ask you not to enter the Libraries till . . .'[106] Byddai hyd yr alltudiaeth yn dibynnu ar ddifrifoldeb y drosedd, a phetai unrhyw un yn meiddio aildroseddu ni châi ddychwelyd am weddill y tymor. Ni chwynai neb am y gosb a thrwy reoli ei deyrnas â dwrn dur sicrhaodd Doc Tom fod y llyfrgell mor ddistaw â'r bedd bob dydd, ac eithrio'r adegau pan fyddai ef ei hun yn uchel ei gloch wrth hebrwng Bob Owen trwy'r ystafelloedd neu yn ei geryddu'n 'eirias

boeth a brwmstanaidd' am ysmygu yn ystafell 'gysegredig' J. E. Lloyd.[107]
Un o bennaf diddordebau Doc Tom oedd darganfod pwy oedd y
cariadon coleg ('y coll. cases') ac fe'i hystyriai ei hun yn gryn awdurdod
ar garwriaethau Bangor. Fel y dengys *Atgofion Cardi*, er ei fod yn
casáu'r 'rheolau plentynnaidd' a oedd mewn bri pan oedd ef yn
fyfyriwr, ofnai pe câi myfyrwyr ormod o ryddid y byddent 'yn suo
serch diddarfod ar lan dyfroedd Abercegin' ac ar lawntiau Neuadd
Prichard-Jones.[108] Pe gwelai fab a merch yn cyboli'n orgariadus neu'n
swnllyd yn y llyfrgell, neu hyd yn oed yn llygadu ei gilydd yn eiddgar,
fe'u gyrrai allan yn ddiymdroi. Mewn stori ddychanol yn dwyn y teitl
'Cywreinrwydd', portreadodd myfyriwr o'r enw Gwynedd Jones y
gwrthrych yn arwain 'angyles' o lasfyfyrwraig, nas gwelsai Doc Tom
erioed, i'r llyfrgell:

> Chwiliais am le ac eisteddasom. Agorodd fy angyles lyfr, dechreuodd
> ddarllen; dechreuais innau droi dalennau (rhaid i ddyn gymryd arno
> weithio beth bynnag). Buom yn darllen yn ddyfal am amser ac yna
> clywais lais eto o'r nef. 'Ydi'r Doctor Tom 'ma yn dod trwodd bob
> bore?' Trois ati i ddechrau egluro rhai o driciau y gŵr hwnnw ond
> och dyna lais cras, oedd yn bopeth ond nefolaidd yn croch lefain: 'Get
> out and stay out, you two.' Yn araf a chrynedig codais fy mhen i
> sylweddoli'r gwirionedd cas; yr oeddwn yn syllu i ddau lygad llidiog
> Dr. Tom.[109]

Yn ddiarwybod i gariadon fel hyn, ar ôl eu halltudio câi Doc Tom hwyl
fawr yng nghwmni ei gyfeillion yn ceisio proffwydo hynt y garwriaeth.
Fel y dywedodd Emyr Gwynne Jones, y tu ôl 'i'r *façade* gerwin yr
olwg, a godai arswyd ar aml fyfyriwr bach diniwed neu ymwelydd go
nerfus, llechai stôr o ddoniolwch ac o ddynoliaeth lydan, braf'.[110] Yn
ôl J. E. Caerwyn Williams, 'o'r holl athrawon a oedd ym Mangor ar y
pryd, Doc Tom oedd y mwyaf bachgennaidd a'r mwyaf di-feddwl-
ddrwg'.[111]

Dengys tudalennau *Omnibus*, cylchgrawn y myfyrwyr, fod y
llyfrgellydd yn chwedl yn ei oes ei hun. Darlithiai yng nghyfarfodydd
y Cymric a bu'n is-lywydd Cymdeithas Llywarch Hen. Felly, yr oedd
ei ddull unigryw o lefaru a'i synnwyr digrifwch yn ddigon hysbys i
fyfyrwyr. Anaml iawn yr âi rhifyn o'r cylchgrawn heibio heb fod ynddo
sôn am y grenadîr a reolai'r llyfrgell ac yr arswydai'r myfyrwyr mwyaf
diniwed rhagddo. Cyfeirid ato fel 'the High Priest of Lib' ac at ei
ystafell fel 'Uncle Tom's Cabin'.[112] Mewn colofn reolaidd a elwid yn

'Dyfyniadau Camddefnyddiedig', priodolid y canlynol iddo: 'Hush, hush! whisper who dares', 'He doth bestride the world like a Colossus/ And we petty men walk under his huge legs', ac 'As by the impious thou art seen/With thundering eye and threatening mien'.[113] Wrth gerdded heibio i'r llyfrgell, byddai myfyrwyr yn canu *sotto voce* ganeuon fel 'Oh! you Nasty Man' a 'Get out and get under the Moon'.[114] Efelychid Gilbert a Sullivan mewn caneuon dychanol:

> Our noble Doctor, worthy man
> When he to rule our Libe. began
> Resolved to save, and make behave
> Those to his care confided.
> He said with stern, emphatic stress,
> 'Who wears unacademic dress,
> Or ventures in tabooed recess,
>   Must outside straight be guided,
>   Must outside straight be guided.'
>
> His stern decree, and sterner face
> Caused great dismay throughout the place
> For young and old, both shy and bold
> Were equally affected;
> The youth who winked a roving 'glad',
> Or stepped within – the naughty lad!
> Unacademically clad
>   Must forthwith be ejected
>   Must forthwith be ejected.[115]

At ei gilydd, y mae myfyrwyr yn gallu gwerthfawrogi 'cymeriadau' cystal â neb, ac er bod llais taranllyd Doc Tom yn eu harswydo gwyddent hefyd fod ei gyfarth yn waeth na'i frathiad. A châi'r llyfrgellydd ei barodïo'n ddidrugaredd gan y saint dethol yn 'Nymbar Tŵ' am erlid myfyrwyr diniwed. Y mae lle cryf i gredu mai Thomas Parry oedd y gŵr a luniodd dudalen dychmygol a goganus allan o ddyddlyfr Doc Tom a'i gyhoeddi yn *Omnibus* yn nhymor y Pasg 1933,[116] ac yn *Ffa'r Gors* yn yr un flwyddyn ymddangosodd gwatwargerdd gan T. Hudson-Williams, yr athro Groeg, dan y ffugenw Eos Daragh:

I lawr y grisiau esmwyth
I'r llyfrgell dawel dlos
I ddeud 'ta tâ' wrth Prescott
A hithau Meri Jôs
Och! dacw hogyn beiddgar
Heb gadw'r ffordd sydd iawn;
Gofynni dithau'n sarrug:
'Where is your cap and gown?'
Ac wedi cosbi'r pechod
Rho'r arian yn dy bwrs
A dos i'r stafell glebran
Am fygyn bach a sgwrs . . .[117]

Fel y dengys y gyfrol *Barddoniaeth Bangor 1927–1937*, a olygwyd gan J. E. Caerwyn Williams,[118] yr oedd digon o asbri llenyddol i'w gael ymhlith myfyrwyr Bangor, ac yn y Cymric, y 'Lit and Deb', yr Eisteddfod Ryng-Golegol, y Sadwrn Rag ac yn y lletyau clywid trafod, canu a dadlau ffraeth. Diolch i gyfraniadau D. Tecwyn Lloyd, Harri Gwynn, Huw Llewelyn Williams a John Roberts Williams, yr oedd mwy o frwdfrydedd gwlatgar yng nghynnwys *Omnibus* erbyn canol y tridegau, a mwy o firi hwyliog hefyd. Gan fod ymadroddion fel 'Out! Out!' a 'To my room, To my room!' yn gymaint rhan o lên gwerin myfyrwyr Cymraeg Bangor, gogenid Doc Tom fwyfwy. Ymrithiai yn fersiwn Huw Llewelyn Williams o 'Gweledigaeth Cwrs y Coleg' fel a ganlyn:

Yr oedd golwg y bedd ar y lle, a gwedd yr angau ar aml i wep lwyd oedd yno â chymaint o ddifrifwch, i'm tyb i, ag a barodd imi feddwl fod dydd brawd drannoeth oni bai imi ddigwydd cofio mai diwrnod Ffair y Borth ydoedd, ac nad oedd, o ganlyniad, ddim arall ar y calendr ar y dyddiad hwnnw. Bob deng munud neu lai deuai gŵr tal heibio â gwedd front arno, newydd ddod o ddweud y drefn, debygaswn i, oni bai i'm cyfaill nefol fy ngoleuo a'm dysgu mai dyna'r ffordd i edrych mewn lle o'r math hwn.[119]

Mewn cân ddychanol a gyfansoddwyd gan Meredydd Evans, pan chwythai'r angel Gabriel yr utgorn olaf byddai Doc Tom yn bloeddio o'i dŵr gwylio yn y 'Top Leib': 'Out you go!'[120] Ffurfiodd rhai o'r myfyrwyr gymdeithas o'r enw 'Urdd y Gloyw Ddŵr' ac, er mwyn pryfocio'r llyfrgellydd, byddent bob bore yn addurno'r llyfrgell â blodau dant y llew. Erbyn cyfnod yr Ail Ryfel Byd nid oedd ball ar ryfyg rhai o'r myfyrwyr. Un diwrnod heriwyd Huw Jones (y Parchedig wedi hynny) gan rai o'i gyfeillion i farchogaeth ei feic i ben draw'r llyfrgell ac yn ôl, ond cyn iddo gwblhau'r daith fe'i daliwyd gan y llyfrgellydd. 'To my room!' oedd y gorchymyn ac yno, yn nodweddiadol ysgrythurol a ffraeth, ceryddwyd 'Huw bach' fel hyn: 'y lleiaf o'r holl stiwdants yn bennaf o bechaduriaid'![121] Ni allai Doc Tom beidio â gwenu ac adroddodd holl fanylion yr hanes difyr hwn fwy nag unwaith yn ystafell Ifor Williams ar brynhawniau Llun.

Oherwydd ei enwogrwydd fel ysgolhaig a llyfrgellydd aruthrol o wybodus, byddai ymchwilwyr, yn enwedig ôl-raddedigion, yn heidio i Fangor i ofyn am ei gymorth. Byddai'n gefn bob amser i'r sawl a oedd o ddifrif. Er enghraifft, cafodd David Jenkins (llyfrgellydd Llyfrgell Genedlaethol Cymru wedi hynny) lond gwlad o groeso ganddo ym 1937 pan oedd yn ymchwilio i waith Huw Morys, Pontymeibion, yn rhannol efallai am ei fod yn Gardi mabwysiedig *ac* yn Fedyddiwr.[122] Ond ni ddioddefai ffyliaid o gwbl ac, fel y tystiai Bob Owen, ymhlith ei gasbethau yr oedd 'pobl fusneslyd, gwynfanus, hirllaes eu llais, diamcan a di-sut'.[123] Byddai wrth ei fodd yn alltudio Americanwyr penchwiban a swnllyd o'i lyfrgell, 'cachgwn cyfoethog fydd yn mowntio'r platfform un o ddyddiau'r Steddfod, efo'u hetiau mawr a'u mawr anwybodaeth'.[124] Pan ddeuent yn haid fyddarol i aflonyddu ar ei waith, fe'u hanfonai'n ddiseremoni i boeni pennaeth y Llyfrgell Genedlaethol yn Aberystwyth. Hyd yn oed ym mhresenoldeb dieithriaid, gŵr plaen ei dafod ydoedd. Eto i gyd, nid oes lle i amau diffuantrwydd y deyrnged a dalwyd iddo yn *Omnibus* ym mis Mehefin 1947: 'Of this we are certain: whenever and in whatever part of the world Old Bangorians may meet, "Doc Tom" will be affectionately remembered by them all.'[125]

Ym 1943, dair blynedd cyn iddo ymddeol, lluniodd Doc Tom adroddiad ar anghenion y llyfrgell i'w osod gerbron y 'Post-War Reconstruction Committee'. Ar lawer ystyr, stori o lwyddiant a geir yn y ddogfen hon oherwydd yn sgil ei lafur egnïol fel casglwr llaw-ysgrifau, llyfrau a chyfnodolion yr oedd silffoedd cyfain yn gwegian dan bwysau a phob twll a chornel yn y llyfrgell wedi eu llenwi:

The Upper Library is full to congestion; so is the Lower; so is the Stack Room; so are all the research rooms, with the one exception of German; 90 per cent of the shelving of the Tower is already filled with books and newspapers. No better news can be given of the Science departmental libraries in the Memorial Buildings. No more accessions can be stored in either of the two strong rooms.[126]

13.   Aelodau staff Coleg Prifysgol Gogledd Cymru, Bangor, a Choleg y Brifysgol Llundain, 1940–5. Saif Thomas Richards yng nghanol y drydedd res. (Llun: Prifysgol Cymru, Bangor).

Y pris i'w dalu am ysfa genhadu Doc Tom oedd prinder lle, ond da y gwyddai ei gyfeillion ym Mangor fod y coleg yn drwm yn ei ddyled. Yr oedd wedi adeiladu'n sylweddol iawn ar y sylfaen a osodwyd gan Thomas Shankland a'i obaith oedd y byddid o leiaf yn codi adain newydd i'r llyfrgell ar ddiwedd y rhyfel. Ond nid tan 1958 y dechreuwyd ar y gwaith ehangu ac erbyn agor y drysau ym 1963 yr oedd Doc Tom yn ei fedd.

7 ᘉ 'Tipyn o Nonsense Hen Ddyn'

YM mis Awst 1952, ac yntau'n 74 mlwydd oed, penderfynodd Doc Tom lunio llyfryddiaeth o'i holl gyhoeddiadau er dechrau'r ganrif. Ac yntau newydd golli ei wraig ac yn ingol-ymwybodol o dreigl amser, hawdd deall paham yr oedd mor awyddus i fwrw'r draul. Wrth lunio'r rhestr, ysgrifennodd at Bob Owen i'w hysbysu, yn lled ymddiheurol, o'i fwriad: 'Yr wyf wedi cymeryd yn fy mhen i adeiladu *Bibliography* om gweithiau – llyfrau, erthyglau, ysgrifau, beirniadaethau. Tipyn o *nonsense* hen ddyn yw hyn eto. Chredwch chi ddim mor fawr yw'r list.'[1] Nid oedd yn gor-ddweud. Pan aeth Derwyn Jones ati i lunio llyfryddiaeth swyddogol o'i holl weithiau rhwng 1897 a 1962, yn gyfrolau, erthyglau, ysgrifau, sgyrsiau ac adolygiadau, yr oedd y rhestr yn syfrdanol o faith ac amrywiol.[2] Eto i gyd, camgymeriad fyddai tybio bod y Doc Tom ymddeoledig wedi chwythu ei blwc fel awdur. Gwir na chafwyd yr un gyfrol ysgolheigaidd sylweddol ganddo wedi'r Ail Ryfel Byd, ond rhwng 1947 a 1962 cyhoeddodd 178 o eitemau gwahanol, sef llawer mwy nag y bydd rhai academyddion yn llwyddo i'w cynhyrchu mewn swyddi cyflogedig dros gyfnod meithach o lawer. Er bod dyddiau ei gyfraniadau sylweddol a sylfaenol bwysig i hanes Cymru drosodd, ni roes y gorau i ymchwilio ar ôl ymddeol. Yr oedd yr awydd i gasglu gwybodaeth ac i ysgrifennu yn ddwfn yn ei natur, ac yn ystod pymtheng mlynedd olaf ei oes lluniodd gnwd o erthyglau ac ysgrifau meithion, yn Gymraeg ac yn Saesneg, cyfrannodd yn wyrthiol o helaeth i'r *Bywgraffiadur Cymreig*, a hefyd, ac yntau dros ei bedwar ugain ar y pryd, cyhoeddodd ddwy gyfrol hunangofiannol ffraeth – *Atgofion Cardi* (1960) a *Rhagor o Atgofion Cardi* (1963) – wedi eu hysgrifennu yn ei ddull nodweddiadol ef ei hun.

O bryd i'w gilydd yn ystod ei ymddeoliad, dychwelai Doc Tom at ei hoff bwnc, sef hynt a helynt Piwritaniaid ac Anghydffurfwyr Cymru yn oes y Stiwartiaid. At ei gilydd, nid oedd ganddo fawr ddim newydd i'w ddweud. Tynnai ar waddol yr ymchwil a wnaethai cyn 1926 ac ar gynnwys ei lyfrau 'clinigol, moel', chwedl T. M. Bassett.[3] Wrth reswm, newidiai'r pwyslais yma a thraw yng ngoleuni'r wybodaeth ddiweddaraf, ond cyndyn iawn ydoedd i wyro'n bell oddi wrth ei thesis gwreiddiol. Wrth ailgloriannu'r mudiad Piwritanaidd yn sir Fôn ym 1954, meddai'n hyderus, onid yn rhyfygus: 'The basic conclusions arrived at over thirty years ago have not been shaken.'[4] Ym 1954 hefyd, fel ym 1924, ychydig, os dim, a oedd ganddo i'w ddweud wrth y rhagrithwyr a'r '*opportunists*' haerllug a drigai yn sir Feirionnydd yn ystod blynyddoedd Deddf Taenu'r Efengyl yng Nghymru.[5] Ar lawer ystyr, y mae'n drueni nad aeth ati i ailystyried y maes o'r newydd ac i lunio cyfrol ddarllenadwy yn Gymraeg ar ei wir hyfrydwch, sef hanes

14.   Thomas a Mary Richards gyda'u merched, Rhiannon a Nest, ym 1932. (Llun: Nest a Gwilym Beynon Owen).

y Piwritaniaid Cymreig. Gadawyd y dasg honno i R. Tudur Jones, T. M. Bassett ac eraill i'w chyflawni ar ôl ei oes ef. Efallai'n wir nad oedd llunio synthesis yn Gymraeg (nac yn Saesneg, fel y gwelsom eisoes) o fewn ei allu. Manyldeb gofalus oedd pennaf nodwedd ei waith ac er bod ganddo ddiddordeb byw mewn pobl, nid oedd ganddo gymaint â hynny o ddiddordeb yn eu daliadau. Yn hynny o beth, yr oedd yn wahanol iawn i R. T. Jenkins, a oedd bob amser yn berwi o syniadau cyffrous ac yn gallu ysgogi eraill i feddwl o'r newydd am eu pwnc. Yn ofer y ceisiai R. Tudur Jones ddwyn perswâd ar Doc Tom i drafod daliadau Vavasor Powell a Morgan Llwyd.[6] Y deunydd crai oedd ei hoffter pennaf a rywsut, wrth ddarllen ei erthyglau meithion, ceir yr argraff fod pob ffaith yn gyfwerth â'i gilydd yn ei olwg ef. Gellir canfod yr un gwendid yng ngweithiau ei gyfoeswr, Griffith John Williams. Casglu a throsglwyddo ffeithiau a wnâi Doc Tom, a hyd yn oed ar ôl eistedd wrth draed J. E. Lloyd a chwmnïa ag R. T. Jenkins dros flynyddoedd maith ni allai ymryddhau o'r dull hwn o drin ei faes. Bron na ellid disgrifio rhai o'i erthyglau Saesneg yn y cyfnod ar ôl 1945 fel esboniadau ar destunau.

Gan fod Doc Tom wedi cyhoeddi mor helaeth ym mlynyddoedd olaf ei oes, y mae'n amhosibl manylu ar bob llith o'i eiddo, hyd yn oed petai'r cwbl yn hawlio sylw. Sut bynnag, cam dybryd ag ef fyddai peidio â sôn am ei gyfraniad arwrol i'r *Bywgraffiadur Cymreig* ac am ei weithiau hunangofiannol. Ym 1937 dechreuodd Cyngor Anrhydeddus Gymdeithas y Cymmrodorion ystyried o ddifrif gyhoeddi geiriadur bywgraffyddol Cymreig, gwaith yr oedd angen mawr amdano. Ymhen blwyddyn yr oedd Syr J. E. Lloyd ac R. T. Jenkins wedi derbyn gwahoddiad i fod yn gyd-olygyddion.[7] Dywedir bod Doc Tom yn siomedig na chawsai ef ei ddewis i gynorthwyo ei gyn-athro. Beth bynnag, daeth y rhyfel i darfu ar y gwaith ac ni lwyddwyd i ailgydio yn y cynllun tan 1943. Cytunodd R. T. Jenkins i ddwyn pen trymaf y baich golygyddol, a phan fu farw J. E. Lloyd ('Cymro mwyaf y dyddiau diwethaf hyn',[8] yn ôl Doc Tom) yn 86 mlwydd oed ym 1947, gwahoddwyd Syr William Llewelyn Davies, Llyfrgellydd Cenedlaethol Cymru, i fod yn gyd-olygydd. Yr oedd hyn yn siom bellach i Doc Tom, ond y gwir amdani yw fod Davies (er nad oedd gystal ysgolhaig o bell ffordd) a'i staff mewn gwell sefyllfa nag ef i olygu, gwirio ac ailysgrifennu cyfraniadau a ddeuai i law oherwydd adnoddau digymar y llyfrgell. Fel mae'n digwydd, ni chafodd y llyfrgellydd cenedlaethol fyw i weld pen y daith oherwydd bu farw ym mis Tachwedd 1952, 'un o'r ychydig enghreifftiau', yn ôl R. T. Jenkins, 'y gwn i amdanynt o ddyn wedi ei weithio ei hun i farwolaeth'.[9] Er gwaethaf y siomedig-aethau hyn, gweithiodd Doc Tom yn ddiarbed er mwyn cynorthwyo Syr J. E. Lloyd ac R. T. Jenkins gyda'u tasg aruthrol fawr nid yn unig drwy wirio llawer iawn o'r wybodaeth a anfonid atynt gan gyfranwyr ond hefyd drwy iddo ef ei hun lunio 77 o gofnodau ar gyfer *Y Byw-graffiadur*, ynghyd â fersiynau Saesneg ohonynt a chwe chofnod ychwanegol ar gyfer y fersiwn Saesneg, sef y *Dictionary of Welsh Biography*, a gyhoeddwyd ym 1959 ac a ddaeth, fel ei chwaer-gyfrol Gymraeg, yn gyfeirlyfr anhepgor i bawb sy'n ymddiddori yn hanes Cymru.

Comisiynwyd Doc Tom i lunio cofnodau ar gyfer *Y Bywgraffiadur Cymreig* ar dirfeddianwyr, Piwritaniaid, Anghydffurfwyr, esgobion, gwleidyddion, beirdd a llenorion, ac y mae'r mwyafrif ohonynt yn rhai twt a thaclus ac o werth parhaol, er y teimlir yn aml wrth eu darllen nad oedd yr hirwyntog ddoethur ar ei orau yn saernïo epistolau mor gryno. Ni wyddys a fu'r ffaith mai'r ysgolhaig ifanc R. Tudur Jones a ddewiswyd i draethu ar Vavasor Powell a Walter Cradock yn achos anghydfod, ond buasai'n rhyfedd os na frifwyd Doc Tom gan y penderfyniad hwnnw. Wedi'r cwbl, ef oedd yr hynaf a'r mwyaf gwybodus o holl haneswyr Piwritaniaid Cymru. Beth bynnag, bu raid iddo ymfodloni ar lunio cofnodau ar wŷr megis William Wroth, John Myles, Henry Walter, Morris Bidwell a Daniel Higgs. Traethai'n wybodus am y Piwritaniaid hyn, gan fritho'i sylwadau ag ambell ergyd annisgwyl. Honnai fod Philip Henry (m.1696), y gweinidog Presbyteraidd a'r dyddiadurwr, yn 'wr rhy ryw glyfar a chywrain ar faterion cydwybod',[10] ac er cymaint ei edmygedd o Henry Maurice (m.1682) ni allai beidio â chyfeirio at ei 'stremp aristocrataidd'.[11] Petai'n gwybod yr hyn sy'n hysbys am y Cyrnol Philip Jones (m.1674) yn ein dyddiau ni, go brin y byddai wedi ei ddisgrifio fel 'gŵr sad ei ffordd, sownd ei farn, o ddoethineb tu hwnt i'r cyffredin, a'i wybod-aeth am bobl a phethau Cymru yn ddwfn ac eang ryfeddol'.[12] Cwbl ddiflewyn-ar-dafod oedd ei farn am Michael Roberts (m.1679), pennaeth Coleg Iesu, Rhydychen: 'Gŵr ystyfnig, anystywallt, brwd am ei ffordd ei hun, a phur amddifad o egwyddorion uchel.'[13] Camarweiniol ac annheg braidd yw ei gofnod ar William Bulkeley (m.1760), Bryn-ddu, Llanfechell: tybiai ei fod yn llawn o 'ragfarnau rhyfedd' a'i fod yn anraslon iawn wrth Annibynwyr a Methodistiaid.[14] Mewn adolygiad diweddarach hefyd, at Bulkeley y cyfeiriai wrth sôn am 'y potio dwfn yng nghyfeddach y *Sessions* ym Miwmares, yr ymrafaelio tragywydd â'i deulu ei hun ac ag amryw o deuluoedd eraill ym Môn'.[15] At ei gilydd, serch hynny, yr oedd ei bortreadau o wŷr bonheddig Gwynedd yn dra chytbwys a difyr. Cafodd hwyl hefyd ar bortreadu cymeriadau od, megis y proffwyd o Langelynnin, Arise Evans (m. *c.*1660), a oedd â 'thyfiant annaearol hyll' ar ei drwyn;[16] Sorobabel Davies (m.1877), pregethwr gyda'r Bedyddwyr a ymfudodd i Awstralia, troi'n gyfalafwr a chyhoeddi'r newyddiadur *Pleasant News Creek*;[17] a'r trydydd Barwn Stanley (m.1903) o Alderley, swydd Gaer, a gofleidiodd grefydd Islam a chodi mosg i'r grefydd honno yn Nhalybolion, Môn.[18] Ceir ganddo hefyd deyrngedau hael i rai o'i hen gyfeillion: 'prin y medrai'r grasusau Cristnogol gael dyfnach daear nag ynddo ef' oedd ei farn am Griffith Ellis (m.1913), ei hen weinidog yn Bootle,[19] a thyner ryfeddol yw'r cyfeiriad at Vernon Hartshorn (m.1931) fel gwleidydd 'gwastad ei ffordd, hawdd ymwneud ag ef, cymydog parod ei gymwynas'.[20] Eto i gyd, nid cofnod am gyfaill na hyd yn oed un o enwogion y Ffydd yw'r gorau ymhlith ei gyfraniadau. Ei ddisgrifiad cofiadwy o'r gôl-geidwad gwefreiddiol ac anghonfensiynol, Leigh Richmond Roose (m. *c.*1917), yw'r mwyaf afieithus o'r cyfan:

> Yr oedd yn feistr ar holl anhepgorion y gelfyddyd, a dehonglai hwy yn null a modd gŵr o athrylith. Synnid yr edrychwyr gan ei grafanc sicr a'i symudiadau chwimwth; ond ysgogid y symudiadau gan farn aeddfed, dychymyg byw i ddyfalu dyfeisiadau ei wrthwynebwyr, a'r ddawn brin o fedru gweithredu ar drawiad amrant. O dan ei gyfaredd ymnewidiai'r cae chwarae'n faes pasiant; hoelid sylw'r dorf gan ryfeddodau ei ddau ddwrn, y ddwy droed, a'r llygaid bychain, bachog a weithiai y tu ôl iddynt; ymhyfrydai yntau yng nghymeradwyaeth y miloedd.[21]

Dywedai'n aml mai un o freintiau mawr ei fywyd oedd gwylio'r athrylithgar Roose ar ei awr anterth.

Ail brif gyfraniad Doc Tom yn ystod ei flynyddoedd olaf oedd ei ddwy gyfrol o atgofion, gweithiau a groesawyd ar y pryd fel y pethau 'mwyaf difyr a gyhoeddwyd yn Gymraeg'.[22] Y mae i'r cyhoeddiadau hyn gefndir helbulus, ond cyn troi at hynny y mae'n werth oedi uwchben sylw a wnaed gan R. M. Jones, sef bod y 'burgyn rhyfedd hwn o lenor yn dod yn fyw i'w ryfeddu' yn ei lyfrau Cymraeg a bod ganddo ryw 'ddelfrydiaeth sgitsoffrenig' a oedd yn peri ei fod yn gorfod ysgrifennu'n ddieneiniad o ysgolheigaidd yn Saesneg ond yn ffraeth a byrlymus yn Gymraeg.[23] Gorsymleiddio camarweiniol braidd yw hyn. Y gwir yw fod llawer iawn o gynnyrch Cymraeg Doc Tom yr un mor drymlwythog a dieneiniad â dim a ysgrifennai yn Saesneg. Tybiai ef ei hun fod byd o wahaniaeth rhwng ei 'Gymraeg gwlithog' a 'sychder Gilboaidd' ei Saesneg,[24] ond y mae'n rhaid wrth gryn ddisgyblaeth ac amynedd i ddarllen ei erthyglau Cymraeg. Hyd yn oed ar ôl symud baich y *magnum opus* Saesneg ac ennill ei D.Litt., ni allai ymlacio digon i ysgrifennu'n rhwydd.

Ni ddechreuodd ymloywi nes i Sam Jones, pennaeth y BBC ym Mangor, ei wahodd i lunio sgriptiau byr a difyr yn y 1940au a'u traddodi'n hamddenol yn y stiwdio ym Mryn Meirion. Hwn oedd cyfnod euraid y *Noson Lawen*, *Ymryson y Beirdd* a Thriawd y Coleg, a than ddylanwad yr egni a'r asbri newydd hwn[25] fe'i profodd ei hun yn sgwrsiwr ffraeth a diddan ar amryw byd o bynciau. Ymhlith y sgyrsiau a draddodwyd ganddo yr oedd 'Fy nghas beth i', 'Addoli eilunod', 'Allen Bach Y Bryn' a 'Teithiau gyda'r bardd'.[26] O ganlyniad, datblygodd ei ddawn lenyddol a'i allu i gyfuno sylwadau crafog a chyffyrddiadau doniol, a daeth ei lais mor gyfarwydd i wrandawyr ag eiddo Ifor Williams, Thomas Parry, R. Alun Roberts a Bob Owen. Nid pawb, serch hynny, a'i gwerthfawrogai. 'You have *not* the golden voice', oedd sylw piwis gwraig o'r enw Susan Parry-Jenkins.[27] Ond, fel y cawn weld maes o law, un o ragoriaethau mawr Doc Tom oedd ei ddawn i sgwrsio'n ddifyr.

Yn ystod yr un cyfnod hefyd fe'i gwahoddwyd i anfon cyfraniadau i'r *Herald Cymraeg*, *Y Crynhoad*, *Llafar* a *Lleufer*, a bu hyn hefyd yn gyfle iddo i ymarfer ei grefft fel ysgrifwr. Atgynhyrchwyd nifer o'r rhain yn *Rhwng y Silffoedd*, casgliad o'i ysgrifau a gyhoeddwyd dan olygyddiaeth Derwyn Jones a Gwilym Beynon Owen ym 1978 ar achlysur canmlwyddiant ei eni. Rhydd agoriad ei ysgrif ar 'Henry Hughes o'r Bryncir' flas o'i ddawn i ysgrifennu'n ddifyr:

O'r Bryncir a Brynengan, gweinidog Methodus; gŵr bwyteig braidd: ar ôl cyrraedd i'w gyhoeddiad ym mhen Llŷn erbyn amser te brynhawn Sadwrn gofynnodd gwraig dda tŷ'r capel iddo a gymerai ŵy. 'Dau os gwelwch yn dda,' atebodd yntau. Llygad naturiol am arian yn y dyddiau cyn saernïo cronfeydd mawrion y M.C.: yn stesion Cricieth, pan oedd Mr. Lloyd George yn hwylio am Lundain yn nyddiau'r Rhyfel Mawr cyntaf, pwy welai ond Henry Hughes â'i het gron, a gofyn yn hoyw iddo beth oedd teitl ei lyfr newydd, i gael yr ateb, 'Wn i ddim, syr, am y teitl, ond coron fydd ei bris.'[28]

Brawddegau byrion stacato fel hyn a nodweddai ei ysgrifau Cymraeg, ysgrifau a anelid at werin-bobl ddarllengar, a'r rheini'n frith o dafodiaith gogledd Ceredigion.

Ar lawer ystyr, yr oedd y sgyrsiau a'r ysgrifau cryno a bachog hyn yn rhagdybio arddull ei gyfrolau hunangofiannol, ac nid yw'n rhyfedd yn y byd fod Alun R. Edwards, llyfrgellydd Ceredigion, wedi gweld ei gyfle i hybu gwaith Cymdeithas Lyfrau Ceredigion drwy ei wahodd i draethu yng Nghymraeg rhywiog ei henfro am ei atgofion cynnar. Ac yntau dros ei bedwar ugain pan dderbyniodd y gwahoddiad, yr oedd yn gyndyn iawn i ymgymryd â'r gwaith o lunio cyfrol. Ond nid hawdd, hyd yn oed i ŵr penderfynol fel Doc Tom, oedd troi heibio rywun mor daer ag Alun R. Edwards, ac erbyn diwedd 1959 yr oedd teipysgrif *Atgofion Cardi* wedi ei chwblhau. Gwaith byr, yn cynnwys hanes ei ieuenctid cyn troi am Fangor ydoedd, a cheisiodd Dafydd Jenkins, ysgrifennydd Cymdeithas Lyfrau Ceredigion, ei berswadio i helaethu'r gyfrol drwy ychwanegu pennod neu ddwy. Cythruddwyd Doc Tom a lleisiodd ei gŵyn wrth Alun R. Edwards:

O'r diwedd fe gaed gair gan D. J., ac un diflas a digalon ydoedd. Tueddu i rygnu bod y cyfraniad yn rhy fyr, ac eisiau ychwanegu ato. Fy nghred innau oedd bod yr *Atgofion* yn uned gryno fel ydoedd, a'r unig uned yn ymwneud â'm bywyd yn sir Aberteifi; a'r gred hefyd y buasai wedi ei gyhoeddi o gwmpas y Nadolig a aeth heibio. Collwyd y cyfle. Afraid dweud ei fod yn dipyn o siom i mi. Os byth yr ychwanegir at yr *Atgofion*, dyna gladdu'r idea o'u cyhoeddi gan Gymdeithas Sir Aberteifi; bydd y cwbl *out of focus*. Nid wyf am weithredu'n fyrbwyll, ond y mae'n amlwg mai y cam nesaf fydd gofyn i chwi anfon yr *Atgofion* yn eu holau. Caffed amynedd, ond nid yn hir iawn.[29]

Pwysodd Edwards yn daer arno i ymwroli ac, o'i anfodd braidd, ychwanegodd ddeunydd pellach ar ei brofiadau fel myfyriwr ym Mangor. Ond gwrthododd chwilio am luniau i'w cynnwys yn y gyfrol na derbyn mwy na 70 y cant o'r cywiriadau a wnaed gan B. G. Owens i sillafiad enwau lleoedd, er eu bod, yn ôl cyfaddefiad Doc Tom ei hun, yn 'siampoledig o anghywir', nac i 'drustio neb o'r printers' yng Ngwasg Gomer.[30] Gwylltiodd eto pan awgrymodd Dafydd Jenkins y dylid newid teitl y gyfrol i 'Rhwng Rheidol a Menai' oherwydd y bwriad oedd galw'r gyfres yr oedd i gyfrannu iddi yn 'Atgofion Ceredigion', a phrofwyd ei amynedd i'r eithaf pan fethwyd â chyflawni'r addewid i'w llywio drwy'r wasg cyn y Nadolig.[31] '*I am heartily sick of the whole affair*', meddai mewn llythyr at Jenkins ar 17 Rhagfyr 1960, 'a threbl bwyslais ar y *sick*.'[32] Sut bynnag, cododd ei galon pan gyrhaeddodd y gyfrol, ynghyd â thâl o ganpunt, ac erbyn dechrau Ebrill 1961 yr oedd ymron hanner yr argraffiad o ddwy fil o gopïau wedi ei werthu.[33]

Gan fod cynifer o adolygwyr wedi gresynu at y ffaith fod Doc Tom wedi chwythu ei blwc yn y gyfrol mor gynnar â 1903, pwyswyd yn daer arno i ychwanegu at yr atgofion. Er mawr glod iddo, cytunodd i roi cynnig arni, gan ddangos yr un ymroddiad a diwydrwydd ag a fuasai'n rhan annatod o'i ddiwrnod gwaith ar hyd ei oes. Meddai, mewn llythyr dyddiedig 5 Ebrill 1962:

Salutations! peidiwch â dychryn, nid dyma'r ail gyfrol, ond y bennod gyntaf. Blwyddyn legach a gefais ym 1961, mân afiechydon henaint, a minnau'n awr yn prysur fynd at yr 85. *Ond* ddiwedd yr Ionawr hwn rhoddais gam o frig y tân at y bwrdd, a phenholder yn fy llaw. *Result:* y bennod hon a deipiwyd a dwy arall hirach o lawer *wedi* eu hysgrifennu mewn long-hand yn barod i'r typist.[34]

Nid oedd gobaith, meddai, am ragor o ddeunydd ac, yn wir, ni fu byw yn ddigon hir i anfon y ddwy bennod a oedd yn weddill at Dafydd Jenkins. Cyhoeddwyd *Rhagor o Atgofion Cardi* ym mis Awst 1963.

Ar lawer ystyr, y mae'n eironig fod cyfraniad mwyaf nodedig ac arhosol Doc Tom i lenyddiaeth Gymraeg wedi ei gyflawni pan oedd dros ei bedwar ugain oed. Gormodiaith fyddai dweud bod *Atgofion Cardi* a *Rhagor o Atgofion Cardi* yn glasuron, ond y maent yn ddiau yn gyfrolau eithriadol o ddifyr ac yn sicr yn fwy darllenadwy na dim a luniasai erioed yn Saesneg. Casgliad o atgofion ac argraffiadau wedi eu plethu, yn bur anghyflawn ar brydiau, a geir yn y ddwy gyfrol. Er cystal ei gof, bu raid iddo chwilota'n ddyfal am ddeunydd yn ei archif bersonol ac yn y casgliad o newyddiaduron yn Llyfrgell Coleg Bangor. Molawd i'w henfro a'i phobl yw *Atgofion Cardi*. Byd caled, difreintiau a digysur oedd byd y gwladwr unieithog yn ardal Llangynfelyn ar ddiwedd oes Victoria. Diwydrwydd, gwreiddioldeb a chymwynasgarwch pobl a wnaeth yr argraff fwyaf ar Doc Tom yn nyddiau ei fachgendod yn Ynystudur, ac y mae'r darnau difyrraf yn y gyfrol yn ymwneud â'i brofiadau fel disgybl-athro yn ysgolion Llangynfelyn a Heol Alexandra, Aberystwyth, ac yn bennaf oll, fel myfyriwr ym Mangor. Hanes lledu'r gorwelion yn Nhywyn, Bootle a Maesteg a geir yn *Rhagor o Atgofion Cardi*, a phetai wedi byw, diau y byddai wedi mynd yn ei flaen i adrodd ei hanes fel llyfrgellydd Coleg y Gogledd.

Ei gryfderau mawr yn y cyfrolau hyn yw ei sylwgarwch a'i allu i bortreadu cymeriadau ac adrodd straeon. Fel y pwysleisiwyd droeon, pobl oedd prif ddiddordeb Doc Tom – o flaenoriaid sêt fawr Tal-y-bont i gewri pêl-droed Cymru, ac o'r saint Piwritanaidd i foneddigion ystadau mawr Gwynedd. Ar dro, byddai'n ddeifiol wrth bortreadu ei gaseion. Fel hyn y disgrifiodd John Alfred Green, y Sais mawreddog a oedd yn athro addysg ym Mangor:

> O dan arwynebedd o goethder a chwrteisi, a'r wên hudolus a wisgai ar achlysuron, medrai fod yn ŵr dreng a brathog, ac y mae hyd yn oed heddiw hen ddynion (fel myfi) sydd yn ei chael yn anodd iawn anghofio sut y clwyfwyd hwy yn ddwfn ganddo yn y dyddiau gynt.[35]

Y mae ei ddisgrifiad o'r Reichel oeraidd yn ymrithio o flaen dosbarth o fyfyrwyr direidus 'yn ysblander ei wisg a'i lydain phylacterau' yn gofiadwy, ac felly hefyd ei gyfeiriad swta at 'Ladiniaith soniarus' Isambard Owen.[36] Yr oedd ganddo wir ddiddordeb mewn pobl a oedd braidd yn anghonfensiynol. Fe'i swynwyd gan Arthur Owen Vaughan (Owen Rhoscomyl) am ei fod yn draethwr mor hudolus ac yn 'fwytawr awchus, difaol, diwedwst'.[37] Gwnaeth 'dyrnau tynged-fennol' Pedr Hir a 'nerth annaearol' L. R. Roose argraff fawr arno, ac y mae dwy o'i benodau mwyaf llwyddiannus yn ymdrin â dau aderyn brith, sef Dafydd Morgan, Taliesin, a Robert Allen (Allen Bach Y Bryn).[38] Ymhoffai mewn geiriau megis 'saernïo', 'morteisio', 'dreng' a 'solet', ac mewn brawddegau byrion nodweddiadol stacato, a defnydd helaeth o hanner-colon a sylwadau cromfachog, adroddai straeon difyr a sobreiddiol. Yn eu plith, ceir hanes Allen Bach Y Bryn yn rhoi Evan Roberts yn ei le:

> Evan Roberts ym Maesteg, cynulleidfa anferth, a'r diwygiwr yn pwyso ar i bawb gyffesu eu pechodau'n hyglyw uchel. Allen yn myned i fyny o'r sêt fawr a chydio yng nghwt côt y diwygiwr – 'Na, Mr. Roberts bach, dim cyffesu; dyn bach yn y côr fan'na wedi dwgid glo, a'r plisman yn y lobi.'[39]

Mewn sylw gogleisiol a chraff, dywedodd Harri Gwynn wrth adolygu *Atgofion Cardi*: 'Nid wyf yn siwr na ddylid fod wedi sgrifennu'r llyfr mewn solffa, gyda'r arwyddnodau arferol i ddangos y brawddegau lle mae'r mynegiant i fod yn araf fesuredig, a'r lleill sydd i fod yn *staccato* neu'n *pizzicato*.'[40] Ni ellir llai na chlywed llais y dyn ei hun wrth ddarllen y ddwy gyfrol hunangofiannol nac ychwaith lai na rhyfeddu at y Cymraeg cyhyrog, idiomatig a'u nodweddai.

Dywedwyd digon i brofi bod Doc Tom yn rhyddieithwr tra medrus a bod ei ddull o draethu ar bapur yn wahanol i bawb arall. Ond nac anghofier hefyd ei gyfraniad sylweddol iawn i hanesyddiaeth enwad y Bedyddwyr. Ar hyd ei oes arhosodd yn ffyddlon i'r athrawiaeth a bleidid gan ei arwr pennaf, John Myles, ac a goleddid hefyd gan ei dad. Caethgymunwr digymrodedd ydoedd ac yn ei holl weithiau ymffrostiai yng nghamp a chyflawniadau'r sawl a lynai wrth y gred honno. Yn ei adolygiad ar lyfr R. T. Jenkins, *Hanes Cymru yn y Ddeunawfed Ganrif*, dywedodd yn ddiflewyn-ar-dafod mai 'pyrth dyrchafedig a dorau culion' a nodweddai'r Bedyddwyr caeth ac na fyddai ef na'i gyd-selogion yn fodlon croesawu unrhyw 'sismatic anystywallt' na 'disgyblion y torthau a phroselytiaid y porth'.[41] Pan etholwyd ef yn llywydd Undeb Bedyddwyr Cymru ym 1957 traddododd ddarlith drom a manwl o'r gadair yng nghyfarfod yr Undeb ym Mangor y flwyddyn ganlynol ar y thema 'Trefn a Chredo', gan ddatgan ei safbwynt ef ei hun yn ddigyfaddawd:

15. Thomas Richards, llywydd Undeb
Bedyddwyr Cymru ym 1957.
(Llun: Llyfrgell Genedlaethol Cymru).

credwn yn y bedydd troch am fod Ysgrythur bendant tu cefn iddo, a dehongliad y dysgedigion gorau; ac arferwn y cymundeb caeth ar dir Ysgrythur a rhesymeg . . . Ac os byth yr amgylchynir ni gan luoedd niferus o Laodiceaid rhydd-gymunol, ni fydd dim am dani ond sefydlu cyfundeb newydd o Fedyddwyr *strict*.[42]

Yr oedd wrth ei fodd yn dadlau, ac yn fwy na pharod i amddiffyn ei ddaliadau ef ei hun ac enw da'r broffes Fedyddiedig. Byddai'n mwynhau darllen a dadansoddi hen gyffesion ffydd y Bedyddwyr,[43] traethu am wrhydri John Myles a cheinder arddull Joshua Thomas, a difyrru ei gyfeillion â straeon rhyfeddol am yr hanesydd J. Spinther James.

Nid y lleiaf o'i gymwynasau fel Bedyddiwr oedd golygu *Trafodion Cymdeithas Hanes y Bedyddwyr* rhwng 1926 a 1952. Golygydd tra awdurdodol ydoedd a mynnai ei ffordd ei hun. Disgwyliai dderbyn ysgrifau cryno, cywir a darllenadwy gan gyfranwyr ac oni châi ei fodloni byddai'n gwneud defnydd helaeth o'i bensel coch. Pan gyflwynodd D. Rhys Phillips, y Celtegwr brwd a oedd yn llyfrgellydd Cymraeg a Cheltaidd Bwrdeistref Abertawe, fersiwn teipiedig o'i ddarlith ar 'Cefndir Hanes Eglwys Ilston, 1649–60', syfrdanwyd hyd yn oed Doc Tom gan ei feithder. Bu gohebu 'pur siarp' rhyngddynt am rai misoedd a chanfu Doc Tom fod Phillips cystal ergydiwr ag yntau. Byddai'n cyfeirio'n gyfrinachol ato fel 'Mussolini'. 'Gwelaf fod tuedd ynnoch i ddywedyd geiriau hallt,' meddai, 'gan ein bod ill dau yn *experts* yn y ffordd honno, gwell gweddio am râs ataliol . . . "Beth yw'r inc coch a'r croesi allan," meddwch, Hawl golygydd, *a diffyg arian*.'[44] Yn sgil yr ymdderu, bu bron iddo ymddiswyddo fel golygydd, ond llwyddwyd i'w berswadio i ddal ati. Daliai i annog, siarsio a cheryddu cyfranwyr, ac nid Bob Owen oedd yr unig un i dderbyn gwahoddiad ganddo i lunio ysgrif 'goeth glasurol yn byrlymis [*sic*] o *ffeithiau* am Fedyddwyr'.[45] Yr oedd ynddo anian gywirol gref: 'Nage, frawd! 'r ych chi'n camgymeryd!' oedd un o'i hoff frawddegau. Efallai'n wir fod ei lymder wedi ennyn y fath barchedig ofn fel nad oedd rhai cyfranwyr posibl yn fodlon mentro anfon deunydd ato. Nid oedd yn rhy swil i gynnwys ei ysgrifau ei hun ac mewn sawl rhifyn, yn enwedig yn ystod hirlwm yr Ail Ryfel Byd, cyhoeddwyd mwy nag un cyfraniad o'i eiddo yn y *Trafodion*. Yr oedd ei ddarlith ar 'Declarasiwn 1687' mor hirfaith fel nad oedd lle i'r un ysgrif arall yn N*hrafodion* 1924, ac yn y rhifyn i ddathlu trichanmlwyddiant y Bedyddwyr ym 1948–9 cyfrannodd dair erthygl, un ar ddechreuadau'r enwad yn Ilston,

Rhydwilym, Olchon, Llanafan a'r Gelli Gandryll, un arall ar Jenkin Jones, Cilgerran, ac un eto ar duedd haneswyr Lloegr i anwybyddu cyfraniad hen Fedyddwyr Cymreig. Dychwelodd at y pwnc olaf hwn pan draddododd ddarlith gerbron Cymdeithas Hanes Bedyddwyr Lloegr ym mis Ebrill 1958. Yn ei frawddeg agoriadol ceryddodd yr hanesydd Alfred C. Underwood am gyfyngu ei dystiolaeth yn ei *History of English Baptists* (1947) i bawb ond y Cymry. What a wonderful flourish of disregard!' meddai, gan beri i'r gynulleidfa ryfeddu at yr hynafgwr tanllyd a safai o'u blaen.[46]

Pan ildiodd Doc Tom yr awenau i B. G. Owens fel golygydd y *Trafodion*, talwyd teyrnged hael iddo gan ei olynydd am gynnal y cylchgrawn a'i lywio'n ddi-fwlch drwy'r wasg 'gyda manyldeb a gofal sy'n dystiolaeth groyw i'w hir amynedd a'i lwyr feistrolaeth ar ei bwnc'.[47] Y mae'n glod iddo hefyd ei fod wedi cynorthwyo Mr Owens drwy anfon, yn gwbl ddigymell, ffrwd o ysgrifau i'w cyhoeddi yn y *Trafodion* yn ystod deng mlynedd olaf ei fywyd. Yn eu plith yr oedd ysgrifau manwl ar hen Fedyddwyr Môn ac Arfon, hanes Capel y Cildwrn, sef capel Christmas Evans ym Môn, bywyd a gwaith Sorobabel Davies o Sanclêr, a ffawd Bedyddwyr Cymru a fu'n ymorol am gymorth Pwyllgor y Dirprwyon Anghydffurfiol Protestannaidd yn y ddeunawfed ganrif.[48] Er bod y cyfraniadau hyn yn gyforiog o ffeithiau blasus, y mae'n drueni na cheisiodd Doc Tom fynd ar drywydd pwnc a godasai yn y *Trafodion* mor gynnar â 1929 mewn ysgrif fer a di-sôn-amdani yn dwyn y teitl 'Ffyrdd a Therfynau'. Dengys hon nad oedd disgyblaethau'r cymdeithasegydd a'r daearyddwr yn ddieithr iddo, ac y mae rhannau ohoni hefyd yn brawf pellach o'i ddawn lenyddol. Sôn y mae isod am batrymau enwadol yng ngogledd sir Aberteifi:

Effaith y cymhelri enwadau yma yw cyhoeddi Ichabod uwchlaw y ffilosoffi newydd a fyn daeru mai mesur pen dyn, a siap ei benglog, sydd yn penderfynu ei gredo ac osgo ei feddwl. Oni ddywed ambell un fod gan lawr y ddaear yr ydym yn byw arni lawer i'w wneud a'n tueddiadau crefyddol? Pa fodd, yn wyneb yr heresïau gor-wyddonol yma, y mae cyfrif am Wesleaid neilltuedig Ystumtuen, am feudwyaid Annibynnol Drwsycoed, am Fedyddwyr selog y Tafarnau Bach? Os cydnebydd haneswyr a'r mesurwyr pennau fod yr hen elfen Wyddelig yn dal yn gryf yng ngwaed trigolion Gogledd Penfro, gorynys Llŷn, ac ynys Fôn – pa sut yn y byd y bu i'r rhai cyntaf dderbyn y ffydd Fedyddiedig gydag awch, pa reswm i'w roi dros fod y lleill mor ymarhous i'w chredu? Sicrach gwaith o lawer yw sefydlu'r meddwl ar ruthr goddaith gynnar crwsadau, ar yr adwaith a ddilynodd, ar y gwagleoedd a adawyd yn gyfle a siawns i grwsadau diweddarach; cadw'r ddau lygad hefyd yn llydan agored i sylwi ar rediad y tir a chwrs anochel ffyrdd a llwybrau.

Pennau pwysig yn yr un bregeth ddaearyddol yw gwylied tro sydyn mewn afon, dilyn hafn cul rhwng dwy ysgwydd o fynydd, a synnu pa mor effeithiol y gall siglen cors weithiau gadw mudiad yn ei unfan am fwy na chenhedlaeth.[49]

Hawdd credu y byddai awduron mor wahanol i'w gilydd ag Iorwerth C. Peate, E. G. Bowen ac Ieuan Gwynedd Jones wedi gwerthfawrogi'r ymagweddu cymdeithasegol hwn, ond, ac eithrio ambell gyffyrddiad wrth drafod crefydd yn sir Gaerfyrddin ac yn Llanfaches,[50] nid aeth Doc Tom i'r afael â'r berthynas gymhleth rhwng cymhellion ysbrydol a datblygiadau cymdeithasol ac economaidd. Eto i gyd, bu ei gyfraniadau'n sail ardderchog ac anhepgor i gyfrol safonol T. M. Bassett ar Fedyddwyr Cymru.[51]

Os elwodd Cymdeithas Hanes y Bedyddwyr ar ei wasanaeth, felly hefyd athrawon a myfyrwyr Coleg y Bedyddwyr, Bangor, ac yn fwyaf arbennig ei gyd-addolwyr yng nghapel Penuel, Bangor. Gwyddai fwy am hanes y capel hwnnw na neb, ac ar achlysur dathlu trydydd jiwbilî Penuel fe'i gwahoddwyd i draethu ar 'Y Tri Phenuel', sef y capel cyntaf a godwyd yn Stryd y Ffynnon ym 1814, yr ail yn Lôn y Garth a'r trydydd yn Lôn y Cariadon ym 1952.[52] Etholwyd ef yn ddiacon ym 1929 a chyfeirid ato gydag anwyldeb fel 'Tad y Sêt Fawr'. Casâi weddïau hirwyntog a phregethwrol ('y gweddïau *omnibus*', chwedl ef) ac yr oedd ei weddïau ef ei hun bob amser yn gryno: 'Y weddi fer, afaelgar, *direct*, a'i piau hi,' meddai wrth Undeb Bedyddwyr Cymru ym 1956.[53] Adwaenai ei gyd-aelodau yn drwyadl ac nid oedd ei hafal fel cyhoeddwr yn y sêt fawr. Brithai ei gyhoeddiadau â sylwadau anghonfensiynol a gogleisiol. Wrth groesawu glasfyfyrwyr, er enghraifft, byddai'n ymuniaethu â hwy drwy esgus bod dan deimlad: 'rhai wynebau cyfarwydd yn eich plith chi, amryw o wynebau newyddion; rhyw sylwi fod deigryn ar ambell i rudd, hiraeth am ryw gapel bach yn y sowth!'[54] Gofalai am ddosbarth o fyfyrwyr yn Ysgol Sul Penuel a byddai bob amser yn paratoi'n fanwl ar eu cyfer ac yn ysgogi ymateb ganddynt. Weithiau, fodd bynnag, byddai ei wylltineb yn tramgwyddo'r aelodau. Er enghraifft, ryw fore Sul adeg tymor y Diolchgarwch, a Phenuel wedi ei addurno â blodau a ffrwythau hardd, bloeddiodd 'Paganiaeth noeth!' pan gyrhaeddodd, ac ar ôl y gwasanaeth bu raid i'r gwragedd symud popeth ond y Beibl oddi ar Fwrdd y Cymun.[55] Ond cymaint oedd ei ymroddiad i'r capel fel na fyddai neb yn dal dig yn ei erbyn. Gwyddent fod 'dweud y plaendra' yn rhan annatod o'i gymeriad ac nad oedd ef ei hun yn brin o'r hyn yr hoffai ei alw yn 'rasusau mawr Cristionogol'. Yn ystod blynyddoedd ei ymddeoliad, byddai galw mawr am ei wasanaeth fel darlithydd, gan ei bod yn hysbys dros gylch eang fod ganddo ddawn i fynegi ei feddwl ar lafar 'na chafodd ond ychydig o feibion dynion ei chyffelyb'.[56] Nid gormod dweud iddo dyfu'n ffigur chwedlonol ar sail ei gynneddf fel traethwr. Gan ei fod yn arbenigwr ar hanes crefydd, derbyniai'n gyson wahoddiadau i gynorthwyo eglwysi neu gymdeithasau a oedd yn paratoi i ddathlu canmlwyddiant neu ddaucanmlwyddiant neu jiwbilî o ryw fath. Byddai'n paratoi anerchiad sylweddol, wedi ei seilio ar ffeithiau cedyrn, ac yn aml hefyd byddai'n llunio llawlyfr wedi hynny i ddathlu'r achlysur yn deilwng. Gwnaeth hynny, er enghraifft, yn achos Bedyddwyr Llanwenarth a Methodistiaid Rhydlios a Thŷ Mawr yn Llŷn. Ac er ei fod yn Fedyddiwr digymrodedd, trafodai athrawiaethau a rhagdybiau enwadau eraill mewn ysbryd rhagorol. Pur anaml hefyd y byddai'n gwrthod gwahoddiad i draddodi darlith dan nawdd Adran Efrydiau Allanol y Brifysgol neu Gymdeithas Addysg y Gweithwyr neu Goleg Harlech. Er na ddysgodd erioed sut i yrru car, byddai wrth ei fodd yn teithio mewn car cyflym neu, yn fwy hamddenol, mewn bws a thrên. Paratôi'n fanwl, ac ysgrifennu'r ddarlith gyfan neu fraslun ohoni yn ei lawysgrifen gyhyrog, gan ddefnyddio *relief nib* ac inc du yn ddi-ffael. Nid pwt o sgwrs a geid ganddo, ond anerchiad hirfaith. Ar ddiwrnod poeth eithriadol yn haf 1952, er enghraifft, a chapel Llanwenarth dan ei sang a 'thorchau o chwys ar ddyn cyn iddo ddechrau ar ei waith', mynnodd draethu am awr a hanner.[57] Dychrynwyd aelodau o Gymdeithas Gymraeg Y Bermo pan ddywedodd (heb awgrym o wên) ar ôl bod yn siarad am awr gyfan ei fod newydd orffen rhagymadroddi ar ei bwnc.[58] Parchai Doc Tom gynulleidfaoedd a oedd yn disgwyl tipyn mwy na bwyd llwy ac wfftiai at y rhai a'i cyhuddai o fod bob amser yn hir a beichus.

Yr oedd y dull Rhisiardaidd o ddarlithio yn unigryw. A'i lygaid yn 'eryru' dros ben ei sbectol rimyn-aur, torsythai gerbron y gynulleidfa cyn dechrau traethu'n llifeiriol ddiatal. Mewn llais main, trwynol, siaradai'n herciog ryfeddol, gan dynnu'n drwm ar dafodiaith gyfoethog gogledd Ceredigion a chan ddefnyddio geiriau ac ymadroddion yn dwyn blas y pridd nad oeddynt mewn cylchrediad cyson nac mewn unrhyw eiriadur. Bathai eiriau newydd at ei bwrpas ef ei hun ac er mwyn synnu neu ddrysu gwrandawyr. Chwifiai ei fys blaen bron yn ddi-baid a brithai ei ddarlith ag ebychiadau fel 'No!', 'Bluff!' a 'Wê-el'. Amrywiai oslef ei lais ac amseriad cymal yn berffaith, a phan gyfeiriai at unrhyw un o'i gaseion byddai'n troi ei ben yn sydyn ac yn ffroeniadu. Yr oedd pob darlith o'i eiddo mor llawn o ffeithiau a dyddiadau fel yr oedd gofyn iddo ddyfeisio ffyrdd bachog o gynnal diddordeb gwrandawyr. Weithiau byddai'n gweiddi 'Rhowch glap' yng nghanol darlith er mwyn deffro'r sawl a oedd yn hepian, a thro arall byddai'n saethu cwestiynau at y rhai mwyaf swrth a diymateb. Pan fyddai rhai o'i gyfeillion, yn enwedig Bob Owen, yn bresennol, dywedai bethau carlamus iawn. Honnai R. T. Jenkins na fyddai byth yn meddwl am Doc Tom 'heb bwff o chwerthin' ac yr oedd haen drwchus o ddigrifwch bob amser yn rhedeg drwy ei ddarlithiau. Weithiau, rhaid cyfaddef, byddai ei hiwmor sych yn torri i'r asgwrn. Pan gyrhaeddodd rhyw werinwr diymhongar a phrysur ddarlith o'i eiddo yn Eifionydd hanner awr yn hwyr, tynnodd Doc Tom ei wats o'i boced a gweiddi 'Amser da i ddod i mewn i gyfarfod.'[59] Llawer mwy hwyliog oedd ei ymateb i ryw Fonwysyn hirwyntog a gwenieithus a gynigiai 'bleidlais o ddiolch' iddo ar ôl ei ddarlith. Cododd ar ei draed, tynnu ei wats o'i wasgod, a bloeddio, 'Maddeuwch i mi, syr, ond mae'n rhaid i mi ddal y bws i Fangor. Ond ewch chi 'mlaen i ganmol y ddarlith – â chroeso mawr.'[60]

Bu Doc Tom hefyd yn weithgar mewn sawl maes arall. Bu'n olygydd ar y *Journal of the Welsh Bibliographical Society* rhwng 1927 a 1931. Rhwng 1928 a 1949 cynrychiolai Urdd Graddedigion Prifysgol Cymru ar y Bwrdd Gwybodau Celtaidd, ac ef oedd cadeirydd y Pwyllgor Hanes a Chyfraith ym 1947–8.[61] Yr oedd ymhlith sefydlwyr Cymdeithas Hanes Sir Gaernarfon ym mis Hydref 1938 ac yn Gadeirydd Cyngor y Gymdeithas honno o'r cychwyn cyntaf hyd at 1957. Ac yntau mor weithgar dros y gymdeithas, nid oedd angen iddo gadw trwyn ei gyd-weithwyr ar y maen. Dilynent ei esiampl. 'Pa sawl corff', gofynnai Doc Tom ym 1946, 'a all ymffrostio mewn llai o gyfarfodydd a gwell gwaith!'[62] Byddai ei sylwadau yn adroddiadau blynyddol y gymdeithas bob amser yn werthfawrogol ac yn ddoniol. Er enghraifft, wrth groesawu'r bwriad i wahodd Bob Owen i annerch y gymdeithas ar yr ymfudo i America, meddai: 'Rwyf yn ceisio dyfalu yn awr faint o amser a gymer yr anerchiad.'[63] Ac wrth gyflwyno darlithwyr gwadd, byddai ganddo stôr o sylwadau pryfoclyd i ogleisio cynulleidfa.

Fel y gŵyr y sawl a drigai ym Mangor ym mlynyddoedd ymddeoliad Doc Tom, yr oedd yn adroddwr straeon rhyfeddol o ffraeth ar ei aelwyd, a gallai draethu am oriau maith heb flino ei hun na blino ei wrandawr. Yr oedd ei gof, megis ei wybodaeth, yn ddihysbydd. Wedi iddo lenwi ei bibell â *Gold Flake* a'i thanio, byrlymai'r atgofion yn genllif llawn – am ei gymdogion yn Ynystudur, am gymeriadau lliwgar fel L. R. Roose ac Allen Bach Y Bryn, am gyfarfodydd difyr ar Lannau Mersi yng nghwmni Pedr Hir, Pedrog, Madryn a Gwilym Deudraeth, am y rhigymu a'r parodïo yn 'Nymbar Tŵ', ac am bob math o droeon trwstan, gwir a dychmygol. 'Death of Famous Welsh Sage' oedd y pennawd yn y *Liverpool Daily Post* adeg ei farwolaeth,[64] ac y mae'n gwbl briodol fod chwe enghraifft yn ymwneud ag ef i'w canfod yng nghyfrol Tegwyn Jones o anecdotau llenyddol.[65] Unwaith yr oedd wedi dechrau adrodd stori, byddai ei lygaid yn gloywi, chwyrlïai mwg y bibell o'i gwmpas, ac nid oedd dim i'w wneud ond eistedd yn ôl a gwrando. Ar ôl aildanio'i getyn, âi ymlaen at y stori nesaf. Câi gymaint o flas ar adrodd stori fel na ellid peidio â mwynhau gwrando ar y Cardi ffraeth hwn yn mynd trwy ei bethau. Ni chollasai acen ei henfro na'i hymlyniad wrthi, a phan gyhoeddodd T. I. Ellis ei gyfrol *Crwydro Ceredigion* fe'i ceryddodd yn hallt am esgeuluso hanes Tal-y-bont a'i wahodd i ddod i neuadd y pentref hwnnw mewn 'sachliain lwyd hir' i erfyn am faddeuant.[66] Rhyfeddai Thomas Parry a Bob Owen at afiaith ei barabl ac ymddengys fod y ddau yn gallu ei ddynwared i'r dim. Ac yntau'n gwrando'n gyson ar raglenni radio ac yn ddarllenwr mawr ar bapurau newydd a chylchgronau Cymraeg a Saesneg, yr oedd yn gallu traethu ar amryw fyd o bynciau. Ac oni bai fod David Gerard, Sgotyn o dras Gymreig a gawsai lety fel un o'r noddedigion ym mlynyddoedd y rhyfel ar aelwyd Doc Tom, wedi nodi hynny yn ei hunangofiant, ni fyddem yn gwybod mai un o 'wendidau' cudd prif hanesydd y Piwritaniaid oedd darllen nofelau ditectif:

> In the parlour, another dimension of the scholarly life was revealed, his only weakness, as donnish a pastime as his other labours and a recreation characteristic of the Thirties: devotion to the detective story, the well-made (specifically British) whodunit. Stacked up in piles around the walls, unshelved, were the Crime Club thrillers of the day, all brand new in their jackets at seven shillings and sixpence read once and discarded. Such bookish extravagance bewildered me. 'Freeman Wills Crofts I think the master', he said with a solemn smile.[67]

Ni cheir cymaint ag un cyfeiriad yn ei lythyrau a'i weithiau at ei hoffter o nofelau cyffrous. Ar dudalennau parchus *Y Traethodydd*, mynnai mai darllen cofiannau oedd ei hyfrydwch: 'Cofiant da i'w ddarllen gyda'r nos – dyna fi ar ben fy nigon, ac ar delerau da â'r byd.'[68] Beth bynnag am hynny, y peth pwysig i'w nodi yw fod digon o ddeunydd sgwrs a saga yn y llyfrau hyn. Yn ôl Thomas Parry, 'gogoniant sgwrs â Thomas Richards oedd nad oedd raid i ddyn yn fynych wneud fawr ddim ond gwrando'.[69] Hoffai wahodd cyfeillion am sgwrs a thamaid o swper ar nos Sul, a darganfu sawl gweinidog yr Efengyl a myfyriwr prifysgol hefyd fod aelwyd groesawus ym Mryn Awel, a bod y penteulu yn gwmnïwr heb ei ail. Afraid dweud hefyd fod ei ddiddordeb mewn pêl-droed mor fyw ag erioed yn ei henaint, er nad oedd yn brasgamu i Ffordd Farrar ar brynhawn Sadwrn mor rheolaidd ag y buasai.

Cryn ergyd i Doc Tom fu colli ei wraig garedig a chroesawus ar 5 Mai 1952. 'Mary'r wraig dda ddiwyd', meddai wrth Bob Owen, 'wedi ein gadael ni 12.30 Llun yn ei chwsg heb ddweud gair o ffarwel wrth neb ohonom. Yr orau o'r gwragedd.'[70] Byddai Bob bob amser yn gweld Mary Richards yn debyg iawn i 'hen famau rhagorol Cymru Fu'.[71] Enillodd enw da yn y cylch am ei pharodrwydd i hyfforddi plant a phobl ifainc ymhlith Methodistiaid Calfinaidd y Tabernacl (âi Doc Tom ar ei ben ei hun i blith Bedyddwyr Penuel) ac am y lletygarwch cynnes a roddid i fyfyrwyr ar ei haelwyd. A da yr atgoffwyd y gynulleidfa yn ei hangladd na fuasai ei gŵr wedi cyflawni degwm o'i waith enfawr fel hanesydd a llyfrgellydd oni bai am yr ymgeledd di-feth a diachwyn a gawsai gan ei wraig.[72] Gofalwyd am Doc Tom wedi hynny gan ei ferch Rhiannon, ac yr oedd yn gysur mawr iddo fod ei ferch arall, Nest, wedi priodi Bedyddiwr, sef Gwilym Beynon Owen, cofrestrydd cynorthwyol yng Ngholeg Prifysgol Gogledd Cymru, Bangor. Yr oeddynt yn byw o fewn cyrraedd ym Mangor Uchaf, a'u dwy ferch – Elen a Mari – yn gannwyll ei lygad.[73]

Wedi colli ei briod, dibynnai Doc Tom fwyfwy hefyd ar gyfeillgarwch a lletygarwch Bob Owen a Nel. Pan fyddai'n dyheu am 'awyr y mynydd',[74] âi i Groesor am seibiant, fel arfer ym mis Awst, a diolchai'n llaes i'r 'hen hogan go lew' (fel y cyfeiriai Bob at ei wraig) am 'y ddau laeth, y pwdin reis, a'r cwbl'.[75] Daliai i ohebu â Bob a'i ganmol a'i ddwrdio am yn ail. Ychydig o gydymdeimlad a oedd ganddo o hyd â heddychwyr a chenedlaetholwyr, ac ar dro derbyniai Bob Owen lythyrau miniog iawn. Gan gyfeirio at Eisteddfod Genedlaethol Caerffili ym 1950, meddai: 'Sylwais ar asyneiddiwch Gwenallt yn ei feirniadaeth, ac asyneiddiwch llai Amanwy. Yr unig wahaniaeth rhwng Jim Griffiths a Gwenallt yw bod y cyntaf wedi gweithio ar y

16.   Thomas Richards, Nel Owen a Bob Owen o flaen Ael-y-bryn, Croesor.
(Llun: Amgueddfa Werin Cymru).

glo am flynyddoedd, a'r ail ddim. Pa le y mae'r *realism?*[76] Gwyddai
Doc Tom sut i gythruddo ei gyfaill ac, yn sgil 'yr etholiad mwyaf
chwerw-siomedig o bob un' (chwedl Gwynfor Evans)[77] ym Meirionnydd
ym 1959, yr oedd ei sylwadau ar Blaid Cymru yn gyfuniad o ddirmyg
a chasineb:

> Meirion! Piti am Gwynfor fel person, ond am yr achos y saif drosto,
> *nid oes dim dyfodol iddo*, tra pery Llafur mor gadarn *yng* Nghymru
> (yn ol y results, y maent mor gadarn ag erioed). Wfft i'r *brolio* a'r
> *ymffrost gwag* sydd gyda'r Blaid – pam fod mor blentynnaidd. Gwelaf
> fod Gwynfor yn y papur heddiw yn dechrau ar frolio newydd – rhyw
> undeb mawr rhwng Llafur a'r Blaid – nid oes y gobaith lleiaf i'r fath
> *idea* . . . Efallai fod Lystan Morgan yn foy da, ond dywedodd, yn ôl y
> papur, beth dwl iawn ddoe: '*I have stood here in the name of my
> nation*'. Nodweddiadol iawn o'r blaid, serch hynny. *Hwy* yw'r unig
> Gymry, gellid meddwl.[78]

Wedi i'r storm ostegu, byddai'r ddau'n cytuno i anghytuno ar faterion
gwleidyddol. Ond tristawyd Bob Owen yn fawr gan amharodrwydd
ei gyfaill i ddadlau dros hawliau Cymru fel cenedl.

Yn ystod y pumdegau hefyd daeth cyfle pellach i Doc Tom bryfocio
a thynnu coes ei gyfaill. Cytunodd y ddau (wedi peth perswâd) i
ymddangos mewn rhaglen Gymraeg ar y teledu ar 21 Hydref 1953.

17.   'Y cymeriadau sy'n mynd . . . y lliw sy'n mynd': Thomas Richards
a Bob Owen. (Llun: Ifor Owen).

Credai Doc Tom mai'r '*television* yw prif felltith y dyddiau',[79] ond ildiodd i'r demtasiwn i groesi cleddyfau yn gyhoeddus â Bob ynghylch rhai o enwogion Cymru, gan gynnwys Syr John Wynn o Wedir a John Elias o Fôn. Hywel Davies oedd y cadeirydd ac, yn ôl Bob, 'tipyn o gamp fu fy nghadw rhag ymwylltio'n ormodol pan wnâi Doc Tom, yn ôl ei arfer, rai sylwadau go bigog'.[80] Bu canmol mawr ar y rhaglen ac, yn ôl John Roberts Williams, golygydd *Y Cymro*, 'pe buasai Bob Owen yn Sais buasai'n gwneud i Gilbert Harding ymddangos yn rhyw oen llywaeth (neu oen swci) wrth ei ochr, ac ni buasai sôn am bobl fel A. G. Street ar seiadau holi radio Lloegr pe buasai "Doc Tom" yn Sais'.[81] Cymeradwywyd y rhaglen yn hael gan ffyddloniaid capel Penuel a dywedodd un wraig (na wyddai fod Bob Owen saith mlynedd yn iau nag ef) wrth Doc Tom ei bod 'yn gràc wrth *yr hen ŵr* am dorri ar eich traws'.[82] Ond rhag iddo ef a'i gyfaill fynd yn destun sbort, gwrthododd Doc Tom bob gwahoddiad wedi hynny i ymddangos ar y teledu.

Ym machlud ei oes daeth cawod o anrhydeddau i'w lonni. Ym mis Mai 1958 cyflwynwyd iddo Fathodyn Anrhydeddus Gymdeithas y Cymmrodorion i gydnabod ei wasanaeth diflino i hanes a diwylliant

Cymru.[83] Cyflwynwyd yr anrhydedd gan R. T. Jenkins, gŵr a'i hadwaenai'n well na neb ac a fyddai, wedi ei farw, yn llunio o leiaf bum ysgrif goffa gynnes iddo. Y flwyddyn ganlynol, mewn seremoni yn Aberystwyth ym mis Gorffennaf, derbyniodd gan Brifysgol Cymru radd Doethur yn y Cyfreithiau *honoris causa*, a'r cyflwynydd y tro hwn oedd cyfaill agos arall, sef y Prifathro Thomas Parry.[84] Ymhlith yr enwogion a anrhydeddwyd y diwrnod hwnnw yr oedd Syr Ifan ab Owen Edwards, Syr Edmund Davies, Syr Emrys Evans a Syr Lewis Casson. Eto i gyd, yr anrhydedd a roes fwyaf o foddhad iddo oedd ei ethol yn llywydd Undeb Bedyddwyr Cymru ym 1957.[85]

Fel y treiglai'r pumdegau yn ei blaen, gwaethygai ei iechyd. Fe'i blinid gan y clefyd melys, trafferth â'i bledren a phyliau o'r bendro. 'Blwyddyn *gomon* iawn oedd 1961 i mi', meddai wrth olygydd *Seren Cymru*, 'cyfres o afiechydon henaint yn niwsans glân.'[86] Erbyn diwedd ei oes, yr oedd hefyd yn drwm iawn ei glyw. Bu dan driniaeth droeon yn yr ysbyty a bu farw yno, yn 84 mlwydd oed, ar 24 Mehefin 1962. Fe'i claddwyd ym mynwent gyhoeddus Bangor a daeth tyrfa gref i'w angladd.

Y mae'n briodol rywsut fod y gŵr a osododd garreg sylfaen hanesyddiaeth Anghydffurfiaeth Gymreig wedi marw ym mlwyddyn coffáu trichanmlwyddiant y 'Cload Allan' (chwedl ef), proses y gwnaeth ef gymaint â neb i'w egluro. Ar ddiwedd haf 1962 cyhoeddodd R. Tudur Jones a B. G. Owens fywgraffiadau gwerthfawr iawn o'r Piwritaniaid a ddiswyddwyd yng Nghymru rhwng 1660 a 1662.[87] Yr oedd Doc Tom wedi bwriadu llunio rhagair i'r astudiaeth honno, ond bu farw cyn dechrau ar y gwaith. Ond mewn sgwrs flaenorol ag R. Tudur Jones dywedodd mai byrdwn ei neges fyddai mai 'Muth yw 1662' neu, mewn geiriau eraill, mai yn araf, ac am wahanol resymau, y ciliodd y Piwritaniaid o'r Eglwys Sefydledig yn ystod y cyfnod 1660–2 ac mai pen draw'r proses oedd Dydd Gŵyl Sant Bartholomeus ym mis Awst 1662. Glynasai'n dynn wrth y farn honno ers ei ddyddiau cynnar fel ymchwilydd ac fe'i cadarnhawyd gan y dystiolaeth a gyflwynwyd gan R. Tudur Jones a B. G. Owens.

Y mae'n briodol hefyd fod Doc Tom wedi darfod ar drothwy degawd cynhyrfus yn hanes Cymru. Tybid y pryd hwnnw, yn gam neu'n gymwys, fod yr hen gymeriadau yn cilio o'r tir yn sgil diflaniad yr hen ffordd Gymreig o fyw. Dyna oedd leitmotif y soned '1962' a gyfansoddwyd gan Eirian Davies i goffáu tri o werinwyr galluocaf ac anwylaf yr oes, sef Bob Lloyd (Llwyd o'r Bryn), Bob Owen, Croesor, a Doc Tom:

I gegin gefn y genedl daeth y beili-bwm
Eleni, a chymryd peth o'r celfi gorau;
Bellach pa ryfedd fod y lle mor llwm, mor llwm,
A'r gwacter yn dieithrio rhwng y ffenestri a'r dorau.
Mynd â'r celfi gwerinol plaen, rhai glân fel y pin,
Â rhyw dwtsh gwahanol iddynt o ran eu gwneuthuriad
(Fel pe na bai eu bath eisoes yn ddigon prin
I wneud i'r galon golli curiad).
Y ddresel o Gefnddwysarn, o bethau gwledig yn llawn
– Y pethau sy'n ddiddorol fel pob dim a oroeso'r
Canrifoedd; a'r ddwy gist drystiog a'u hanes yn hen iawn,
Y naill wedi dod o Daliesin a'r llall o Groesor.
Y Beili Angau, a ddaethost yma fel chwalwr
Am i ti glywed bod y genedl wedi mynd yn fethdalwr?[88]

Gan ddilyn yr un trywydd, lluniodd John Roberts Williams golofn olygyddol yn *Y Cymro* yn dwyn y teitl 'Y bennod olaf', gan hiraethu am y 'cymeriadau sy'n mynd . . . y lliw sy'n mynd'.[89] Mewn ysgrif goffa gampus, honnodd Emyr Gwynne Jones na welid eto neb tebyg iddo yng Nghymru,[90] a da y dywedodd R. T. Jenkins: 'Nid oedd ond un "Doc Tom".'[91]

Nodiadau

Pennod Un

1. R. T. Jenkins, 'Cyflwyno Bathodyn y Gymdeithas i Syr David Hughes Parry a'r Dr. Thomas Richards', *THSC* (1958), 10–22.

2. *AC*, t.76.

3. LlPCB, Llsgr. Bangor 4587, rhifau 6, 10.

4. E. D. Jones, 'Moliant y Beirdd i Geredigion', *Llawlyfr Cymdeithas Ceredigion Llundain*, VI (1950–1), 8.

5. Thomas Richards, *Cymru a'r Uchel Gomisiwn 1633–1640* (Lerpwl, 1930), Rhagair a t.18.

6. D. Gerwyn Lewis, 'Astudiaeth o Iaith Lafar Gogledd Ceredigion' (traethawd MA anghyhoeddedig Prifysgol Cymru, 1960), t.v; D. J. Evans, *Hanes Capel Seion* (Aberystwyth, [1935]), tt.126–30.

7. *Royal Commission on Land in Wales and Monmouthshire* (5 cyfrol, London, 1895), III, t.744.

8. LlGC, Cyfrifiad 1891, RG12/4560. Ceulan-a-Maesmor.

9. LlGC, Cyfrifiad 1891, RG12/4560. Llangynfelyn.

10. *AC*, t.14.

11. Kenneth O. Morgan, 'Cardiganshire Politics: The Liberal Ascendancy, 1885–1923', *Ceredigion*, V, rhif 4 (1967), 322; Richard Phillips, 'Amaethyddiaeth Sir Aberteifi', *Llawlyfr Cymdeithas Ceredigion Llundain*, XIII (1957–8), 14–20.

12. W. Evans, 'Crybwyllion Bywgraffyddol am Mr. Edw. Mason, Penbryn-moelddu, cylchdaith Ystumtuen', *Yr Eurgrawn Wesleyaidd*, LXVIII (1876), 397–9; J. Henry Griffiths, *Bro Annwyl y Bryniau. Atgofion am Ystumtuen* (Aberystwyth, 1988), tt.49–51.

13. LlGC, Cyfrifiadau 1841, 1851, 1861, 1871, 1881.

14. *AC*, t.13.

15. Bob Owen, 'Doc Tom', *Y Crynhoad*, II, Ionawr 1952, 42.

16. G. R. M. Lloyd, 'Y Dr. Thomas Richards', *Seren Cymru*, 17 Mawrth 1978.

17. *AC*, tt.17–18.

18. *Royal Commission on Land* (1895), III, tt.742–6.

19. Gw., er enghraifft, *Cwrs y Byd*, I, rhif 1 (1891), 32–3; *Y Celt*, 28 Hydref 1892, 2–3; David A. Pretty, 'Gwrthryfel y Gweithwyr Gwledig yng Ngheredigion, 1889–1950', *Ceredigion*, XI, rhif 1 (1988–9), 41–57.

20. *Royal Commission on Land* (1895), III, t.743.

21. LlGC, Papurau Ystad Gogerddan, AA13.

22. *AC*, t.21; Richard Colyer, 'The Pryse Family of Gogerddan and the Decline of a Great Estate, 1800–1960', *CHC*, 9, rhif 4 (1979), 414–15.

23. *AC*, tt.21–2.

24. R. Geraint Gruffydd, 'Why Cors Fochno?', *THSC* (1995), 5–19.

25. Evan Isaac, *Coelion Cymru* (Y Clwb Llyfrau Cymreig, 1938), tt.45–9.

26. W. J. Lewis, *Lead Mining in Wales* (Cardiff, 1967), t.374.

27. Gwyn Jenkins, 'Hetwyr Llangynfelyn', *Ceredigion*, X, rhif 1 (1984), 27.

28. John Hughes, *Methodistiaeth Cymru* (3 cyfrol, Wrexham, 1851–6), II, t.53.

29. R. J. Thomas, *Bedd Taliesin (Taliesin's Grave)* (Amgueddfa Tre'r-ddôl, 1968), t.[3]; Juliette Wood, 'Bedd Taliesin', *Ceredigion*, VIII, rhif 4 (1979), 414–18.

30. Isaac, *Coelion Cymru*, tt.43–5.

31. *AC*, t.27.

32. Ibid., tt.25–6.

33. LlGC Llsgr.16172B.

34. Thomas Richards, 'Hen Flaenoriaid Talybont (Ceredigion)', *Seren Cymru*, 7 Mawrth 1924.

35. R. Tudur Jones, 'Yr Awyrgylchwyr', *Y Cymro*, 22 Awst 1978.

36. Thomas Richards, 'Methodistiaeth Taliesin (1792–1900)', *Y Drysorfa*, CXXV (1955), 107–8.

37. *AC*, t.27.

38. *Y Winllan*, 9, Medi 1897, 220.

39. Thomas Richards, 'Declarasiwn 1687: Tipyn o'i Hanes a Barn Cymro am dano', *TCHBC* (1924), 27, 36, 39.

40. LlGC, Cyfrifiad 1891. Ceulan-a-Maesmor; Archifdy Ceredigion, Llyfr Cofrestr Ysgol Fwrdd Tal-y-bont, 137B, t.28; *AC*, t.14.

41. J. R. Jones (gol.), *Ysgol Llangynfelyn 1876–1976* (Cyngor Llangynfelyn, 1976); Archifdy Ceredigion, Cofrestr Disgyblion Llangynfelyn 1876–1954.

42. Archifdy Ceredigion, Llyfr Lòg Llangynfelyn 46b, tt.51–2.

43. Ibid., t.70.

44. Ibid., t.18.

45. George Ryley Scott, *The History of Corporal Punishment* (London, 1938), pennod VIII; Ian Gibson, *The English Vice. Beating, Sex and Shame in Victorian England and After* (London, 1978), pennod 2.

46. *AC*, t.30.

47. Archifdy Ceredigion, Llyfr Lòg Llangynfelyn 46b, tt.144; Llyfr Cofnodion 152a1, tt.166, 192..

48. *AC*, t.17.

49. Archifdy Ceredigion, Llyfr Cofnodion 152a1, t.241.

50. Archifdy Ceredigion, Llyfr Lòg Llangynfelyn 46b, t.232; Llyfr Cofnodion 152a1, t.255.

51. Archifdy Ceredigion, Llyfr Cofnodion 152a1, tt.272, 275, 289, 294, 300, 313; Llyfr Lòg Llangynfelyn 46b, tt.277–8, 285, 297, 310.

52. AC, pennod 4; Archifdy Ceredigion, Llyfr Lòg Llangynfelyn 46b, tt.349, 357–8; Thomas Richards, 'Yr "Annual Examination"', *Y Dysgedydd*, 142, rhif 6 (1962), 210–13.

53. Archifdy Ceredigion, Llyfr Lòg Llangynfelyn 46b, t.382; Llyfr Cofnodion 152a1, t.331.

54. R. T. Jenkins, *THSC* (1958), 17.

55. Archifdy Ceredigion, Llyfr Lòg Ysgol Fwrdd Heol Alexandra 2Ca, t.271.

56. Ibid., t.284.

57. R. T. Jenkins, *THSC* (1958), 17.

58. Geraint H. Jenkins, *Prifysgol Cymru. Hanes Darluniadol* (Caerdydd, 1993), tt.11–12.

59. AC, t.44.

60. Jenkins, *Prifysgol Cymru*, t.12.

61. R. T. Jenkins, *Edrych yn Ôl* (Llundain, 1968), t.103.

62. E. L. Ellis, *The University College of Wales Aberystwyth 1872–1972* (Cardiff, 1972), t.176.

63. *Aberystwyth Observer*, 3, 10, 17 Tachwedd 1898.

64. AC, tt.72–3.

65. Thomas Richards, 'Atgofion', yn Howard J. Lloyd (gol.), *Crysau Cochion* (Llandysul, 1958), t.91.

66. Peter Parry a Brian Lisle, *The Old Black and Green. Aberystwyth Town FC 1884–1984* (Aberystwyth, 1987), pennod 3.

67. Geraint H. Jenkins, *Cewri'r Bêl-droed yng Nghymru* (Llandysul, 1977), pennod 2.

68. *Y Bywgraffiadur Cymreig*, s.v. L. R. Roose.

69. *RhS*, tt.35–6.

70. *Cwrs y Byd*, I, rhif 1 (1891), 33.

71. AC, pennod 6; Morgan, 'Cardiganshire Politics', 313, 324.

72. *Cwrs y Byd*, I, rhif 1 (1891), 32.

73. Aled Jones, 'Sir John Gibson and the *Cambrian News*', *Ceredigion*, XII, rhif 2 (1994), 57–83.

74. *Cambrian News*, 28 Hydref 1898; AC, t.71.

75. R. T. Jenkins, 'Er Cof: Thomas Richards (1875 [*sic*]–1962)', *TCHBC* (1963), 5.

76. Richards, 'Methodistiaeth Taliesin', 105.

Pennod Dau

1. Am ddisgrifiad llawn o'r croeso traddodiadol, gw. *University College of North Wales Magazine*, XIII, rhif 3 (1904), 36; *UCNW Bangor Students' Song Book* (Bangor, 1924–5), t.7.

2. P. Ellis Jones, *Bangor 1883–1983. A Study in Municipal Government* (Cardiff, 1986), t.257.

3. *Williams' Sixpenny Guide to Bangor* (Bangor, d.d.).

4. LlPCB, Bangor Llsgr.19985, llythyr dyddiedig 10 Medi 1900.

5. LlPCB, Lodging House Register, 1899–1900. Yn ystod y blynyddoedd canlynol (1900–3), bu'n lletya yn 5 Friars Road, 13 Friars Road, ac Osborne House, Ffordd Caergybi.

6. Jones, *Bangor 1883–1983*, t.94 n.1.

7. Gw. J. Gwynn Williams, *The University College of North Wales. Foundations 1884–1927* (Cardiff, 1985) ac idem, *Coleg Prifysgol Gogledd Cymru, Bangor. Canmlwyddiant* (Bangor, 1985).

8. E. Cefni Jones, *Gwili. Cofiant a Phregethau* (Llandysul, 1937), t.35.

9. *University College of North Wales Bangor Calendar* (1900–1), t.175. Gw. y llun yn Geraint H. Jenkins, *Prifysgol Cymru. Hanes Darluniadol* (Caerdydd, 1993), t.43.

10. Williams, *University College of North Wales,* t.181.

11. *UCNW Calendar* (1899–1900), t.175.

12. Thomas Richards, 'Syr John Morris-Jones', *Y Brython*, 25 Ebrill 1929; *AC*, t.91.

13. LlPCB, Bangor Llsgr.19333, llythyr dyddiedig 6 Hydref 1899.

14. J. B. Thomas, 'The Beginnings of Teacher Training at University College, Bangor', *TCHSG*, 44 (1983), 123–53.

15. *AC*, tt.88–93.

16. R. J. Jones, *Troi'r Dail* (Abertawe, 1961), tt.48–9.

17. *AC*, t.110.

18. LlPCB, Bangor Llsgr.19985.

19. David Jenkins, *Thomas Gwynn Jones* (Dinbych, 1973), t.142.

20. LlPCB, Bangor Llsgr.19337. Llythyr dyddiedig 29 Tachwedd 1899.

21. LlPCB, Bangor Llsgr.19345. Llythyr diddyddiad [1900].

22. *AC*, tt.113–16.

23. LlPCB, Llsgr. Lloyd 315, rhif 418. Am folawd i Reichel, gw. D. Emrys Evans, 'Sir Harry Reichel', *The Welsh Outlook*, XVIII (1931), 174–5.

24. *AC*, tt.83, 89.

25. Ibid., tt.83–8.

26. Ibid., t.112.

27. Ifor Williams, 'Syr John Morris-Jones', *Y Traethodydd*, LXXIV (1929), 142; idem, 'Syr John Morris-Jones', *The Old Bangorian*, rhif 8 (1936), 13–14; T. Gwynn Jones, *Cymeriadau* (Wrecsam, d.d.), t.89.

28. J. Griffith Williams, *Omar* (Dinbych, 1981), t.110.

29. *UCNW Magazine*, Rhagfyr 1901, 11.

30. LlPCB, Llythyrau John Morris-Jones at Miss Mary Hughes, Siglan, 1892–.

31. Williams, 'Syr John Morris-Jones', 142; E. Morgan Humphreys, *Gwŷr Enwog Gynt* (Aberystwyth, 1953), t.60.

32. LlPCB, Bangor Llsgr.3427, llythyr dyddiedig 18 Ionawr 1896.

33. *AC*, tt.107–8.

34. D. Tecwyn Evans, *Atgofion Cynnar* (Tywyn, 1950), tt.121–4.
35. LlPCB, Bangor Llsgr.19985, llythyr dyddiedig 1 Mehefin 1899.
36. *AC*, t.108. Gw. hefyd John Emyr (gol.), *Lewis Valentine yn Cofio* (Dinbych, 1983), t.16.
37. LlPCB, Bangor Llsgr.11618.
38. *Y Brython*, 25 Ebrill 1929.
39. Williams, 'Syr John Morris-Jones', 145.
40. W. Glynn Williams a J. Morris-Jones, *A Dozen Hints to Welsh Boys on the Pronunciation of English* (Bangor, 1890).
41. R. M. Jones, *Llenyddiaeth Gymraeg a Phrifysgol Cymru* (Darlith Eisteddfodol y Brifysgol, Llanelwedd, 1993), t.6.
42. LlPCB, Bangor Llsgr.11618. Am ganlyniadau llawn Richards yn y flwyddyn gyntaf, gw. Bangor Llsgr.16465.
43. *Y Bywg.*, t.40.
44. J. E. Lloyd, *Llyfr Cyntaf Hanes* (Caernarfon, 1893), t.[3].
45. J. G. Edwards, 'Sir John Edward Lloyd 1861–1947', *Proc. of the British Academy*, XLI (1955), tt.319–27.
46. Thomas Richards, 'Syr John Lloyd: Atgofion Amdano', *Y Llenor*, 26 (1947), 67.
47. R. T. Jenkins, 'Syr John Edward Lloyd', ibid., 82.
48. Ibid., 77–87.
49. Richards, 'Syr John Lloyd', 68.
50. Ibid., 67.
51. Ibid., 69.
52. *UCNW Calendar* (1899–1903), passim.
53. LlPCB, Bangor Llsgr.16446; *AC*, t.95.
54. LlPCB, Llsgr. Lloyd 315, rhif 415.
55. LlPCB, Llsgr. Lloyd C/21–3.
56. LlPCB, Bangor Llsgr.16716, llythyr dyddiedig 2 Gorffennaf 1903.
57. Ibid.
58. *UCNW Magazine*, Mehefin 1902, 37.
59. Thomas Richards, 'Gwili', *TCHBC* (1935), 59–63.
60. Thomas Richards, 'Three Characters (Circa 1900)', *The Old Bangorian*, rhif 3 (1931), 27–30.
61. *AC*, t.115.
62. LlPCB, Bangor Llsgr.16843.
63. *UCNW Calendar* (1899–1900), tt.48–9.
64. Williams, *University College of North Wales*, t.310.
65. Lewis Valentine, *Dyddiadur Milwr a Gweithiau Eraill*, (gol.) John Emyr (Llandysul, 1988), t.237.
66. *AC*, t.119.
67. Ibid., tt.127–32.
68. Richards, 'Syr John Lloyd', 69.
69. *Punch, or the London Charivari*, 27 Chwefror 1901, 175.
70. LlPCB, Bangor Llsgrau 19341, 19985.
71. LlPCB, Bangor Llsgr.19336, llythyr dyddiedig 28 Tachwedd 1899.

72. R. Tudur Jones, 'Etifeddiaeth Michael', *Taliesin*, 65 (1988), 98.

73. Thomas Richards, 'Characteristics', *UCNW Bangor Students' Handbook* (1905–6), t.16.

74. *UCNW Magazine*, Rhagfyr 1899, 52–3.

75. LlPCB, Bangor Llsgr.19338; Y *Brython*, 25 Ebrill 1929.

76. *UCNW Magazine*, Mawrth 1901, 33–4.

77. Richards, 'Characteristics', 31; *UCNW Students' Handbook* (1904–5), 32.

78. *UCNW Magazine*, Mawrth 1902, 38–40.

79. Ibid., Mawrth 1900, 40–4; Evans, *Atgofion Cynnar*, t.117.

80. *UCNW Magazine*, Tachwedd 1901, 38–9.

81. Ibid., Rhagfyr 1901, 43.

82. *AC*, t.139.

83. *UCNW Magazine*, Mehefin 1902, 30.

84. Kenneth O. Morgan, 'Wales and the Boer War – A Reply', *CHC*, 4, rhif 4 (1969), 367–80; Cyril Parry, *David Lloyd George* (Dinbych, 1984), tt.47–8.

85. *UCNW Magazine*, Rhagfyr 1899, 5.

86. LlGC, Dyddiadur J. Dyfnallt Owen (4 cyfrol, 1897–1900).

87. *UCNW Magazine*, Mehefin 1900, 28.

88. Ibid., Mawrth 1901, 16.

89. *North Wales Chronicle*, Mawrth, Ebrill 1900.

90. Ibid., 14 Ebrill 1900.

91. *AC*, tt.119–20.

92. *UCNW Magazine*, Rhagfyr 1901, 36, 49.

93. Williams, *University College of North Wales*, tt.153–5.

94. Thomas Richards, 'Another Character (Circa 1901)', *The Old Bangorian*, rhif 4 (1932), 27–32; *AC*, tt.97–101, 121.

95. *UCNW Magazine*, Mawrth 1902, 19–25.

96. LlPCB, Bangor Llsgr.19339, llythyr dyddiedig 4 Chwefror 1900.

97. Thomas Richards, 'Atgofion' yn Howard Lloyd (gol.), *Crysau Cochion (Cymry ar y Maes Chwarae)* (Llandybïe, 1958), t.93; *AC*, tt.133–8.

98. *RhS*, t.45.

99. Richards, 'Three Characters', 27–30.

100. *UCNW Magazine*, Mehefin 1903, 26.

101. Ibid., Rhagfyr 1903, 25–6; Jenkins, *Prifysgol Cymru*, t.19.

102. *UCNW Magazine*, Rhagfyr 1903, 31.

Pennod Tri

1. W. J. Gruffydd, *Owen Morgan Edwards. Cofiant. Cyfrol 1, 1858–1883* (Aberystwyth, 1938), t.83.

2. *RhAC*, t.14.

3. Gwasanaeth Archifau Gwynedd, Cofnodion Addysg Sir Feirionnydd, ZA/10/423; ZA/10/376; Z/A/10/1; ZA/10/345.

4. *Towyn-on-Sea and Merioneth County Times*, 26 Chwefror, 19 Mawrth 1903.

5. *RhAC*, t.24.

6. J. C. Edwards, *Guide to Towyn and Neighbourhood* (Towyn, 1903); *The Call of the West. Towyn: An Ideal Resting-Place and Holiday Resort* (Towyn, 1915); *Towyn. Official Guide* (London, 1927); *Bracing Breezy Towyn* (dim man cyhoeddi a d.d.); *John Heywood's Illustrated Guide to Towyn and Aberdovey* (London, d.d.); *The English Visitors' Opinion of Towyn, North Wales* (Oswestry, d.d.).

7. *RhAC*, tt.12–13; *Towyn-on-Sea and Merioneth County Times*, 11 Chwefror 1904, 6 Ebrill 1905.

8. Ar yr wynebddalen dywedid: 'A Non-Political Weekly Newspaper'.

9. *RhAC*, t.19; Geraint Bowen (gol.), *Atlas Meirionnydd* (Y Bala, 1974), t.98.

10. LlPCB, Bangor Llsgr.29173; *Towyn-on-Sea and Merioneth County Times*, 10 Tachwedd, 24 Tachwedd, 1 Rhagfyr, 15 Rhagfyr 1904; 2 Mawrth 1905.

11. *Towyn-on-Sea and Merioneth County Times*, 22 Rhagfyr 1904; 26 Ionawr, 2 Chwefror, 9 Chwefror, 16 Chwefror 1905; *RhAC*, tt.21–2.

12. *Towyn-on-Sea and Merioneth County Times*, 25 Mai 1905.

13. Gw. *RhAC*, Pennod 1.

14. 'Anerchiad y Dr. Thomas Richards', *THSC* (1958), 18.

15. *RhAC*, tt.25–8.

16. W. Gareth Evans (gol.), *Fit to Educate? A Century of Teacher Education and Training 1892–1992* (Aberystwyth, 1992), t.65.

17. *RhAC*, t.32.

18. R. Merfyn Jones a D. Ben Rees, *Cymry Lerpwl a'u Crefydd* (Lerpwl, 1984), t.23; J. Glyn Davies, *Nationalism as a Social Phenomenon* (Liverpool, 1965), tt.24, 27.

19. *RhAC*, t.32.

20. Ibid., t.28.

21. Pat Herington, *Bootle in Times Past* (Chorley, 1979), t.4.

22. *Bootle: Commercially Considered* (Liverpool, 1926), tt. 1–2.

23. Gwilym Meredydd Jones, 'Cymdeithas Gymraeg Lerpwl', *Taliesin*, 49 (1984), 65.

24. Hugh Evans, *Camau'r Cysegr, sef Hanes Eglwys y Methodistiaid Calfinaidd Stanley Road, Bootle* (Lerpwl, 1926), t.64.

25. Gw. D. Ben Rees, *Cymry Lerpwl a'r Cyffiniau. Cyfrol 1* (Cyhoeddiadau Modern Cymreig, 1997).

26. D. Tecwyn Lloyd, *John Saunders Lewis. Y Gyfrol Gyntaf* (Dinbych, 1988), t.42.

27. R. Tudur Jones, *Ffydd ac Argyfwng Cenedl. Hanes Crefydd yng Nghymru 1890–1914. Cyfrol 1. Prysurdeb a Phryder* (Abertawe, 1981), tt.210–46.

28. *Y Bywg.*, t.194.

29. Joseph Davies, *Bedyddwyr Cymreig Glannau'r Mersi* (2 gyf.,

Lerpwl, 1927), I, tt.139–54; Thomas Richards, 'Representative Welsh-men. VIII. Pedr Hir', *Wales*, II (1912), 507–11; idem, 'Pedr Hir', *TCHBC* (1945–7), 61–5; idem, 'Yng Nghwmni Pedr Hir', *RhS*, tt.128–38.

30. Peter Williams (Pedr Hir), *Damhegion y Maen Llog* (Lerpwl, 1922).

31. Cyhoeddodd Je Aitsh lawer o'i ysgrifau a'i erthyglau yn *O'r Mwg i'r Mynydd* (Lerpwl, 1913), *Swp o Rûg* (Liverpool, 1920), *Moelystota* (Lerpwl, 1932) a *Gwin y Gorffennol* (Wrecsam, 1938).

32. *Y Brython*, 8 Chwefror 1906, wynebddalen; ibid., 30 Mai 1907.

33. D. Tecwyn Lloyd, *Safle'r Gerbydres ac Ysgrifau Eraill* (Llandysul, 1970), t.139.

34. J. O. Williams, *Stori 'Mywyd* (Lerpwl, 1932), t.351; Rees, *Cymry Lerpwl*, t.32.

35. *RhAC*, t.44.

36. *Y Brython*, 18 Hydref 1906.

37. Ibid., 9 Ionawr, 23 Ionawr, 6 Chwefror, 22 Hydref 1908; 2 Rhagfyr 1909.

38. Ibid., 7 Tachwedd, 12 Rhagfyr 1907.

39. Hywel Teifi Edwards, *Codi'r Hen Wlad yn ei Hôl 1850–1914* (Llandysul, 1989), tt.239–83.

40. *RhAC*, tt.39–42.

41. Owen Rhoscomyl, 'Bosworth Field', *The Nationalist*, II, rhif 15 (1908), 16–20, a rhif 16 (1908), 6–15.

42. *RhAC*, tt.42–3.

43. *Y Brython*, 4 Ebrill 1907.

44. Ibid., 14 Mawrth 1907; *Seren Cymru*, 29 Mawrth 1907.

45. Peter Williams (Pedr Hir), *Owain Glyndŵr: Drama* (Liverpool, [1915]); Elsbeth Evans, *Y Ddrama yng Nghymru* (Lerpwl, 1947), t.29.

46. Pedr Hir, *Owain Glyndŵr*, tt.30–1.

47. *Y Brython*, 21 Ebrill 1910.

48. Ibid., 8 Rhagfyr 1910.

49. Thomas Richards, 'Atgofion', *Crysau Cochion*, t.94; *RhAC*, tt.49–53.

50. Stephen F. Kelly, *The Illustrated History of Liverpool 1892–1996* (London, 1996), t.211.

51. Richards, 'Atgofion', tt.96–8.

52. *RhS*, tt.40–3.

53. Jenkins, *Cewri'r Bêl-droed yng Nghymru*, tt.11–19.

54. *RhS*, tt.41–2.

55. *Y Brython*, 16 Tachwedd 1911.

56. Ibid., 21 Rhagfyr 1911.

57. *RhAC*, tt.58–9.

58. J. R. Webster, 'Dyheadau'r Bedwaredd Ganrif ar Bymtheg' yn Jac L. Williams (gol.), *Addysg i Gymru*, IV (Caerdydd, 1966), tt.71–5; Gareth E. Jones, *Controls and Conflicts in Welsh Secondary Education 1889–1944* (Cardiff, 1982), tt.5, 10, 25.

59. *The Glamorgan Gazette*, 9 Ionawr 1912.

60. *Maesteg Grammar Technical School 1912–1962* (Glamorgan Education Authority, d.d.), passim.

61. *The Glamorgan Gazette*, 15 Rhagfyr 1922.

62. *Census of England and Wales 1911*. County of Glamorgan, t.16.

63. David Davies, *Tŷ'r Llwyni*. *Some Historical Notes of the Town of Maesteg* (Port Talbot, 1961); Richard G. Keen, *Old Maesteg and the Bridgend Valleys* (Barry, 1979); Brinley Richards, *History of the Llynfi Valley* (Bridgend, 1982); John Lyons a D. R. L. Jones, *The Llynfi Valley in Old Photographs* (D. Brown & Sons, 1994).

64. *Kelly's Directory of Monmouthshire and South Wales* (London, 1920), tt.606–13; *The Glamorgan Gazette*, 28 Rhagfyr 1923.

65. Brinley Richards, *History of the Llynfi Valley*, t.302.

66. Gw. *The Glamorgan Gazette*, 1912–26.

67. *RhAC*, t.92; Peter Stead, 'Vernon Hartshorn: Miners' Agent and Cabinet Minister' yn Stewart Williams (gol.), *The Glamorgan Historian*, VI (1969), tt.83–94.

68. *Y Brython*, 29 Awst 1912; *Y Genedl Gymreig*, 3 Medi 1912.

69. LlPCB, Llsgr.16446.

70. *RhAC*, t.59.

71. LlPCB, Bangor Llsgr.16674A. Ceir englynion gan Pedrog yn Bangor Llsgr.16746.

72. *RhAC*, t.98. Fe'i claddwyd ym mynwent Tabernacl, Capel y Bedyddwyr, Tal-y-bont. Ar ei garreg fedd ceir yr adnod: 'Myfi a ddywedais yn nhoriad fy nyddiau, "Af i byrth y bedd; difuddiwyd fi o weddill fy mlynyddoedd".'

73. LlPCB, Papurau Syr J. E. Lloyd 315, rhif 400, llythyr dyddiedig 11 Hydref 1912.

74. Ar y garreg fedd ceir yr adnodau: 'Efe oedd gannwyll yn llosgi ac yn goleuo' a 'Benyw yn ofni'r Arglwydd, hi a gaiff glod'.

75. Gerwyn Wiliams, *Y Rhwyg. Arolwg o farddoniaeth Gymraeg ynghylch y Rhyfel Byd Cyntaf* (Llandysul, 1993), tt.23, 60.

76. John Rae, *Conscience and Politics. The British Government and the Conscientious Objector to Military Service 1916–1919* (Oxford, 1970), t.20.

77. Gw. *The Glamorgan Gazette*, Medi–Tachwedd 1914.

78. *RhAC*, tt.76–8. 'Am I to be glad or sorry?', meddai wrth J. E. Lloyd ym mis Medi 1916 (LlPCB, Papurau Syr J. E. Lloyd 315, rhif 406).

79. *The Glamorgan Gazette*, 15 Rhagfyr 1922.

80. Ibid., 26 Mawrth 1915.

81. LlPCB, Bangor Llsgr.16675; *RhAC*, tt.69–73.

82. LlPCB, Bangor Llsgr.16675.

83. Ibid.

84. *The Glamorgan Gazette*, 10 Medi 1915.

85. LlPCB, Papurau Syr J. E. Lloyd 315, rhif 404, llythyr dyddiedig 28 Medi 1914.

86. *THSC* (1958), 15.

87. Huw Walters a W. Rhys Nicholas (goln.) *Brinli. Cyfreithiwr, Bardd, Archdderwydd* (Abertawe, 1984), t.107.

88. Llythyr at yr awdur, dyddiedig 6 Medi 1997.

89. Walters a Nicholas, *Brinli,* t.104.

90. *RhAC,* tt.80–1; *The Glamorgan Gazette,* 25 Ebrill 1924; *Y Bywg.,* t.323.

91. *RhAC,* tt.101–2.

92. *The Glamorgan Gazette,* 2 Ebrill 1926; R. G. Berry, *Dwywaith yn Blentyn. Comedi mewn Un Act* (Cardiff, d.d.); Huw Ethall, *R. G. Berry. Dramodydd, Llenor, Gweinidog* (Abertawe, 1985), tt.52–3.

93. *Kelly's Directory,* tt.606–13.

94. *Y Bywg.,* t.323.

95. *The Glamorgan Gazette,* 29 Medi 1916; 12 Mehefin 1925.

96. Brynley F. Roberts, *Cadrawd. Arloeswr Llên Gwerin* (Prifysgol Cymru, Abertawe, 1996), tt.1–5.

97. Gw. Llyfrgell Sir Caerdydd, Llsgr. Caerdydd 1.194.

98. *RhAC,* tt.85–6.

99. *Y Brython,* 25 Awst 1921.

100. *Undeb Bedyddwyr Cymru a Mynwy. Y Llawlyfr. Bethania, Maesteg* (dim man cyhoeddi, 1925), tt.5–9.

101. *RhAC,* tt.107–113; Thomas Richards, 'Allen Bach Y Bryn', *Llafar 1952* (Aberystwyth, 1953), 47–52.

102. *The Glamorgan Gazette,* 12 Awst 1921.

103. *RhAC,* tt.81–4, 93.

104. *The Glamorgan Gazette,* 26 Ionawr 1923.

105. Ibid., 29 Mai, 26 Mehefin, 27 Tachwedd 1925.

106. Ibid., 10 Gorffennaf 1925.

107. *Undeb Bedyddwyr Cymru,* 1925, t.7.

108. *The Glamorgan Gazette,* 3 Hydref 1924.

109. Ibid., 10 Chwefror 1922; 27 Mawrth 1925.

110. Ibid., 22 Hydref 1915; 27 Ionawr 1922.

111. Ibid., 13 Chwefror 1925.

112. Ibid., 23 Gorffennaf 1926.

113. LlPCB, Llythyrau Syr J. E. Lloyd 315, rhif 405, llythyr dyddiedig 8 Ionawr 1915.

114. Ibid., rhifau 408, 429, 430, 437.

115. LlGC, Papurau Bob Owen 36/197, llythyr dyddiedig 11 Chwefror 1925.

116. LlPCB, Llythyrau Syr J. E. Lloyd 315, rhif 417, llythyr dyddiedig 22 Mai 1922.

117. LlPCB, Bangor Llsgr.16676.

118. LlPCB, Llythyrau Syr J. E. Lloyd 315, rhif 437, llythyr dyddiedig 17 Chwefror 1926.

Pennod Pedwar

1. Y *Brython*, 22 Awst 1918; Y *Genedl Gymreig*, 13 Awst 1918; E. Vincent Evans (gol.), *Cofnodion a Chyfansoddiadau Eisteddfod Genedlaethol 1918 (Castell Nedd)* (Llundain, 1919); Hywel Teifi Edwards, 'Tair Prifwyl Castell-nedd' yn idem (gol.), *Nedd a Dulais* (Llandysul, 1994), t.147.

2. Y *Brython*, 11, 18, 25 Awst 1921; E. Vincent Evans (gol.), *Cofnodion a Chyfansoddiadau Eisteddfod Genedlaethol 1921* (Caernarfon, d.d.).

3. LlPCB, Bangor Llsgr.16675.

4. *The Glamorgan Gazette*, 12 Awst 1921.

5. LlPCB, Papurau Syr J. E. Lloyd 315, rhif 413, llythyr dyddiedig 10 Awst 1921.

6. Ar yrfa Griffith John Williams, gw. Ceri W. Lewis, *Griffith John Williams (1892–1963): Y Dyn a'i Waith* (Llys yr Eisteddfod Genedlaethol, 1994).

7. LlPCB, Bangor Llsgr.16717.

8. Merfyn Bassett, *Thomas Shankland Hanesydd* (Undeb Bedyddwyr Cymru, 1966), t.36.

9. *UCNW Song-Book* (Bangor, 1921), rhif 4.

10. *RhAC*, t.55; Thomas Richards, 'Thomas Shankland', *TCHBC* (1926), 3–10; idem, 'Thomas Shankland: Addolwr Ffaith a Drylliwr Delwau', Y *Brython*, 3 Mawrth 1927.

11. LlPCB, Bangor Llsgr.2701, f.1.

12. LlPCB, Papurau Syr J. E. Lloyd 315, rhifau 398–9, llythyrau dyddiedig 9 Mai, 12 Medi 1910.

13. *RhAC*, t.55.

14. Gw. sylwadau J. H. Clapham, 'William Arthur Shaw 1865–1943', *Proc. of the British Academy*, XXIX (1943), 349–55, yn enwedig 'It is as full of meat as an egg but less easy to digest.' Buasai'r disgrifiad hwn wedi gweddu i'r dim i gyfrolau Doc Tom!

15. *RhAC*, t.56.

16. LlPCB, Bangor Llsgr.2701, f.25, llythyr oddi wrth Thomas Shankland, dyddiedig 7 Mehefin 1910; Papurau Syr J. E. Lloyd 315, rhif 399, llythyr dyddiedig 12 Medi 1910.

17. Thomas Shankland, '"Diwygwyr Cymru" Beriah Gwynfe Evans', *Seren Gomer*, XXI–XXV (1901–4).

18. Ibid., XXI (1901), 315.

19. Richards, 'Thomas Shankland', *TCHBC* (1926), 5.

20. Ibid. Gw. hefyd lythyrau Shankland yn LlPCB, Bangor Llsgr.2701, ff.25–9.

21. *RhAC*, t.60.

22. Claude Jenkins, *Ecclesiastical Records* (London, 1920).

23. Geraint H. Jenkins, 'R. Tudur Jones fel Ysgolhaig a Hanesydd', *Cristion*, 83 (1997), 21.

24. *RhAC*, tt.61–2.

25. Geraint H. Jenkins, 'Y *Capel Bach'. Hanes Capel Ebeneser, Penparcau c.1812–1989* (Aberystwyth, 1989), t.19.

26. LlPCB, Bangor Llsgr.2701, f.7. Gw. hefyd f.59 lle y mae Evans yn sôn am 'helping a lame dog over a stile'.

27. Gw. LlPCB, Bangor Llsgr.2701, ff.17–19, 22–3, 30–2, 61–5, 68–70, 95–119.

28. *RhAC*, t.99.

29. LlPCB, Bangor Llsgrau 2649, ff.1–22; 2651, ff.13v, 54v; 2652, ff.58–108.

30. LlPCB, Bangor, Llsgrau 2666–85, 2692–6, 2698–9.

31. LlPCB, Bangor Llsgr.2686, ff.3–37.

32. LlPCB, Bangor Llsgr.2700, ff.16–17.

33. LlPCB, Bangor Llsgr.2853, ff.8–21.

34. Gw., er enghraifft, LlPCB, Bangor Llsgrau 2655–9, 2663–5, 2678, 2687, 2691.

35. LlPCB, Papurau Syr J. E. Lloyd 315, rhif 407, llythyr dyddiedig 5 Chwefror 1917.

36. LlPCB, Bangor Llsgrau 2683–4.

37. LlPCB, Papurau Syr J. E. Lloyd 315, rhif 402, llythyr dyddiedig 7 Gorffennaf 1914.

38. Ibid., rhifau 402–3.

39. R. T. Jenkins, *Cyfoedion* (Clwb Llyfrau Cymraeg Llundain, 1974), t.101.

40. R. T. Jenkins, 'Cyflwyno Bathodyn y Gymdeithas i Syr David Hughes Parry a'r Dr. Thomas Richards', *THSC* (1958), 20.

41. Thomas Richards, 'Two Studies in the History of the Diocese of Bangor', *Arch. Camb.*, LXXX (1925), 32–74.

42. Idem, 'The Whitford Leases: A Battle of Wits', *THSC* (1924–5), 1–76.

43. Idem, 'The Puritan Visitation of Jesus College, Oxford, and the Principalship of Dr Michael Roberts (1648–1657)', ibid. (1922–3), 1–117.

44. Idem, 'The Troubles of Dr. William Lucy', *Y Cymmrodor*, 38 (1927), 142–83.

45. Idem, 'The Religious Census of 1676: An Inquiry into its Historical Value, mainly in reference to Wales', Atodiad, *THSC* (1925–6), 1–118; Anne Whiteman, *The Compton Census of 1676* (Oxford, 1986).

46. Richards, 'Bedyddwyr Cymru yng Nghyfnod Lewis Thomas', *TCHBC* (1916–19), 3–45; *RhAC*, t.102.

47. Idem, 'Declarasiwn 1687: Tipyn o'i Hanes a Barn Cymru Am Dano', *TCHBC* (1924), 1–46.

48. Idem, 'Henry Maurice, Piwritan ac Annibynnwr', *Y Cofiadur*, 5–6 (1928), 15–67; *RhAC*, t.106.

49. Idem, 'Safon ac Anawsterau'r Hen Fedyddwyr', *Seren Gomer*, IX (1917), 32.

50. LlPCB, Bangor Llsgrau 16771, 16782–3.

51. Thomas Richards, adolygiad ar gyfrol W. Watkin Davies, *Wales* (London, [1924]) yn *Y Llenor*, IV (1925), 55.

52. Richards, *Wales under the Penal Code 1662–1687* (London, 1925), t.87.

53. R. Tudur Jones, *Vavasor Powell* (Abertawe, 1970), passim.

54. Thomas Parry, 'Thomas Richards 1878–1962', *TCHBC* (1978), 45.

55. Richards, 'Henry Maurice', 19.

56. R. Tudur Jones, 'Yr Awyrgylchwyr', *Y Cymro*, 22 Awst 1978.

57. Richards, 'Declarasiwn 1687', 27.

58. Thomas Richards, *Piwritaniaeth a Pholitics (1689–1719)* (Wrecsam, 1927), t.132.

59. LlPCB, Bangor Llsgr.2701, f.36; Papurau Syr J. E. Lloyd 315, rhif 362, llythyr dyddiedig 20 Ionawr 1921. Dywedodd Price yn yr adolygiad: 'Clio in his hands becomes the most insipid of drudges. The late Sir Owen Edwards and Mr. Llewelyn Williams have not taught him how to make Welsh history interesting.'

60. LlPCB, Papurau Syr J. E. Lloyd 315, rhif 362.

61. Gw. sylwadau J. Young Jones yn LlPCB, Bangor Llsgr.2701, f.52.

62. Jenkins, *Cyfoedion*, t.102.

63. LlPCB, Papurau Syr J. E. Lloyd 315, rhif 432, llythyr dyddiedig 15 Mehefin 1925.

64. Richards, *Piwritaniaeth a Pholitics*, t.[5].

65. LlPCB, Papurau Syr J. E. Lloyd 315, rhif 362, llythyr dyddiedig 20 Ionawr 1921.

66. LlPCB, Bangor Llsgr.2701, f.37.

67. Ibid., f.35.

68. Ibid., f.33.

69. LlPCB, Papurau Syr J. E. Lloyd 315, rhif 411, llythyr dyddiedig 11 Mai 1921.

70. LlPCB, Bangor Llsgr.2701, f.39.

71. Ibid., f.42.

72. Ibid., f.49.

73. Michael R. Watts, *The Dissenters from the Reformation to the French Revolution* (Oxford, 1978), t.513.

74. Thomas Richards, *Religious Developments in Wales (1654–1662)* (London, 1923), t.260.

75. Ibid., t.422.

76. Thomas Richards, *Wales under the Indulgence (1672–1675)* (London, 1928), t.xvii.

77. R. Tudur Jones, 'Thomas Richards – Hanesydd', *Seren Cymru*, 6 Gorffennaf 1962.

78. Richards, *Wales under the Penal Code*, t.51.

79. Anthony Grafton, *The Footnote* (London, 1997), t.1.

80. R. T. Jenkins, *THSC* (1958), 16.

81. Richards, *Religious Developments in Wales*, t.255.

82. LlPCB, Bangor Llsgr.16716.
83. LlPCB, Bangor Llsgr.16718.
84. Richards, *Piwritaniaeth a Pholitics*, t.145.
85. Ibid., tt.101–2.
86. Ibid., t.74.
87. Parry, 'Thomas Richards', 33.
88. Thomas Richards, *Cymru a'r Uchel Gomisiwn 1633–1640* (Lerpwl, 1930), Rhagair.
89. Richards, *Piwritaniaeth a Pholitics*, t.94.
90. Richards, *Cymru a'r Uchel Gomisiwn*, t.3.
91. Ibid., t.47.
92. Ibid., tt.135–6.
93. Ibid., t.122.
94. R. T. Jenkins, *THSC* (1958), 16.
95. *Glamorgan Advertiser*, 5 Ionawr 1923; *Y Tyst*, 24 Mehefin 1926; *Y Brython*, 14 Chwefror 1924. Am ymateb hael Pierce, gw. LlPCB, Bangor Llsgr.2701, f.142.
96. *Y Bywgraffiadur Cymreig 1951–1970* (Llundain, 1997), tt.143–4.
97. Thomas Richards, adolygiad ar gyfrol J. C. Morrice, *Wales in the Seventeenth Century* (Bangor, 1918) yn *Yr Haul*, XXI (1919), 24.
98. LlPCB, Bangor Llsgr.2701, f.56.
99. LlPCB, Papurau Syr J. E. Lloyd 315, rhif 410, llythyr dyddiedig 31 Hydref 1919.
100. Ibid., rhif 421, llythyr dyddiedig 27 Medi 1923.
101. LlPCB, Bangor Llsgr.2701, f.44.
102. LlPCB, Papurau Syr J. E. Lloyd 315, rhif 425, llythyr dyddiedig 24 Rhagfyr 1923.
103. Ibid., rhif 426, llythyr dyddiedig 16 Ionawr 1924.
104. Ibid., rhif 438, llythyr dyddiedig 22 Mawrth 1926.

Pennod Pump

1. LlGC, Papurau Bob Owen Croesor, 36/1–653. Gohebiaeth, 1923–61, Llythyrau Dr Thomas Richards at Bob Owen, llythyr dyddiedig 23 Ionawr 1932.
2. R. Alun Roberts, 'Atgofion am Ifor Williams', *Y Traethodydd*, CXXI, rhif 519 (1966), 68.
3. Thomas Richards, '"Hanes Cynulleidfa Hen Gapel Llanuwch- llyn"', *Yr Efrydydd*, III, rhif 2 (1937), 25.
4. Bedwyr Lewis Jones, '"Yr Academig Dost"', *Taliesin*, 76 (1992), 32–47.
5. LlPCB, Bangor Llsgr.1284, rhif 56, llythyr dyddiedig 16 Ionawr 1932.
6. LlPCB, Bangor Llsgr.4898, rhif 11, llythyr dyddiedig 16 Mehefin 1942.

7. LlPCB, Bangor Llsgr.5690, rhif 14, llythyr dyddiedig 17 Chwefror 1944.

8. LlPCB, Bangor Llsgr.2382, rhif 2, llythyr dyddiedig 24 Mai 1937.

9. Ibid., rhif 1, llythyr dyddiedig 19 Mai 1937.

10. Ibid., rhif 4, llythyr dyddiedig 30 Mehefin 1937. Ar Carneddog, gw. E. Namora Williams, *Carneddog a'i Deulu* (Dinbych, d.d.).

11. Williams, *Carneddog a'i Deulu*, t.51.

12. LlPCB, Bangor Llsgr.1569, rhifau 19–23.

13. Ibid., rhif 20, llythyr dyddiedig 29 Rhagfyr 1928.

14. Ibid., rhif 23, llythyr dyddiedig 17 Mawrth 1934.

15. Robin Williams, *Y Tri Bob* (Llandysul, 1970), t.16.

16. Gw. Bedwyr Lewis Jones, *R. Williams Parry* (Caerdydd, 1997), tt.112–18.

17. *RhS*, t.145.

18. Ibid., t.144.

19. LlPCB, Bangor Llsgr.27468, f.116.

20. Richards, '"Hanes Cynulleidfa Hen Gapel Llanuwchllyn"', 27.

21. *RhAC*, t.123.

22. R. T. Jenkins, *Cyfoedion* (Clwb Llyfrau Cymraeg Llundain, 1974), tt.75–7; *Y Cymro*, 28 Mehefin 1962, t.1.

23. LlPCB, Bangor Llsgr.4587, 'Nodiadau gan T.R.'

24. Casgliad preifat Mr Gwilym Beynon Owen, Bangor.

25. LlPCB, Bangor Llsgr.4587, rhif II.

26. Ibid., rhif VII.

27. Ibid., rhif XVI.

28. *RhAC*, t.116.

29. LlPCB, Bangor Llsgr.2497, rhif 10, llythyr dyddiedig 28 Ebrill 1937.

30. Dyfed Evans, *Bywyd Bob Owen* (Caernarfon, 1977), t.66.

31. LlGC, Papurau Bob Owen 36/316a, 318, llythyrau dyddiedig 20 Mai, 15 Mehefin 1932.

32. Evans, *Bywyd Bob Owen*, t.206.

33. LlGC, Papurau Bob Owen 36/620, llythyr dyddiedig 2 Tachwedd [1953].

34. Gw. y golofn olygyddol 'Y bennod olaf' yn *Y Cymro*, 28 Mehefin 1962.

35. Cedwir llythyrau Bob Owen at Doc Tom yn Llyfrgell Prifysgol Cymru, Bangor, a llythyrau Doc Tom at Bob Owen yn Llyfrgell Genedlaethol Cymru. Y mae hyn rywsut yn chwithig o briodol.

36. LlGC, Papurau Bob Owen 36/264, llythyr dyddiedig 10 Gorffennaf 1930.

37. LlPCB, Bangor Llsgr.1569, rhif 21, llythyr dyddiedig 12 Mawrth 1934.

38. *RhAC*, t.117.

39. Llythyr at yr awdur, dyddiedig 1 Mehefin 1993.

40. LlGC, Papurau Bob Owen 36/348, llythyr diddyddiad.

41. LlPCB, Bangor Llsgr.3007, ff.4–10; *Portreadau'r Faner* (Y Bala, 1973), t.6. Gw. hefyd Thomas Richards, 'Bob Owen', *Trysorfa'r Plant*, 80 (1940), 308–10.

42. LlGC, Papurau Bob Owen 36/94, llythyr diddyddiad.

43. Bangor Llsgr.10240, llythyr heb ei rifo, dyddiedig 10 Mai 1948.

44. Gw. y llythyrau yn Bangor Llsgr.1284.

45. LlPCB, Bangor Llsgr.1284, rhif 45, llythyr dyddiedig 19–22 Gorffennaf 1931.

46. Ibid., rhif 67, llythyr dyddiedig 'Troad y Rhod' [21 Mawrth] 1932.

47. Ibid., rhif 51, llythyr dyddiedig 25 Medi 1931.

48. Evans, *Bywyd Bob Owen*, t.51.

49. *RhS*, tt.149–51.

50. R. T. Jenkins, 'Bob Owen', *TCHSG*, 23 (1962), 14.

51. LlGC, Papurau Bob Owen 36/305, llythyr dyddiedig 23 Ionawr 1932.

52. LlPCB, Bangor Llsgr.2497, rhif 15, llythyr dyddiedig 19 Gorffennaf 1938.

53. LlPCB, Bangor Llsgr.3007, rhif 23, llythyr dyddiedig 28 Mehefin 1939.

54. *RhAC*, tt.117–18.

55. LlPCB, Bangor Llsgr.1284, rhif 23, llythyr dyddiedig 17 Tachwedd 1928.

56. *Portreadau'r Faner*, t.5.

57. Rufus Adams, 'Y W.E.A. yng Ngogledd Cymru 1925/26–1975/76', *Lleufer*, XXVI, rhif 3 (1975–6), 36.

58. Ibid., 40.

59. D. Tecwyn Lloyd, 'Wrth adael y Tresi', *Lleufer*, XXII, rhif 2 (1966), 53.

60. R. T. Jenkins, 'Mary Silyn Roberts', *Lleufer*, I, rhif 4 (1945), 4.

61. LlGC, Papurau Bob Owen 36/292, llythyr dyddiedig 17 Tachwedd 1931.

62. LlPCB, Papurau Cymdeithas Addysg y Gweithwyr (WEA), Sir Feirionnydd, Cangen Blaenau Ffestiniog.

63. Williams, *Y Tri Bob*, t.17.

64. Bob Owen, 'Albert Mansbridge', *Lleufer*, VIII, rhif 4 (1952), 81.

65. Evans, *Bywyd Bob Owen*, t.69.

66. LlGC, Papurau Bob Owen 36/341, llythyr dyddiedig 24 Hydref 1933.

67. Gellir dilyn hynt a helynt y dosbarthiadau hyn ym mhapurau Cymdeithas Hanes y Gweithwyr (sir Gaernarfon a sir Feirionnydd) ym Mangor.

68. LlPCB, Bangor Llsgr.2497, rhif 2, llythyr dyddiedig 19 Awst 1936.

69. LlPCB, Bangor Llsgr.1284, rhif 54, llythyr dyddiedig 9 Rhagfyr 1931.

70. Williams, *Carneddog a'i Deulu*, t.54.

71. Evans, *Bywyd Bob Owen*, tt.74–5.

72. LlPCB, Bangor Llsgr.10240, rhif 41, llythyr dyddiedig 6 Mai 1948.
73. Bob Owen, 'Dr O. O. Roberts, Bangor', *Yr Efrydydd*, XVIII, rhif
2 (1931), 39–40; Bangor Llsgr.1284, rhif 50, llythyr dyddiedig 14 Medi
1931; rhif 56, llythyr dyddiedig 16 Ionawr 1932.
74. LlGC, Papurau Bob Owen 36/376, llythyr dyddiedig 22 Ebrill,
ond ni nodir y flwyddyn.
75. Evans, *Bywyd Bob Owen*, t.224. Meddai Bob: 'Wyled nefoedd,
coethed uffern . . . ni'm dawr pe gwawdia y saint . . . gresyn o'r mwyaf
oedd gwario ceiniogau prin y chwarelwyr, glowyr a'r ffermwyr i godi
cofgolofn i un nad oedd a wnelo dim a chychwyn y Feibl Gymdeithas.'
(Bangor Llsgr.5056, ff.45–51).
76. LlPCB, Bangor Llsgr.1284, rhif 70, llythyr dyddiedig 25 Hydref
1933.
77. Ibid., rhif 10, cerdyn post diddyddiad.
78. LlPCB, Bangor Llsgr.1284, rhif 31, llythyr dyddiedig 1 Tachwedd
1929.
79. LlPCB, Bangor Llsgr.10240, rhif 44, llythyr dyddiedig 8 Mai 1948.
80. LlGC, Papurau Bob Owen, rhif 88, llythyr dyddiedig 1 Awst
1946.
81. LlPCB, Bangor Llsgr.5912, rhif 85, llythyr dyddiedig 25 Gorffennaf
1946.
82. LlPCB, Bangor Llsgr.2497, rhif 12, llythyr dyddiedig 1 Hydref 1937.
83. Richards, 'Bob Owen', 309; Bangor Llsgr.3590, rhif 16, llythyr
dyddiedig 22 Mai 1940.
84. LlPCB, Bangor Llsgr.2497, rhif 23, llythyr dyddiedig 22 Medi
1938.
85. LlGC, Papurau Bob Owen 36/308, llythyr dyddiedig 17 Mawrth
1932.
86. LlGC, Papurau Bob Owen 36/531, llythyr dyddiedig 13 Hydref
1945.
87. R. Tudur Jones, 'Yr Awyrgylchwyr', *Y Cymro*, 22 Awst 1978.
88. *Y Cymro*, 13 Rhagfyr 1977.
89. *Portreadau'r Faner*, t.6.
90. LlPCB, Bangor Llsgr.14807.
91. LlPCB, Bangor Llsgr.1284, rhif 66, llythyr dyddiedig 21 Rhagfyr
1932.
92. LlPCB, Bangor Llsgr.1284, rhifau 69–70, llythyrau dyddiedig Llun
Diolchgarwch a 25 Hydref 1933.
93. LlPCB, Bangor Llsgr.1284, rhif 70, llythyr dyddiedig 25 Hydref
1933.
94. LlPCB, Bangor Llsgr.5912, rhif 72, llythyr dyddiedig 26 Chwefror
1946.
95. Evans, *Bywyd Bob Owen*, t.187.
96. *Portreadau'r Faner*, t.6.
97. LlPCB, Bangor Llsgr.10240, rhif 49, llythyr dyddiedig 14 Hydref
1948.

98. LlPCB, Bangor Llsgr.4179, rhif 17, llythyr dyddiedig 24 Rhagfyr 1941.
99. *Yr Arweinydd*, I, rhif 6, 28 Rhagfyr 1939.
100. Thomas Richards, 'Gair o Gyfarch', *Eisteddfod Genedlaethol Frenhinol Cymru. Rhaglen Swyddogol* (Wrecsam, 1931), tt.13–25.
101. *Y Genedl Gymreig*, 12 Awst 1935.
102. LlPCB, Bangor Llsgr.2720, ff.1–2. Anogid Bob gan Doc Tom i beidio â datgelu i deithwyr ar fysiau bach y wlad ei fwriad i gystadlu mewn eisteddfodau rhag ofn i bob 'lledfegyn o lenor o Degeingl i gantref Gwanas' ddod i wybod am ei gynlluniau (LlGC, Papurau Bob Owen 36/256, llythyr dyddiedig 26 Chwefror 1930).
103. LlPCB, Bangor Llsgr.1284, rhifau 20–1, llythyrau dyddiedig 10 Awst 1928.
104. LlPCB, Bangor Llsgr.2720, ff.26–31. Am y gwaith ei hun, gw. Bangor Llsgr.15722.
105. LlPCB, Bangor Llsgr.2720, ff.3–10.
106. LlPCB, Bangor Llsgr.3205, ff.50–4.
107. LlPCB, Bangor Llsgr.2720, f.36.
108. Ibid., ff.16, 50–4.
109. Ibid., ff.50–4.
110. *Y Llenor*, XV, rhif 1 (1936), 48–55.
111. *Y Genedl Gymreig*, 13 Awst 1934.
112. *Y Llenor*, XV (1936), 48.
113. Cafwyd yr wybodaeth hon gan Dr P. T. J. Morgan, mab T. J. Morgan, mewn llythyr dyddiedig 10 Ionawr 1997. Rwy'n ddiolchgar i Dr Morgan am ei garedigrwydd.
114. Llythyr, dyddiedig 7 Ebrill 1936, ym meddiant Dr P. T. J. Morgan.
115. LlPCB, Bangor Llsgr.2720, ff.71–7.
116. *RhS*, t.13.
117. Evans, *Bywyd Bob Owen*, t.104.
118. John Davies (gol.), *Cymru'n Deffro. Hanes y Blaid Genedlaethol 1925–75* (Talybont, 1981), t.9.
119. R. T. Jenkins, 'Cwpanaid o De gyda Mr. Ambrose Bebb', *Y Llenor*, XV, rhif 2 (1936), 73–87.
120. LlGC, Papurau Bob Owen 36/351, llythyr dyddiedig 21 Mai (ni nodir y flwyddyn).
121. LlPCB, Bangor Llsgr.2497, rhif 4, llythyr dyddiedig 14 Hydref 1936.
122. LlGC, Papurau Bob Owen 36/375, llythyr dyddiedig 9 Mawrth 1936.
123. Jones, *R. Williams Parry*, tt.125–40. Galwyd Saunders Lewis 'y costog tom' gan yr Athro Henry Lewis. Gw. Peredur Lynch, '*Problemau Prifysgol': Saunders Lewis a Phrifysgol Cymru* (Darlith Eisteddfodol Prifysgol Cymru, 1997), t.20.
124. Jones, *R. Williams Parry*, t.139.
125. T. Robin Chapman, *W. J. Gruffydd* (Caerdydd, 1993), t.166.

126. Tegwyn Jones, 'Is-etholiad Prifysgol Cymru', *Y Faner*, 2, 9, 16, 23 Medi 1977.

127. LlPCB, Bangor Llsgr.4898, rhif 24, llythyr dyddiedig 1 Chwefror 1943.

128. LlGC, Papurau Bob Owen 36/488, llythyr dyddiedig 4 Chwefror 1943.

129. LlPCB, Bangor Llsgr.4898, rhif 26, llythyr dyddiedig 5 Chwefror 1943.

130. LlPCB, Bangor Llsgr.5690, rhif 26, llythyr dyddiedig 2 Gorffennaf 1945.

131. Ibid., rhif 30, llythyr dyddiedig 9 Gorffennaf 1945.

132. LlGC, Papurau Bob Owen 36/551, llythyr dyddiedig 14 Gorffennaf 1945.

133. *Portreadau'r Faner*, t.6.

134. *RhS*, t.150.

135. Bob Owen, 'Doc Tom', *Lleufer*, VI, rhif 3 (1950), 136.

Pennod Chwech

1. LlPCB, Cofnodion Cyngor Coleg Prifysgol Cymru, Bangor, 23 Mehefin 1926.

2. Ibid., 14 Gorffennaf 1926; gw. hefyd Cofnodion ac Adroddiadau Llys y Llywodraethwyr 1926.

3. J. Gwynn Williams, *The University College of North Wales. Foundations 1884–1927* (Cardiff, 1985), tt.276–7; idem, *Coleg Prifysgol Gogledd Cymru, Bangor. Canmlwyddiant* (Bangor, 1985), t.19.

4. LlPCB, Cofnodion Llys y Llywodraethwyr 1926.

5. J. Graham Jones, 'Forming Plaid Cymru', *CLlGC*, XXII, rhif 4 (1982), 427–61.

6. Bangor Llsgr.8713, Cofnodion Pwyllgor y Llyfrgell, dyddiedig 1 Tachwedd 1926; Thomas Richards, 'Thomas Shankland: Addolwr Ffaith a Drylliwr Delwau', *Y Brython*, 3 Mawrth 1927.

7. LlPCB, Bangor, Llsgrau Shankland 1, ff.2, 12, 74, 95, 96, 107.

8. *RhS*, t.140.

9. Ifor Williams, 'Dafydd ab Gwilym', *Y Traethodydd*, LXIV (1909), 212.

10. *RhAC*, tt.118–19.

11. LlPCB, Bangor, Llsgr.Shankland 3, ff.2, 22.

12. LlPCB, Bangor Llsgr.1569, Rhif 13.

13. LlGC, Casgliad Carneddog, G1391, llythyr dyddiedig 20 Mai 1937.

14. LlPCB, Bangor Llsgr.10240, rhif 38, llythyr dyddiedig 5 Mehefin 1935.

15. Dyfed Evans, *Bywyd Bob Owen* (Caernarfon, 1977), pennod 28.

16. LlPCB, Bangor Llsgr.1284, rhif 23, llythyr dyddiedig 17 Tachwedd 1928.

17. LlPCB, Bangor Llsgr.10240, rhif 36, llythyr dyddiedig 7 Mawrth 1935 a Bangor Llsgr.3007, rhif 37, llythyr dyddiedig 26 Gorffennaf 1939.

18. LlPCB, Bangor Llsgr.1284, rhif 72, llythyr dyddiedig 30 Ionawr 1934.

19. Ibid., rhif 66, llythyr dyddiedig dydd byrraf Rhagfyr 1932.

20. LlPCB, Bangor Llsgr.3007, rhif 33, llythyr diddyddiad.

21. LlPCB, Bangor Llsgr.1284, rhif 38, llythyr dyddiedig 11 Mawrth 1930.

22. LlPCB, Bangor Llsgr.3007, rhif 17, llythyrau dyddiedig 31 Ionawr, 20 Mawrth 1939.

23. Ibid., rhif 16, llythyr dyddiedig 13 Ionawr 1939.

24. LlPCB, Bangor Llsgr.4179, rhif 11, llythyr dyddiedig 29 Medi 1941.

25. LlPCB, Bangor Llsgr.1284, rhif 38, llythyr dyddiedig 11 Mawrth 1930.

26. Ibid., rhif 55, llythyr dyddiedig 6 Ionawr 1932.

27. Ibid., rhif 59, llythyr dyddiedig 4 Mawrth 1932.

28. Evans, *Bywyd Bob Owen*, tt.171–7.

29. *RhAC*, t.118.

30. LlPCB, Cofnodion Llys y Llywodraethwyr 1932.

31. Ibid.

32. LlPCB, Bangor Llsgr.25904, llythyrau dyddiedig 5, 12 Chwefror, 8, 15, 19 Mawrth a 16 Ebrill 1929.

33. LlPCB, Bangor Llsgr.4587, rhif 11. Gw. hefyd uchod tt.109–10.

34. Evans, *Bywyd Bob Owen*, tt.174–5.

35. LlPCB, Bangor Llsgr.1284, rhif 57, llythyr dyddiedig 22 Ionawr 1932.

36. *RhS*, tt.152–66.

37. Thomas Parry, 'Thomas Richards 1878–1962', *TCHBC* (1978), 30.

38. LlPCB, Cofnodion Llys y Llywodraethwyr 1934. Gw. hefyd Thomas Richards, 'Welsh Library of the University College', *The North Wales Chronicle*, 31 Gorffennaf 1931, t.9.

39. LlPCB, Bangor Llsgr.GC545, 'Library Policy – Acquisition of Mss'.

40. *RhAC*, tt.56–8, 120.

41. LlPCB, Bangor Llsgr.1284, rhif 31, llythyr dyddiedig nos Calangaeaf 1929.

42. Cafwyd yr wybodaeth hon trwy garedigrwydd Dr David Jenkins, Penrhyn-coch.

43. LlPCB, Cofnodion Cyngor y Coleg, 9 Gorffennaf 1930.

44. *Y Bywgraffiadur Cymreig 1951–1970* (Llundain, 1997), tt.39–40.

45. LlGC, Papurau Bob Owen 36/508, llythyr diddyddiad [1945?].

46. LlPCB, Bangor Llsgr.1284, rhif 70, llythyr dyddiedig 25 Hydref 1933.

47. Ibid., rhif 31, llythyr dyddiedig nos Calangaeaf 1929; rhif 36, llythyr dyddiedig 24 Chwefror 1930.

48. Gw. *Trysorfa Cenedl. Llyfrgell Genedlaethol Cymru* (Aberystwyth, 1998).

49. LlPCB, Bangor Llsgr.8714, Llyfr Cofnodion y Llyfrgell, 1927–39, t.197.

50. *RhS*, t.155.

51. Parry, 'Thomas Richards', 37.

52. Bangor Llsgr.3205, llythyrau rhif 2, 4.

53. Ibid., llythyr rhif 5, dyddiedig 31 Ionawr 1936.

54. LlPCB, Llsgrau Nannau, 2 gyfrol; Bangor, Cofnodion Llys y Llywodraethwyr 1936.

55. LlPCB, Cofnodion Llys y Llywodraethwyr 1933.

56. LlPCB, Bangor Llsgr.3205, rhif 4, llythyr dyddiedig 19 Chwefror 1937.

57. Catalogue of the Plas Coch MSS. by Thomas Richards and Emyr Gwynne Jones (Bangor, 1937).

58. LlPCB, Bangor Llsgr.3205, rhif 49, llythyr dyddiedig 16 Mai 1938.

59. *RhS*, t.157.

60. LlPCB, Bangor Llsgr.3205, rhif 16, llythyr dyddiedig 16 Mai 1938.

61. *RhS*, tt.157–8.

62. Ibid., t.159.

63. Ibid., tt.160–1; LlPCB, Bodorgan MSS Schedule.

64. LlPCB, Bangor Llsgr.8714, t.277.

65. *RhS*, tt.161–4; LlPCB, Penrhyn MSS Schedule.

66. LlPCB, Bangor Llsgr.3205, rhifau 67–9; Bangor Llsgr.26601; *RhS*, tt.164–5.

67. LlPCB, Bangor, Cofnodion Llys y Llywodraethwyr 1940.

68. *RhS*, t.166.

69. Richards, 'Welsh Library', t.9.

70. LlPCB, Bangor Llsgr.17285, tt.109–10.

71. Diolchaf i Mr Dafydd Ifans a Ms Menna Phillips am yr wybodaeth hon.

72. Catalogue of the Plas Coch MSS, t.v.

73. LlPCB, Catalog Llsgrau Bangor, Llsgr.3246; Bangor Schedule of Caera Papers, t.2.

74. LlPCB, Catalog Llsgrau Bangor, Llsgr.421.

75. Ibid.

76. Ibid., Llsgr.440.

77. Ibid., Llsgr.539.

78. Caera Papers, t.1.

79. LlPCB, Catalog Llsgrau Bangor, Llsgr.865.

80. Ibid., Llsgrau 1991–2.

81. Thomas Richards, 'UCNW Library, Special Collections (Third Contribution) (iv) Tŷ Calch MSS', *TCHNM* (1938), 60–1.

82. LlPCB, Catalog Llsgrau Bangor, Llsgr.4871.

83. Ibid., Llsgrau 752–5.
84. Ibid., Llsgr.3617.
85. Ibid., Llsgr.5690.
86. Ibid., Llsgr.4179.
87. Byddai hefyd yn ysgrifennu pethau fel 'Drwy gyfrwng Bob Owen y cafwyd y rhain' a 'from Bob Owen's Library'.
88. LlPCB, Catalog Llsgrau Bangor, Llsgrau 3202–4.
89. Ibid., Llsgr.487.
90. Thomas Richards, 'UCNW Library, Bangor, Special Collections (Second Contribution) (iii) Gwredog Papers', *TCHNM* (1936), 110–23.
91. LlPCB, Catalog Llsgrau Bangor, Llsgr.988B.
92. LlPCB, Cofnodion Llys y Llywodraethwyr 1935.
93. R. T. Jenkins, *Cyfoedion* (Clwb Llyfrau Cymraeg Llundain, 1974), tt.95–6.
94. *RhAC*, t.136.
95. R. T. Jenkins, 'Cyflwyno Bathodyn y Gymdeithas i Syr David Hughes Parry a'r Dr. Thomas Richards', *THSC* (1958), 21; gw. hefyd T. M. Bassett, 'Dr Thomas Richards, 1878–1962', *Seren Gomer*, LXX, rhif 2 (1978), 55–8.
96. R. Tudur Jones, 'Thomas Richards – Hanesydd', *Seren Cymru*, 6 Gorffennaf 1962.
97. Diolchaf i'r Parchedig Huw Jones am yr wybodaeth hon a llawer stori ddifyr arall.
98. *RhAC*, tt.142–7.
99. LlGC, Papurau Bob Owen 36/416, llythyr dyddiedig 14 Hydref 1938.
100. *RhAC*, t.136.
101. Ibid., t.120.
102. Gw. LlPCB, Bangor Llsgr.8713, Cofnodion Pwyllgor y Llyfrgell.
103. LlPCB, Bangor Llsgr.17283, dyddiedig 6 Mai 1940.
104. *Omnibus*, LIV, rhif 1 (1945), t.29.
105. Diolchaf i Mr John Roberts Williams a Mr Dafydd Rh. Ap-Thomas, dau o fyfyrwyr y 1930au, am eu sylwadau gwerthfawr ar Doc Tom y llyfrgellydd.
106. LlPCB, Bangor Llsgr.8714.
107. *Portreadau'r Faner* (Y Bala, 1973), t.54.
108. *AC*, tt.127, 131.
109. *Omnibus*, XXXIX, rhif 2 (1931), 50–1.
110. *RhAC*, t.136.
111. Cyfweliad â'r Athro Emeritws J. E. Caerwyn Williams, 10 Awst 1993.
112. *Omnibus*, XXXVIII, rhif 2 (1930), passim.
113. Ibid., XXXVI, rhif 1 (1927), 30; XXXVI, rhif 2 (1928), 30; XXXIX, rhif 1 (1930), 24.
114. Ibid., XXXIX, rhif 1 (1930), 24; XLIV, rhif 3 (1936), 102.
115. Ibid., XXXVIII, rhif 3 (1930), 16.

116. Ibid., XLI, rhif 2 (1933), 90.
117. LlPCB, Bangor Llsgr.4587, rhif XVIII.
118. J. E. Caerwyn Williams (gol.), *Barddoniaeth Bangor 1927–1937* (Bangor, 1938).
119. *Omnibus*, XLIV, rhif 1 (1935), 37.
120. Ibid., LVII, rhif 3 (1947), 30–1.
121. Gwybodaeth a gafwyd gan y Parchedig Huw Jones.
122. Gwybodaeth a gafwyd gan Dr David Jenkins.
123. Bob Owen, 'Doc Tom', *Y Crynhoad*, II, Ionawr 1952, 42.
124. LlGC, Papurau Bob Owen 36/170, llythyr dyddiedig 26 Gorffennaf (ni nodir y flwyddyn). Gw. hefyd llythyr dyddiedig 2 Awst 1943 (36/492).
125. *Omnibus*, LVII, rhif 3 (1947), 31.
126. LlPCB, Bangor Llsgr.17285, tt. 94, 96, 109–10.

Pennod Saith

1. LlGC, Papurau Bob Owen 36/616, llythyr dyddiedig 23 Awst 1952.
2. Derwyn Jones, 'Llyfryddiaeth y Dr. Thomas Richards, Bangor', *JWBS*, IX, rhif 3 (1962), 142–50. Gw. hefyd *RhAC*, tt.140–55.
3. T. M. Bassett, 'Dr. Thomas Richards, 1878–1962', *Seren Gomer*, LXX, rhif 2 (1978), 55.
4. Thomas Richards, 'The Puritan Movement in Anglesey: A Reassessment', *TCHNM* (1954), 34.
5. Idem, 'Meirionnydd: Piwritaniaeth Gynnar', *CCHChSF*, 11, rhif 2 (1954), 105.
6. Cyfweliad â'r Athro R. Tudur Jones, 14 Medi 1993.
7. *Y Bywg.*, t.xiii.
8. Thomas Richards, 'Syr John Lloyd. Teyrnged Goffa', *Y Dysgedydd*, 128, rhif 1 (1948), 5.
9. *Y Bywg.*, tt.xiii–xiv.
10. Ibid., tt.325–6.
11. Ibid., tt.586–7.
12. Ibid., tt.472–3. Gw. A. G. Veysey, 'Colonel Philip Jones, 1618–74', *THSC* (1966), 316–40.
13. *Y Bywg.*, t.819.
14. Ibid., tt.52–3.
15. Adolygiad gan Thomas Richards ar gyfrol William Griffith, *Methodistiaeth Fore Môn, 1740–51* (Caernarfon, 1955) yn *Y Traethodydd*, CXI (1956), 143.
16. *Y Bywg.*, t.204.
17. Ibid., t.140.
18. Ibid., tt.865–6.
19. Ibid., tt.193–4.
20. Ibid., t.323.
21. Ibid., tt.835–6.

22. Gw. y broliant ar siaced lwch *RhAC*.

23. R. M. Jones, *Llenyddiaeth Gymraeg 1902–1936* (Cyhoeddiadau Barddas, 1987), t.409.

24. R. T. Jenkins, *Cyfoedion* (Clwb Llyfrau Cymraeg Llundain, 1974), t.102.

25. Dyfnallt Morgan (gol.), *Babi Sam yn dathlu hanner can mlynedd o ddarlledu o Fangor 1935–1985* (Y BBC a Gwasanaeth Archifau Gwynedd, 1985); R. Alun Evans, *Stand by! Bywyd a Gwaith Sam Jones* (Llandysul, 1998).

26. LlGC, *The Biographical Index of W. W. Price, Aberdare*, cyf. XXIV, tt.100–4; *Llafar 1951* (Aberystwyth, 1951), 146–52; *Llafar 1952* (Aberystwyth, 1953), 47–51; *Llafar 1955* (Aberystwyth, 1956), 58–63.

27. Bangor Llsgr.16740, llythyr dyddiedig 16 Hydref 1951.

28. *RhS*, t.110.

29. Archif Cymdeithas Lyfrau Ceredigion, llythyr dyddiedig 4 Ionawr 1960.

30. Ibid., llythyrau dyddiedig 22 Hydref 1959, 6 Mai 1960, 1 Mehefin 1960, 24 Mehefin 1960.

31. Ibid., llythyrau dyddiedig 25 a 26 Hydref 1960.

32. Ibid., llythyr dyddiedig 17 Rhagfyr 1960.

33. Ibid., llythyrau oddi wrth Dafydd Jenkins, dyddiedig 27 Ionawr 1961 a 5 Ebrill 1961.

34. Ibid., llythyr dyddiedig 5 Ebrill 1962.

35. *AC*, tt.88–9.

36. Ibid., tt.99, 141.

37. *RhAC*, t.41.

38. *AC*, tt.74–81; *RhAC*, tt.107–13.

39. *RhAC*, t.113.

40. *Y Cymro*, 30 Mawrth 1961.

41. Adolygiad gan Thomas Richards ar gyfrol R. T. Jenkins, *Hanes Cymru yn y Ddeunawfed Ganrif* (Caerdydd, 1928) yn *TCHBC* (1928), 121.

42. Thomas Richards, 'Trefn a Chredo', *Seren Gomer*, XLX, rhif 3 (1958), 96.

43. Idem, 'Opiniynau', ibid., XLIX, rhif 1 (1957), 10–14.

44. LlGC, D. R. Phillips Llsgr.4241, llythyr dyddiedig 22 Gorffennaf 1929.

45. LlGC, Papurau Bob Owen 36/605, llythyr dyddiedig 1 Rhagfyr 1951.

46. Thomas Richards, 'Some Disregarded Sources of Baptist History', *The Baptist Quarterly*, XVII, rhif 8 (1958), 362.

47. *TCHBC* (1952–3), [5]; gw. hefyd lythyr Doc Tom at B. G. Owens, dyddiedig 13 Awst 1951 ('Wele f'ymddiswyddiad fel Golygydd y *Trafodion*: yr wyf wrthi ers chwarter canrif, ac y mae'n hen bryd cael gwaed newydd.') yn Llyfr Cofnodion Cymdeithas Hanes Bedyddwyr Cymru (ar adnau yn LlGC).

48. Thomas Richards, 'Bedyddwyr Môn, 1825–1925', *TCHBC* (1954), 5–17; idem, 'Hen Fedyddwyr Sir Gaernarfon', ibid. (1958), 5–27; idem, 'Cil-dwrn', ibid. (1955), 5–11; idem, 'Sorobabel Davies (1806–77)', ibid. (1955), 57–60; idem, 'Y Bedyddwyr a'r "Dissenting Deputies"', ibid. (1959), 17–28. Gw. hefyd, LlPCB, Papurau R. Tudur Jones, Ffeil 56, llythyr dyddiedig 15 Tachwedd 1958.

49. Thomas Richards, 'Ffyrdd a Therfynau', *TCHBC* (1929), 34.

50. Thomas Richards, 'Nonconformity from 1620 to 1715' yn J. E. Lloyd (gol.), *A History of Carmarthenshire* (Cardiff, 1939), tt.133–84; idem, 'Eglwys Llanfaches', *THSC* (1941), 150–84.

51. T. M. Bassett, *Bedyddwyr Cymru* (Abertawe, 1977).

52. Thomas Richards, *Ffynnon yn Tarddu. Cyfrol Ddathlu Trydydd Jiwbili Penuel, Bangor* (Bangor, 1962), tt.5–6.

53. Thomas Richards, 'Cyfarchion yr Is-Lywydd. Undeb Bedyddwyr Cymru a Mynwy', *Seren Cymru*, 28 Rhagfyr 1956.

54. Gwybodaeth a gafwyd gan Mr B. G. Owens.

55. *Seren Cymru*, 13 Hydref 1978.

56. *Congregation of the University of Wales, Honorary Degrees, 15 July 1959, Aberystwyth*. Araith y Prifathro Thomas Parry.

57. Thomas Richards, 'Ymweliad â Llanwenarth', *Seren Cymru*, 17 Ebrill 1953.

58. H. J. Hughes, 'Y Doctor Tom', *Taliesin*, 37 (1978), 140.

59. Bob Owen, 'Doc Tom', *Y Crynhoad*, II, Ionawr 1952, 41.

60. Jenkins, *Cyfoedion*, t.99.

61. *Annual Reports of the University of Wales Board of Celtic Studies* (1926–49).

62. *TCHSG*, 7 (1946), 115.

63. Ibid., 12 (1951), t.vii.

64. *Liverpool Daily Post*, 26 Mehefin 1962.

65. Tegwyn Jones, *Anecdotau Llenyddol* (Talybont, 1987), tt.169, 184–6, 196.

66. Adolygiad gan Thomas Richards ar gyfrol T. I. Ellis, *Crwydro Ceredigion* (Llandybïe, 1952) yn *Lleufer*, VIII, rhif 3 (1952), 145–7.

67. David Gerard, *Primrose Path. An Education in Maturity* (Wilmslow, 1991), tt.22–4.

68. Thomas Richards, 'Dyddiaduron', *Y Traethodydd*, CI, rhif 440 (1946), 119.

69. *RhS*, t.11.

70. LlGC, Papurau Bob Owen 36/612, llythyr dyddiedig 5 Mai 1952.

71. LlPCB, Bangor 1284, rhif 49, llythyr dyddiedig 7 Medi 1931.

72. *North Wales Chronicle*, 16 Mai 1952.

73. Priodwyd Nest Richards a Gwilym Beynon Owen yng nghapel Tabernacl, Bangor, ar 27 Mawrth 1951. Ganed Elen ar 8 Mehefin 1952 a Mari ar 11 Mai 1958.

74. LlGC, Papurau Bob Owen 36/541, llythyr dyddiedig 26 Mai 1946 [?].

75. Ibid., 36/64, llythyr diddyddiad; Evans, *Bywyd Bob Owen*, t.185. Gw. hefyd Alun R. Edwards, 'Prynu Llyfrau yng Nghroesor', *Y Casglwr*, 8, Awst 1979, 15.

76. LlGC, Papurau Bob Owen 36/596, llythyr dyddiedig 14 Medi 1950.

77. Manon Rhys (gol.), *Bywyd Cymro (Gwynfor Evans)* (Caernarfon, 1982), t.211.

78. LlGC, Papurau Bob Owen 36/647, llythyr dyddiedig 10 Hydref 1959.

79. Ibid., 36/618, llythyr dyddiedig 2 Hydref 1953.

80. Dyfed Evans, *Bywyd Bob Owen* (Caernarfon, 1977), t.216.

81. *Y Cymro*, 30 Hydref 1953.

82. LlGC, Papurau Bob Owen, 36/619, llythyr dyddiedig 26 Hydref 1953.

83. R. T. Jenkins, *THSC* (1958), 14–17. Gw. hefyd Bangor Llsgr.13830.

84. *Congregation of the University of Wales . . . 1959*.

85. *RhAC*, tt.128, 138.

86. LlGC, Papurau Bob Owen 36/639, llythyr dyddiedig 29 Medi 1958; Archif Cymdeithas Lyfrau Ceredigion, llythyr dyddiedig 16 Mehefin 1961; *Seren Cymru*, 10 Awst 1962.

87. R. Tudur Jones a B. G. Owens, 'Anghydffurfwyr Cymru, 1660–1662', *Y Cofiadur*, 32 (1962), 3–93. Gw. hefyd Thomas Richards, 'Cload allan 1662: tynged Bedyddwyr Cymru', *Seren Cymru*, 23 Chwefror 1962.

88. Eirian Davies, *Cân Galed* (Llandysul, 1974), t.11.

89. *Y Cymro*, 28 Mehefin 1962.

90. *RhAC*, tt.131–9.

91. Ibid., t.130.

Mynegai